质量管理与可靠性

主 编 王贤琳 冯千妹
　　　　周　敏 张旭刚

华中科技大学出版社
中国·武汉

内容简介

本书主要介绍了质量功能展开、正交试验设计、统计过程控制、质量改进工具、质量检验、质量经济性、可靠性设计分析基础、可靠性分析方法、可靠性试验、可靠性分配与预计等内容。本书可供高等学校工业工程专业作为本科生和研究生课程的教材，同时也可为政府部门和研究机构中从事质量管理及可靠性研究的人员提供参考。

图书在版编目(CIP)数据

质量管理与可靠性/王贤琳等主编. —武汉：华中科技大学出版社，2018.6(2023.1重印)
ISBN 978-7-5680-3905-5

Ⅰ.①质… Ⅱ.①王… Ⅲ.①质量管理—可靠性 Ⅳ.①F273.2

中国版本图书馆 CIP 数据核字(2018)第 131616 号

质量管理与可靠性　　　　　　　　　王贤琳　冯千妹　周　敏　张旭刚　主编
Zhiliang Guanli yu Kekaoxing

策划编辑：汪　富	
责任编辑：刘　飞	
封面设计：廖亚萍	
责任校对：刘　竣	
责任监印：周治超	
出版发行：华中科技大学出版社(中国•武汉)	电话：(027)81321913
武汉市东湖新技术开发区华工科技园	邮编：430223
录　　排：武汉三月禾文化传播有限公司	
印　　刷：武汉邮科印务有限公司	
开　　本：787mm×1092mm　1/16	
印　　张：16.5	
字　　数：417 千字	
版　　次：2023 年 1 月第 1 版第 4 次印刷	
定　　价：42.00 元	

本书若有印装质量问题，请向出版社营销中心调换
全国免费服务热线：400-6679-118　　竭诚为您服务
版权所有　侵权必究

前　言

美国著名的质量管理学家朱兰博士曾经说过：21 世纪是质量的世纪！这一论断得到了很多世界知名专家学者的肯定。企业要生存、要发展、要从市场获得利润，就必须向市场提供满足顾客需求的高质量产品与服务。可靠性作为产品质量的重要体现，早在 20 世纪的第二次世界大战中得到了极大的重视。随着科技时代的发展，可靠性不仅仅局限于航天、军工等领域，而且逐渐走向市场，成为衡量现代产品质量的重要指标。

质量管理与可靠性作为一门交叉性学科，它涉及了现代企业管理、产品质量控制、可靠性设计、可靠性试验、统计学、概率论等多个学科知识。21 世纪，衡量企业的优劣，更多的是衡量企业产品质量的优劣。企业要立足于全球，这就要求企业能制造出高质量的产品来增强其品牌竞争力。此外，产品和服务质量体现出国家制造服务水平、经济和科技综合实力，因此，无论是国家还是企业都应将提高产品质量、提供优质服务作为发展的核心目标。

在本书的编写中，本着理论与实践相结合、工程技术与管理技术相结合、经典理论与现代方法相结合等基本原则，以质量管理理论方法为基础，以掌握质量设计、质量控制、质量改进、质量检测为核心，全面和系统地介绍了质量管理与可靠性学科的基础理论、基础方法以及实际应用等内容，主要章节包括：质量与质量管理概述、质量功能展开、正交试验、统计过程控制、质量改进工具、质量检验、质量经济性、可靠性设计分析基础、可靠性分析方法、可靠性试验与分配等。

本书由武汉科技大学工业工程系王贤琳教授、美国休斯敦大学工业工程系冯千妹教授、武汉科技大学工业工程系周敏教授和张旭刚副教授担任主编，参加本书编写的还有武汉科技大学的李卫飞、王恺、陈乐、刘凯乐等。本书借鉴了国内外先进的同类著作、教材、论文等参考文献，特此对有关作者表示衷心感谢。

本书可作为普通高等院校工业工程、质量工程、管理工程和机电类等专业本科生和研究生的质量工程课程教材与学习参考书，也可作为工业企业质量工程技术与管理人员的培训和自学用书。由于编者水平有限，书中难免有疏漏和不足之处，恳请读者和有关专家批评指正。

编　者
2017 年 12 月

目　　录

第1章　质量管理概述 ··· (1)
　1.1　质量概述 ·· (1)
　1.2　质量管理产生与发展 ··· (9)
　1.3　质量管理在我国的发展 ·· (11)
　1.4　质量管理大师的质量观 ·· (12)
　习题 ·· (19)

第2章　质量功能展开 ··· (21)
　2.1　质量功能展开的起源与发展 ·· (21)
　2.2　质量功能展开的内容 ··· (22)
　2.3　质量功能展开的程序 ··· (27)
　习题 ·· (35)

第3章　正交试验设计 ··· (36)
　3.1　正交试验设计概述 ·· (36)
　3.2　正交试验设计的实施及试验结果的直观分析 ··························· (38)
　3.3　有交互作用的正交试验设计 ·· (42)
　3.4　混合水平的正交试验设计 ··· (46)
　3.5　多指标正交试验及试验结果的直观分析 ································· (48)
　3.6　正交试验设计的方差分析 ··· (53)
　习题 ·· (58)

第4章　统计过程控制 ··· (60)
　4.1　质量统计控制概述 ·· (60)
　4.2　统计过程控制理论 ·· (60)
　4.3　控制图的作法与判断 ··· (63)
　4.4　过程能力分析 ·· (73)
　习题 ·· (83)

第5章　质量改进工具 ··· (85)
　5.1　戴明循环 ··· (85)
　5.2　质量管理常用工具 ·· (87)
　5.3　质量管理七种新工具 ··· (98)
　5.4　六西格玛系统改进方法 ··· (108)
　习题 ··· (118)

第6章　质量检验 ··· (120)
　6.1　质量检验概述 ·· (120)

    6.2　抽样检验的基本原理 ·· (121)
    6.3　计数抽样检验 ·· (123)
    6.4　计量抽样检验 ·· (138)
    习题 ·· (149)

第 7 章　质量经济性 ·· (150)
    7.1　质量经济性概述 ··· (150)
    7.2　质量成本分析 ·· (151)
    7.3　质量经济分析 ·· (163)
    习题 ·· (171)

第 8 章　可靠性设计分析基础 ·· (172)
    8.1　可靠性产生与发展 ··· (172)
    8.2　可靠性的基本概念 ··· (174)
    8.3　可靠性特征量 ·· (175)
    8.4　可靠性常用分布 ··· (180)
    8.5　可靠性模型 ··· (186)
    习题 ·· (194)

第 9 章　可靠性分析方法 ··· (195)
    9.1　故障模式影响及危害性分析(FMECA) ··· (195)
    9.2　故障树分析(FTA) ··· (201)
    9.3　故障报告、分析与纠正措施系统(FRACAS) ····································· (206)
    习题 ·· (215)

第 10 章　可靠性试验 ·· (216)
    10.1　可靠性试验计划 ··· (216)
    10.2　可靠性研制试验 ··· (223)
    10.3　产品测试 ··· (231)
    习题 ·· (246)

第 11 章　可靠性分配与预计 ··· (247)
    11.1　可靠性分配 ··· (247)
    11.2　可靠性预计 ··· (251)
    习题 ·· (255)

参考文献 ·· (256)

第1章 质量管理概述

1.1 质量概述

随着科学技术的进步以及世界经济全球一体化的快速发展,特别是随着我国改革开放的深入以及社会主义市场经济体系的不断完善,我国的经济发展保持了较高的增长速度,取得了举世瞩目的成绩。随着人民生活水平不断改善,顾客对产品和服务等的质量要求也日益提高,质量观念和质量意识也发生了巨大的变化,逐渐从狭义质量向广义质量发展,逐渐形成了"大质量观"。

在军事领域,武器装备作为一种特殊的产品,它的质量更是一个国家科学技术和经济实力的集中体现。现代科学技术的迅猛发展,引起经济和军事的巨大变革。未来军事的发展以高科技为特点,以高质量为标志,因此提高武器装备的质量已成为武器装备发展的核心。为了提高武器装备的质量,必须加强质量管理;为了研制生产出高质量的装备,必须广泛应用质量工程技术方法。在军工企业,"军工产品,质量第一"已经成为每个人信守的理念,武器装备的发展正经历由数量型增长向质量型增长的转变。可以说,未来的战争既是技术的战争,更是装备质量的战争。

1.1.1 质量的重要性

20世纪是生产力的世纪,而21世纪是质量的世纪,质量必将成为新世纪的主题。事实越来越证明美国著名质量管理学家朱兰(J. M. Juran)博士的这一论断的正确性。任何国家的产品和服务,必须达到世界级质量水平,如果达不到世界级质量水准,就难以在国际竞争中取胜,甚至难以在国内站稳脚跟。

随着科学技术的快速发展、新技术的不断涌现,顾客对产品的质量会提出更多、更新及更严的要求;尤其是在买方市场的情况下,顾客对产品和服务质量的要求会更加挑剔;同时,生产厂家和商家的产品职责和服务职责也日益加重,社会对产品和服务在诸如环境保护、卫生、资源利用等方面的要求也愈多、愈严。国际上的质量竞争日趋激烈,人们已经认识到,产品的竞争是一场不用枪炮的战争,这场战争的主要武器就是产品质量。

总体来说,质量的重要性主要表现在以下几个方面。

(1) 质量是构成社会财富的物质内容,没有质量就没有数量,也就没有经济价值。所以,企业的生产经营活动必须坚持质量第一,坚持产品的经济价值和使用价值的统一。

(2) 质量是社会科学技术和文化水平的综合反映。要想提高我国的产品质量,必须从提高全民族的素质入手。而民族的素质,除了民族的精神、民族的优良传统外,主要取决于这个民族的科学技术和文化水平。纵观现代产品,无论是从设计、制造和使用,还是从其更新换代和发展,无一不是集中了现代科学技术、科学管理和文化发展的最新成果。

(3) 质量是产品打入国际市场的前提条件。人们常说,产品质量是产品进入现代国际市场的"通行证""敲门砖"。企业要想使产品打入国际市场,参加国际大循环,其前提条件就是要有过硬的产品质量、适宜的价格和约定的交货期。

(4) 质量是企业的生命。产品质量好坏,决定着企业有无市场,决定着企业经济效益的高低,决定着企业能否在激烈的市场竞争中生存和发展。"以质量求生存,以品种求发展"已成为广大企业发展的战略目标。

(5) 质量是人民生活的保障。产品质量与人们的工作、生活息息相关,一旦产品质量出了问题,轻则造成经济损失,重则会导致人员伤亡等不幸。因产品质量、工程质量、工作质量和服务质量不良而造成的燃烧、爆炸、建筑物倒塌、毒气泄漏及机毁人亡等恶性事故,给人们造成的灾难,更是触目惊心。这些血的教训,在现实生活中屡见不鲜。

(6) 质量是国防实力的体现。武器装备直接用于国防建设,武器装备质量的好坏,既反映了军工企业设计和生产的水平以及我国军品开发的基础,同时也反映了部队的战斗力,体现了国防实力。武器装备质量直接关系到部队战斗力的形成和作战效能,尤其是在现代条件,特别是在高技术条件下的战争中,装备质量关系到战争的胜负,关系到指战员、战士和人民群众的生命安全,甚至关系到国家的存亡。现代战争的教训已经明确告诉人们:军工产品不仅要讲数量,更重要的是要讲质量。从我国社会主义市场经济发展的趋势来说,各军工企业也要参与市场竞争,其竞争的有利工具仍然是产品的质量与可靠性。因此,军工企业只有加强质量管理,提高产品的质量和可靠性水平,才能在不断激烈竞争的市场中求得生存和发展。从世界发展形势来说,随着世界新格局的形成,军工企业就必须不断提高质量意识,转变质量观念,不断提高质量管理水平,只有这样才能生产出高质量和高可靠性的武器装备,从而提高部队的战斗力和增强国防实力。

1. 民用产品质量的重要性

1) 市场竞争的残酷性

我国正在全面建设社会主义市场经济体制,从全社会整体上看,市场经济的充分竞争使得社会总体的产品质量、服务质量、工作质量水平不断提高,广大消费者最终受益。但是对于一个具体的企业来说,这种竞争是具有某种程度的残酷性的。贯彻现代质量观,实施全面质量管理,不断提高本企业产品和服务的质量,是企业赢得市场竞争的必由之路。

2) 用户需求的多变性

民用产品的用户广泛,需求多变,能否满足用户需求,是企业赢得市场、不断发展的重要基础。实施全面质量管理,不断提供满足市场需求的产品和服务,是企业不断发展的重要基础。

3) 企业利润的最大性

在社会法律和道德的约束下,企业必然要追逐最大的利润,而优良的产品质量和服务质量是降低企业产品研制和生产成本、缩短新产品开发周期、加快市场开发和获取最大利润的有效手段。

4) 企业发展的战略性

国内外成功企业的实践表明,企业的发展和壮大都经历过产品价格竞争、售后服务竞争、产品质量竞争和企业品牌竞争这四个阶段。实施全面质量管理,进行质量文化建设,是实施企业品牌战略的重要组成部分。在我国加入世界贸易组织(World Trade Organization,WTO)后,质量管理对企业发展的战略意义更加重要。

2. 军工产品质量的重要性

1) 军事实力的竞争性

武器装备建设是一个国家军事实力的重要组成部分。构成武器装备质量的性能、寿命、可靠性、安全性、维修性、测试性、保障性、适应性及经济性等各种属性的最佳组合,决定了武器装备具有优良的质量,才能保证其充分发挥出作战能力和保障能力。对武器装备的全寿命过程实施全面质量管理是武器装备获得优良质量的有效途径,是国际军事实力竞争的必然要求。

2) 军事技术的复杂性

人类科学技术发展史表明,大多数先进科学技术首先应用于军事领域,因此武器装备的技术先进性和技术复杂性大大领先于其他领域产品。技术的先进性和复杂性决定了影响武器装备质量的要素和环节增多,这些要素和环节之间的相互关系复杂,只有实施全面质量管理,才能保证武器装备达到优良的质量水平。当前我国正在利用信息技术等先进科学技术实现武器装备建设的跨越式发展,更显现出军工产品质量的重要性。

3) 使用环境的严酷性

武器装备作战需求多变,使用强度大,使用环境恶劣,要求能适应各种地理和气象条件,如果其质量低劣,必然难以满足复杂的作战和训练任务要求,进而影响其作战能力的发挥。因此,实施全面质量管理是保证武器装备具有良好环境适应性的重要途径。

4) 使用时间的持久性

由于技术和经费的原因,武器装备的服役时间长、更新换代慢,其质量水平决定了武器装备在长期使用中的作战能力和保障能力水平。因此为了获得武器装备持续的作战能力和保障能力,必须在武器装备研制中实施全面质量管理。

5) 巨额投资的风险性

武器装备的研制和保障费用高昂,研制周期长,一旦失败将对政治、经济和军事造成巨大影响。实施全面质量管理是实现武器装备研制"一次成功"的重要保证。所谓"一次成功"是指武器装备的研制质量是建立在对组成产品的各零部组件、各分系统甚至全系统的精心设计、精心试制和严格充分的验证基础上,达到全系统集成时首次就成功。在我国综合国力还不十分强大的现实情况下,更应该珍惜每一分投资,实施严格的质量管理,避免低级的质量错误造成巨大的损失,千方百计降低武器装备研制的风险。

6) 质量形势的严峻性

由于我国全面贯彻现代质量观的时间不长,对质量属性中各种特性的认识和重视程度不同,因此长期以来重视武器装备的性能,而忽视其寿命、可靠性、维修性等其他特性,使得武器装备在研制和使用中的质量事故时有发生,质量形势依然严峻。因此,更应该重视和加强全面质量管理。

质量既然如此重要,因此必须正确地理解质量和产品质量的内涵,增强质量意识,掌握质量和产品质量的概念和实质。这样,不仅对质量管理的深入发展,而且对企业的经营决策,提高经济效益,都有着十分重要的意义。

1.1.2 质量的定义

"质量"一词人们并不陌生。在日常生活中经常看到、听到和提到产品质量、服务质量、工作质量、生活质量、学习质量和空气质量等。可见,质量已经与人们的日常生活和工作密不可分。

什么是质量?

质量是现代质量管理学中最基本的概念,也是最难以定义的概念之一,在不同的历史时期有着不同的内涵。它不同于物理学意义上的质量,也不同于哲学意义上的"质"与"量"的组合。质量(quality)一词在我国台湾和港澳地区一般翻译为"品质",在我国内地的质量管理学教科书中也有人翻译为"品质"。

国外的质量管理组织或一些著名的质量管理专家曾为质量做出过如下定义。

(1) 克劳士比(Crosby):质量是符合要求和规格。这是质量管理历史中符合标准(fitness standard)时期所提倡的观念。根据这一定义,在这里必须对要求和规格明确定义,必须能够连续进行衡量和控制才能确定产品或服务符合要求和规格,不符合规格就是质量不好。因此质量问题也就是不符合要求和规格的问题。这是符合性质量的概念。

符合性质量就是指产品符合现行标准的程度,这种"符合"的程度反映了产品质量的一致性。这是长期以来人们对质量的定义。但是,"规格"和"标准"有先进和落后之分,过去认为是先进的,现在可能是落后的。落后的标准即使百分之百的符合,也不能认为是质量好的产品。因此,"规格"和"标准"不可能将顾客的各种需求和期望都规定出来,特别是隐含的需求与期望。

(2) 朱兰(J. M. Juran):质量就是适用性(fitness for use)。他认为任何组织的基本任务就是提供能满足用户要求的产品。这是适用性质量的概念。

适用性质量就是指产品适合顾客的程度。这是从使用角度来定义产品的质量,即产品的质量就是产品的"适用性"。

质量从"符合性"发展到"适用性",表明人们逐渐认识到应该把顾客的需求放在首位。

(3) 田口(Taguchi):质量是指产品出厂后对社会造成的损失大小,包括由于产品质量变异对顾客造成的损失以及对社会造成的损害。这是20世纪60年代日本著名质量工程学家田口玄一博士首先提出的波动性质量的概念。

按照田口博士的定义,产品的质量就是指产品上市后给社会造成的损失大小。田口博士还进一步说明,这里的"社会"主要指顾客及其相关方;这里的"损失"主要是指产品质量波动所造成的损失大小,它可以用质量损失函数来进行描述和计算。按照田口博士的观点,不仅不合格品会造成损失,即使合格品也会造成损失,只不过是损失大小不同而已,只要产品没有达到理想功能均会造成损失。

田口博士的质量观,一方面不仅将顾客的利益放在首位,而且可以用质量损失函数这把尺子来度量不同类型产品的质量;另一方面,田口博士还指明了质量改进的方向就是不断减少产品的质量波动。但是,波动性质量的概念仍然有其局限性,这是因为通常对硬件产品或流程性材料较易度量其质量损失,但对软件特别是服务,其质量损失难以计算。

(4) 戴明(W. E. Deming):质量是低成本下的可预测的吻合度和可靠性并符合市场需求。这种观点把质量与成本联系起来,即一定的质量要与相应的成本相适应。

(5) 质量管理国际标准 ISO 9000:质量是一组固有特性满足要求的程度。在质量的概念图中解释为产品、体系或过程的一组固有特性具有满足顾客和其他相关方要求的能力。

质量管理国际标准 ISO 9000 中给出的质量定义已经从最初用于产品,逐渐延伸到服务、过程、体系和组织,以及以上任意项的组合。这是广义质量的概念。

从以上有关质量的定义可以看出,随着经济的发展和社会的进步,人们对质量的需求不断提高,质量的概念也不断地深化和发展,具有代表性的质量概念主要有:符合性质量、适用性质量、波动性质量和广义质量。

对于质量管理国际标准中给出的广义质量定义应注意以下几个方面的含义。

(1) 质量可使用形容词如差、好或优秀来修饰。

(2) 该定义直接用产品、体系或过程来代替旧定义中的"实体",避免了一个不易理解的"实体"概念,又可直观地反映不仅是指产品质量,也可以是某项活动或过程的工作质量,还可以是涉及人的素质、设备的能力及管理水平体系运行的质量。

(3) 在 ISO 8402 定义中给出的"明确和隐含的需要",在新版 ISO 9000 新的定义中更明确地反映为顾客和其他相关方明示的、习惯上隐含的或必须履行的需求或期望,直接指出对质量的要求除考虑满足顾客的需要外,还应考虑组织自身利益、提供原材料零部件等的供方的利益和社会的利益等多种需求,例如需考虑安全性、环境保护或节约能源等外部的强制要求。

(4) ISO 9000 中的新定义与旧定义相比,有两点明显的改进:

第一,质量反映为"满足要求的能力",而不是反映为"特性总和"。与要求相比较,特性是固有的。满足要求的程度才反映为质量的好坏。因此,新定义更科学。

第二,明确提出"固有特性"的概念,就是指在某事或某物中本来就有的,尤其是那种永久的特性。固有特性是产品、过程或体系的一部分(例如:螺栓的直径,机器的功率、转速、生产率,打电话的接通时间等技术特性),而人为赋予的特性(如产品的价格)不是固有特性,不反映在产品的质量范畴中,这使质量的概念更为明确。

(5) 应注意质量的"动态性"。质量要求不是固定不变的,随着技术的发展、生活水平的提高,人们对产品、过程或体系会提出新的质量要求。因此,应定期评定质量要求,修订规范,不断开发新产品、改进老产品,以满足已变化着的质量要求。

(6) 应注意质量的"相对性"。不同国家、不同地区因自然环境条件、技术发达的程度、消费水平和风俗习惯等的不同,会对产品提出不同的要求,产品应具有对环境的适应性,对不同国家及不同地区应提供具有不同性能的产品,以满足相应用户"明确或隐含的需求"。例如,销往欧洲地区的彩电要符合欧洲的电视制式、电压及电压的波动范围等质量要求,而与内销的彩电不同。

(7) 在比较两个产品或体系质量的优劣时,应注意在同一"等级"的基础上进行。等级高并不意味着质量一定好,等级低也并不意味着质量一定差,应注意"等级"的含义。

质量本身并不表达产品满足要求的程度,即优良程度,也不是个定量的概念,而是一个集合名词。因此,在谈到质量时,应在"质量"一词前面加修饰词,如设计质量、工艺质量、服务质量、生活质量与空气质量等。

(8) 相关方一般应包括顾客、员工、所有者、分供方及社会等方面。

1.1.3 质量的分类

质量按实体的性质细分,可分为产品质量、服务质量、过程质量及工作质量等。

1. 产品质量(quality of product)

根据质量的定义,产品质量可以理解为"产品满足规定需要和潜在需要的特征和特性的总和"。任何产品都是为了满足用户的使用需要而制造的。对于产品质量来说,不论是简单产品还是复杂产品,都应当用产品质量特性或特征去描述。产品质量特性依产品的特点而异,表现的参数和指标也多种多样,反映用户使用需要的质量特性归纳起来一般有六个方面,即性能、寿命(即耐用性)、可靠性与维修性、安全性、适应性、经济性。

1) 性能(function)

性能是指产品符合标准,满足一定使用要求所具备的功能。例如,手表的防水、防震、防磁和走时准确,电冰箱的冷冻速度,暖瓶的保温能力,电视机的图像清晰度,机床的转速、功率,钢材的化学成分、力学性能,布料的手感、颜色,儿童玩具的造型,食品的气味等。

2) 寿命(life)

寿命是指产品能够使用的期限,即产品在规定的使用条件下,完成规定功能的工作总时间。例如,灯泡在规定的电压和亮度条件下的使用小时数、电器开关的开启次数、钻井机钻头的进尺数、电视机的使用期限、轮胎的行驶里程数等都是衡量这些产品寿命的特性。

3) 可靠性与维修性(reliability and repairability)

可靠性是指产品在规定的时间内和规定的条件下,完成规定任务的能力。这项质量特性反映了产品在使用过程中,其功能发挥的稳定性和无故障性。如电视机平均无故障工作时间,机床精度的稳定期限,材料与零件的持久性、耐用性等。与可靠性相联系的特性是维修性,或称保全性。产品的维修性是指产品在规定的条件下和规定的时间内,按规定的程序和方法进行维修时,保持或恢复到规定状态的能力。可靠性与维修性决定了产品的可用性。可用性是指产品在任一时刻需要和开始执行任务时,处于可工作、可使用状态的程度。性能、可靠性与维修性又决定了产品的效能,即决定了产品在规定条件下,满足定量特性和服务要求的能力。

4) 安全性(safety)

安全性是指产品在储存、流通和使用过程中,不发生由于产品质量而导致的人员伤亡、财产损失和环境污染的能力。它主要体现在产品本身所具有的保障使用者人身安全的质量特性,如洗衣机等家用电器采用对地绝缘电阻,保护用户在使用过程中不发生触电事故。此外,还应考虑不对社会造成伤害及不对环境造成污染,例如对汽车排放废气的控制,也属于产品安全性的范畴。

5) 适应性(adaptability)

适应性是指产品适应外界环境变化的能力。这里所说的环境包括自然环境和社会环境,前者是指产品适应沙漠与山地、暴风雨与海浪、振动与噪声、灰尘与油污、电磁干扰、高温与高湿等自然条件的能力;后者是指产品适应某地区、某国家、某类客户等需求的能力。

6) 经济性(economy)

经济性是指产品整个寿命周期总费用多少。具体表现为设计成本、制造成本、使用成本(如使用过程中的动力消耗、维护费用等)。产品的经济性,即要求产品不但制造成本低,而且能使用户的使用成本也很低,以达到产品寿命周期内的总费用最低。

以上六个方面的质量特性属于产品的内在特性,体现其使用价值。随着社会经济的发展,消费者消费观念和消费水平的变化,人们已不满足产品所提供的使用价值,而要求它们在满足物质需要的同时,还要满足人们的精神需要。例如,对产品的造型、款式、手感、色彩、包装等表现出的偏好,这种特性被称为美学质量。对于那些与人们日常生活有密切关系的产品,尤其是出口产品,美学方面的质量对提高产品的竞争能力有极大的影响。

衡量产品质量的好坏,主要看上述各种质量特性满足用户需要的程度。但直接反映用户需要的质量特性,往往很难予以定量描述。例如,用户要求自行车的性能是蹬车要轻、车把要活、刹车要灵、外形美观,这些要求无法在制造过程中加以把握和测定。因此,应结合产品的特点,把用户的需要转化为可以在制造过程中把握的规范要求与技术参数,用它们来代表产品的质量特性。通常把这些间接反映产品质量特性的规范要求和技术特性称为代用质量特性,把直接反映用户需要的质量特性称为目的质量特性。

2. 服务质量(quality of service)

服务质量是指服务性行业的各项活动或工业产品的销售和售后服务活动,满足规定或潜在需要的特征和特性的总和。

服务业是指交通运输、邮电、商业、金融、旅游、饮食、医疗、文化娱乐等行业,这些行业的业务主要表现为向客户提供服务性劳务,他们产出的是无形产品。服务过程是在服务业员工与客户的直接接触中进行的,且在产生服务的同时就被消费掉了。因此,服务的质量往往取决于服务的技能、服务的态度和服务的及时性等服务者与消费者之间的行为关系。

服务质量特性依行业而定,其主要的共同特性有以下六个方面。

1) 功能性(function)

功能性是指某项服务所发挥的效能和作用。商店的功能是让客户买到所需要的商品;交通运输(包括铁路、民航、水运、公路等)的功能是运送旅客和货物到达目的地;邮电的功能是为用户传递信息;旅游的功能是让人们得到享受。而工业产品的销售和售后服务的功能是使用户满意地得到产品。能使被服务者得到这些功能,是对服务最基本的要求,也就是说,功能性是服务质量中最基本的特性。

2) 经济性(economy)

经济性是指客户为了得到不同的服务所需费用的合理程度。这里所说的费用是指接受服务的全过程中所需要的费用,即服务周期费用。经济性是相对于所得到的服务满足不同等级需要而言的,它是每个被服务者在接受服务时都要考虑的质量特性。

3) 安全可靠性(safety reliability)

安全可靠性是指在服务过程中,使用户感到准确、安全无危险。这是为了保证服务过程中,客户、旅客和用户等被服务者生命不受到危害,健康和精神不受到伤害,货物不受到损失。如在医疗、乘坐交通工具、住宿等服务中,用户主观上感觉可信、无差错、安全。

4) 时间性(timeliness)

时间性是指服务在时间上能够满足被服务者需求的能力,包括及时、准时和省时三个方面。及时是当被服务者需要某种服务时,服务工作能及时提供;准时是要求某些服务在时间上是准确的;省时是要求被服务者为了得到所需要的服务所消耗的时间能够缩短。及时、准时、省时三者是相关的、互补的。

5) 舒适性(comfortability)

舒适性是指在满足了功能性、经济性、安全性和时间性等方面的质量特性情况下,服务过程的舒适程度。它包括服务设施的适用、方便和舒服,环境的整洁、美观和有秩序,等等。

6) 文明性(civility)

文明性是指客户在接受服务过程中满足精神需求的程度。客户期望得到一个自由、亲切、友好、自然及谅解的气氛,有一个和谐的人际关系。文明性充分展示了服务质量的特色。

3. 过程质量(quality of process)

过程质量是指过程满足规定需要或潜在需要的特征和特性的总和,也可以说是过程的条件与活动满足要求的程度。上述产品质量和服务质量的特性要由"过程"或"活动"来保证。前面所讨论的产品或服务的六个方面的质量特性是在设计研制、生产制造、销售服务的全过程中实现并得到保证的。也就是说,这些质量特性受到了"过程"或过程中各项活动的影响,过程中各项活动的质量就决定了特性,从而决定了产品质量和服务质量。因此产品和服务质量从形成过程来说,还有设计过程质量、制造过程质量、使用过程质量及服务过程质量之分。

1) 设计过程质量(quality in designing)

设计过程质量是指设计阶段所体现的质量,也就是产品设计符合质量特性要求的程度,它最终是通过图样和技术文件质量来体现的。

2) 制造过程质量(quality in manufacturing)

制造过程质量是指按设计要求,通过生产工序制造而实际达到的实物质量,是设计质量的实现,是制造过程中,操作工人、技术装备、原料、工艺方法以及环境条件等因素的综合产物,也称符合性质量。

3) 使用过程质量(quality in using)

使用过程质量是指在实际使用过程中所表现的质量,它是产品质量与质量管理水平的最终体现。

4) 服务过程质量(quality in servicing)

服务过程质量是指产品进入使用过程后,生产企业(供方)对用户的服务要求的满足程度。

4. 工作质量(working quality)

工作质量是指与质量有关的各项工作,对产品质量、服务质量的保证程度。对一个工业企业来说也就是企业的管理工作、技术工作对提高产品质量、服务质量和提高企业经济效益的保证程度。工作质量涉及各个部门、各个岗位工作的有效性,同时决定着产品质量和服务质量。然而,它又取决于人的素质,包括工作人员的质量意识、责任心、业务水平等。其中,最高管理者(决策层)的工作质量起主导作用,广大的一般管理层和执行层的工作质量起保证和落实的作用。

工作质量能反映企业的组织工作、管理工作与技术工作的水平。它不像产品质量那样直观地表现在人们面前,而是体现在一切生产、技术、经营活动之中,并且通过企业的工作效率及工作成果,最终通过产品质量和经济效果表现出来。

工作质量不像产品质量那样具体、直观,属于无形产品。对它们的质量比较难以进行定量的衡量和考核,但有时可以利用某些综合性质量指标(如废品率和返修率等)来考核某些具体部门的工作质量。如合格率的提高,废品率、返修率的下降,就意味着工作质量水平的提高。然而,工作质量在许多场合是不能用上述指标来直接定量的,通常是采取综合评分的方法来定量。例如,工作质量的衡量可以通过工作标准,把"需要"予以规定,然后通过质量责任制等进行评价、考核与综合评分。具体的工作标准,依不同部门、岗位而异。

1.2 质量管理产生与发展

质量是一个永恒的主题。人类社会从一开始就面临着质量方面的问题,质量活动可以追溯到远古时代,并伴随着社会生产力的发展和文明的进步而变得日益重要。但是,现代意义上的质量管理活动则是从 20 世纪初开始的。

根据解决质量问题的手段和方式的不同,一般可以将现代质量管理分为 3 个阶段:第二次世界大战以前可以看作是第一阶段,人们通常称为质量检验阶段;第二阶段是从第二次世界大战开始到 20 世纪 50 年代的统计质量控制阶段;第三阶段是从 20 世纪 60 年代开始的全面质量管理阶段。

1.2.1 质量检验阶段

20 世纪前,产品质量主要依靠操作者本人的技艺水平和经验来保证,属于"操作者的质量管理"。这一阶段一直持续到第二次世界大战之前,主要是通过最后检验的方式来控制和保证产出及下道工序的产品质量。在手工业时代,产品大多是以作坊式的方式生产出来的,产品的质量主要取决于工匠个人的经验和技能。

20 世纪初,以 F. W. 泰勒为代表的科学管理理论的产生,促使产品的质量检验从加工制造中分离出来,质量管理的职能由操作者转移给工长,是"工长的质量管理"。随着企业生产规模的扩大和产品复杂程度的提高,产品有了技术标准(技术条件),公差制度(见公差制)也日趋完善,各种检验工具和检验技术也随之发展,大多数企业开始设置检验部门,有的直属于厂长领导,这时是"检验员的质量管理"。上述几种做法都属于事后检验的质量管理方式。

1.2.2 统计质量控制阶段

1924 年,美国贝尔实验室的统计学家休哈特(W. A. Shewhart)开始探索将统计方法应用于质量控制,发明了控制图、统计过程控制(statistical process control,SPC)理论,并于 1931 年出版了《产品制造质量的经济控制》一书。与此同时,同属贝尔实验室的道奇(H. F. Dodge)和罗米格(H. G. Romig)则进行了利用统计方法进行抽样检验的探索,先后提出了产品检验批质量的相关概念及其抽样方案等,并于 1941 年正式公开发表了"道奇-罗米格抽样表"。英国的皮尔森也于 1932 年发表了在质量控制和标准化中应用统计方法的论文,并于 1935 年出版了其著作《统计方法在工业标准化和质量控制中的应用》。但是这些方法的实际应用直到 20 世纪 40 年代才开始形成气候。

第二次世界大战爆发后,美国政府开始在军工生产中大力提倡和推广统计质量控制方法,以控制产品质量的波动,增加产量,降低成本并及时交货。1942 年,美国国防部召集休哈特等一批专家,制定了 3 个运用数理统计方法的战时国防标准:Z1.1,《质量控制指南》;Z1.2,《数据分析用的控制图法》;Z1.3,《生产中质量管理用的控制图法》。英国也于同一年在皮尔森著作的基础上制定了质量控制标准(BS600)。这一时期,人们对于在生产活动中应用统计方法的必要性具有了充分的认识。大量的实用统计方法,如抽样检验法、实验计划法等被开发出来。

这一时期质量管理的重点主要在于确保产品质量符合规格和标准。人们通过对工序进行分析,及时发现生产过程中的异常情况,确定产生缺陷的原因,迅速采取对策加以消除,使工序保持在稳定状态。由于数理统计方法的广泛应用,这一时期的质量管理被称为统计质量控制(statistical quality control,SQC)。SQC 在第二次世界大战时期的显著效果,使其在战后获得了世界范围内的推广。但限于当时的计算能力,SQC 方法只能由质量专家来掌握,当时难以在基层员工中推广。

SQC 关注生产过程中的波动因素,着重控制质量形成的过程,预防废品产生,使过程控制和预防思想得到应用。这一时期质量管理从单纯事后检验进入检验加预防的阶段,质量管理实践从控制"一点"(最终检验)发展为管理"一条线"(生产过程)。

1.2.3 全面质量管理阶段

第二次世界大战以后,人类在科技上取得了许多划时代的重大突破,生产力获得了前所未有的大发展。战后物资生产的大发展使得人们对产品质量的要求越来越高,世界市场的竞争达到了空前的激烈程度,维护消费者权益的运动呈现出日益高涨的局面,员工的能动性和参与对企业的成功成为不可或缺的因素。人们开始普遍认识到,仅仅依靠制造领域中的 SQC 已经远远不能满足顾客对质量的要求,也远远不足以应付日益严峻的挑战。在这样的背景下,美国的朱兰博士较早地投身到这方面的研究中。他明确提出,为了对质量进行有效控制,除了 SQC 以外,尚有许多其他重要的质量职能必须予以关注。1951 年问世,由朱兰博士主编的著名的《质量控制手册》便是这一领域的研究和经验的集大成之作。

1956 年,美国通用电气公司的费根堡姆(A. V. Feigenbaum)发表了题为"Total Quality Control"的论文,首先提出了"全面质量管理(TQC)"的概念,并于 1961 年出版了同名的著作。其中对全面质量管理的定义是:为了能够在最经济的水平上和充分满足顾客要求的条件下进行市场研究、设计、制造和售后服务,把企业内各部门的研制质量、维持质量和提高质量的活动构为一体的一种有效的体系。费根堡姆主张解决质量问题不能只是局限于制造过程,因为制造过程中出现的质量问题不过是所有质量问题的 20%左右,约有 80%的质量问题是在制造过程以外产生的。解决问题的手段仅仅局限于统计方法也是不够的,而必须是多种多样的。这样,质量管理由制造过程中的 SQC 逐渐发展到为了满足顾客要求所必须关注的各个方面。20 世纪 50 年代后期,美国的一些银行、航空公司等开始应用质量管理的思想和方法来尝试解决各自所面临的问题,从而使得质量管理由传统的制造业领域扩展到了服务业领域。

第二次世界大战以后,全面质量管理的观点在全球范围内得到了广泛的传播,各个国家都结合自己的实践进行了各方面的创新,但质量管理的最优秀的实践者非日本企业莫属。成功的质量管理使得日本产品在全球成为高质量的代名词,对于日本的战后复兴起到了巨大的作用。质量管理在日本是按照"全公司的质量管理(CWQC)"方式推进的。日本质量管理专家石川馨博士将其特点概括为:全公司的质量管理的特点在于整个公司从上层管理人员到全体职工都参加质量管理。不仅研究、设计和制造部门参加质量管理,而且销售、材料供应部门和诸如计划、会计、劳动、人事等管理部门及行政办事机构也参加质量管理。质量管理的概念和方法不仅用于解决生产过程、进厂原材料和新产品设计管理等问题,而且当上层人员决定公司方针时,也用它来进行业务分析,检查上层管理的方针实施状况,解决销售活动、人事劳动管理等问题,以及解决办事机构的管理问题。

改革开放以后,全面质量管理在我国得到了广泛深入的推行。我国企业在实践中将全面质量管理概括为"三全",即全过程、全员和全面的质量。全过程意味着质量产生、形成和实现的整个过程,这一过程由多个相互联系、相互影响的环节组成,每一个环节都或轻或重地影响着最终的质量状况。为了保证和提高质量就必须把影响质量的所有环节和因素都控制起来。全员意味着提高产品质量需要依靠组织中的全体人员的共同努力,必须加强质量教育,强化质量意识,使每个人都树立起质量第一的思想,人人关心质量,全员参加管理。全面的质量指的是在全面质量管理中的质量,其概念是广义的,不仅仅是指产品和服务的质量,而且还包括工作的质量。

随着国际贸易和国际间经济合作规模的日益扩大,人们越来越认识到质量问题是一个超越国家和地区边界的问题,国际间的合作变得越来越频繁。在这种背景下,国际标准化组织于1987年发布了关于质量管理体系的ISO 9000系列国际标准,在全球范围内掀起了一股贯彻ISO 9000系列标准并获取认证的热潮。企业界的质量意识获得了空前的高涨。

在20世纪的最后十几年中,经过长期而广泛的实践、积累、总结和升华,全面质量管理成为全球企业界的共同实践。全面质量管理逐渐由早期的TQC演变为TQM(total quality management)。一定意义上来讲,它已经不再局限于质量领域,而演变为一套以质量为中心的、综合的、全面的管理理念和管理方式。质量管理实践从过程控制发展到通过一个跨组织边界的"系统"来实施。

1.3 质量管理在我国的发展

我国是世界文明古国之一。早在夏、商时代的手工业中就有了控制产品质量的活动。在我国的各种古代典籍中记载有大量的有关产品质量的规定、要求等。严格的质量控制最初是在那些用于祭祀和战争的产品上开始应用的。商朝和周朝所制造的青铜器、编钟和剑的高质量举世闻名,这也是当时对质量重视的具体证据。但是,在我国将质量管理作为一门科学来推行,还是在20世纪70年代末开始的。

1978年,我国开始从日本和其他西方国家学习全面质量管理的理论和实践,在少数企业试点并取得成功的基础上,全面质量管理以相当快的速度、相当大的规模在全国推广开来。为了普及全面质量管理知识,政府有关部门和中国质量管理协会举办了大规模的《全面质量管理电视讲座》,收看人数达到了三千万人次。

1988年,我国等效采用了ISO 9000系列国际标准。1994年以后,我国又等同采用了该标准,定名为国家标准GB/T 19000 IDT ISO 9000。1993年,全国人大通过了《中华人民共和国产品质量法》,标志着我国质量工作进一步走上了法制化的道路(2000年产品质量法又经过修改)。1996年12月,国务院发布了《质量振兴纲要》,明确了我国质量工作的方针,提出了到2000年和2010年两个阶段的产品质量、工程质量、服务质量振兴的目标、任务和措施,特别强调了振兴质量的根本出路在于建立质量振兴的市场保证机制。

在2017年10月18日召开的中国共产党第十九次全国代表大会上,习近平总书记代表第十八届中央委员会向大会作了题为《决胜全面建成小康社会 夺取新时代中国特色社会主义伟大胜利》的报告。报告指出:"我国经济已由高速增长阶段转向高质量发展阶段,正处在转变发展方式、优化经济结构、转换增长动力的攻关期……",报告在部署"贯彻新发展理念,建设现代化经济体系"时,明确提及"质量第一"和"质量强国"。

"质量第一"是我国一以贯之的质量发展理念,也是经济新常态下贯彻落实供给侧结构性改革的具体要求。在2016年年底召开的中央经济工作会议上,强调要"树立质量第一的强烈意识"。2017年9月5日,《中共中央国务院关于开展质量提升行动的指导意见》中就强调要坚持以质量第一为价值导向,牢固树立质量第一的强烈意识。

"质量强国"则相继出现在《政府工作报告》、"十三五"规划和《国家创新驱动发展战略纲要》等党和国家的重要文件中,并成为各类重要会议上的高频词。

"质量第一"和"质量强国"被同时写进党的十九大报告,进一步充分体现出党对质量及质量管理工作的高度重视。

1.4 质量管理大师的质量观

质量管理作为一门独立的学科,能够发展到今天这种水平,包含了不计其数献身于质量管理的前辈们的努力。从研究质量规律的专家到致力于质量改进的实践者,每个人都作出了自己应有的贡献。但是在质量管理领域,有屈指可数的几位学者,他们以惊人的洞察力和睿智的思想,直接改变了世人对质量的看法,对质量管理这门学科的发展产生了深远的影响。戴明(W. E. Deming)、朱兰(J. M. Juran)、克劳士比(P. B. Crosby),以及费根堡姆(A. V. Feigenbaum)、石川馨(Kaoru Ishikawa)等,由于对质量管理的巨大贡献,他们被尊称为质量大师。

1.4.1 戴明质量观

戴明博士有一句颇富哲理的名言:"质量无须惊人之举。"作为质量管理的先驱者,戴明学说对国际质量管理理论和方法始终产生着异常重要的影响。

戴明1900年出生于美国艾奥瓦州,逝于1993年12月。1928年获耶鲁大学数学物理学博士学位,这为他以后的质量观奠定了基础。1950年,戴明前往日本,在工业界担任讲师和顾问,对日本的质量管理作出了巨大贡献。1956年荣获裕仁天皇颁布的二等瑞宝奖。以戴明命名的"戴明品质奖",至今仍是日本品质管理的最高荣誉。1987年,里根总统给他颁发国家技术奖。1980年,NBC播出《日本能,我们为什么不能》节目后,戴明的管理理念在美国掀起了一阵质量革命的旋风,大幅提高了美国的生产力与竞争地位。

1. 戴明的基本质量观

1) 戴明的质量定义

与别的质量巨匠不同,戴明从来没有对质量下过一个精确的定义。在他的晚年著作中,他曾这样写道,"如果一种产品或服务对别人有所帮助,并且能够持续占有一个不错的市场份额,那么可以说他们拥有质量。"

2) 减少变异

戴明强调,通过减少生产和设计过程中的变异性来改进产品和服务的质量。在他看来,不可预测的变异是影响产品质量的主要因素。统计技术是不可缺少的管理工具。通过减少变异,可以使系统获得可预测的稳定产出。戴明曾演示过两个著名的实验——红珠实验与漏斗实验,借此来表明不能正确认识系统中的变异时可能导致的危害,以及会由此而作出的错误决策。

3) 持续改进

"质量能够以最经济的手段,制造出市场上最有用的产品。"戴明认为,质量的改进应该是一种持续的过程。并且通过质量的改进,可以提高生产效率,降低生产成本,进而以较低的价格和较高的质量获得顾客满意,从而保持市场份额,为社会提供更多的工作岗位。

图 1-1 是戴明提出的质量改进连锁反应图。戴明特别强调高层领导对质量改进有不可推卸的责任。

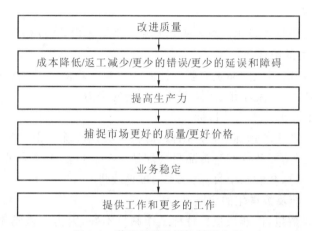

图 1-1　戴明质量改进连锁反应图

4) 戴明循环(PDCA 循环)

戴明博士最早提出了 PDCA 循环的概念,所以又称其为"戴明环"。PDCA 循环是能使任何一项活动有效进行的一种合乎逻辑的工作程序,特别是在质量管理中得到了广泛的应用,是一个基本的质量工具。

2. 戴明的质量管理 14 点

戴明学说简洁易懂,其主要观点"十四要点"成为 20 世纪全面质量管理(TQM)的重要理论基础。戴明管理 14 点的全称是《领导职责的十四条》,这是戴明博士针对美国企业领导提出来的。分别介绍如下:

1) 创造产品与服务改善的恒久目的

最高管理层必须从短期目标的迷途中归返,转回到长远建设的正确方向。也就是把改进产品和服务作为恒久的目的,坚持经营。这需要在所有领域加以改革和创新。

2) 采纳新的哲学

绝对不容忍粗劣的原料、不良的操作、有瑕疵的产品和松散的服务。

3) 停止依靠大批量的检验来达到质量标准

检验其实是等于准备有次品。检验出来已经是太迟,且成本高而效益低。理解检验的目的是为了改进流程并降低成本。

4) 要有一个最小成本的全面考虑

在原材料、标准件和零部件的采购上不要只以价格高低来决定对象。

5) 坚定不移地改进生产及服务系统

在每一活动中,必须减少浪费和提高质量,无论是采购、运输、工程、维修、销售、会计、人事、顾客服务及生产制造等。

6）建立现代的岗位培训方法

培训必须是有计划的，且必须是建立于可接受的工作标准上。必须使用统计方法来衡量培训工作是否奏效。

7）建立并贯彻领导方法

督导人员必须要让高层管理知道需要改善的地方。当管理当局知道需要改善的地方之后，必须采取行动。

8）驱除恐惧心理

所有同事必须有胆量去提出问题或表达意见。消除恐惧，建立信任，营造创新的气氛。

9）打破部门之间的围墙

每一部门都不应独善其身，而是需要发挥团队精神。跨部门的质量圈活动有助于改善设计、服务、质量及成本，激发小组、团队及员工之间的努力。

10）取消对员工发出计量化的目标

激发员工提高生产率的指标、口号、图像、海报都必须废除。很多配合的改变往往是在一般员工控制范围之外，因此这些宣传品只会导致反感。虽然无须为员工定下可计量的目标，但公司本身却要有这样的一个目标：永不间歇地改进。

11）取消工作标准及数量化的定额

定额把焦点放在数量，而非质量。计件工作制更不好，因为它鼓励制造次品；取消定额管理，代之以学习流程性能及如何加以改进。

12）消除妨碍基层员工工作顺畅的因素

任何导致员工失去工作尊严的因素都必须消除。消除障碍，使员工找回因工作而自豪的权利。

13）建立严谨的教育及培训计划

由于质量和生产力的改善会导致部分工作岗位数目的改变，因此所有员工都要不断接受训练及再培训。一切训练都应包括基本统计技巧的运用，鼓励教育员工自我提高。

14）创造一个能推动以上13项的管理组织，为实现转变采取行动。

3. 渊博知识体系

随着戴明博士对质量的不断认识，他的质量哲学也在发生着变化。戴明博士在生命的晚期，提出了"渊博知识体系"，将以上管理14点的潜在基础加以系统化。能够准确地理解这套体系，对于我们有效地理解和吸收管理14点的精华，是很必要的。

戴明的渊博知识体系包括4大部分，彼此相互关联：① 对于系统的认识；② 有关变异的知识；③ 知识的理论；④ 心理学。

1）系统（system）

系统是指组织内部可以共同作用，从而促使组织实现目标的各项职能或活动的总和。一个系统必须有目标，没有目标就不构成系统。任何系统的所有元素必须共同作用，系统才会有效。系统也必须加以管理。系统各部分之间的相互依赖愈高，就愈需要彼此之间的沟通与合作，而同时整体性的管理也愈重要。事实上，正是由于管理者未能了解各组成部分的依赖性，采用目标管理而造成了损失。戴明强调管理者的工作是达到系统的整体优化。虽然公司各部门都各有职责，但其产生的效果不是相加的，而是相互影响的。某一部门为达到本身的目标而不考虑对其他部门影响，或许会影响到另一部门的成果。

2) 变异(variation)

渊博知识体系的第二个组成部分是对统计理论和变异的基本理解。变异是无处不在的，生产系统中同样如此，它可能产生于生产过程的各个环节。消除生产过程中的波动变异，使其可以预测，获得稳定的产出，是戴明质量观的重要思想。变异可以分为两类：源自偶然性因素的变异和源自必然性因素的变异。第一类变异占总变异的80%～90%，它们是系统的自然属性，虽然个别现象是随机的，但是总体表现具有统计规律性；第二类变异来源于系统的外部干扰，通过合适的统计工具，可以很容易地判断出来，并加以消除。仅受偶然性因素控制的系统通常处于稳定状态。管理者在尝试改善结果的时候，通常会犯两类错误，两者的成本都很高。错误1：把源自偶然性因素产生的变异，误认为源自必然性因素而引起的反应。错误2：把源自必然性因素的变异，误认为源自偶然性因素而没有作出反应。过程或许是在统计管制状态下，也可能不是。如果在统计管制状态下，则未来可能的变异将可预测。成本、绩效、质量以及数量，也都可以预测，这种情形称之为稳定状态。如果过程不稳定，则称之为不稳定状态，其绩效无法预测。

3) 知识理论(theory of knowledge)

戴明强调，任何认识都具有理论性，实践本身并不能产生理论。仅仅模仿成功的案例，而不借助理论真正地理解它，有可能会造成重大损失。预测是管理工作的重要部分：任何理性的计划，无论多么简单，都会包含对状况、行为、人员绩效、程序、设备或原料的预测。理论引领我们作出预测。没有预测，经验与范例也不能教导我们什么。理性的预测有赖于理论，而预测可增进知识。企业取得持续不断的成功所运用的具体方法深深扎根于理论之中，管理者有责任学习并应用这些理论。

4) 心理学(psychology)

心理学有助于我们了解他人，以及人与环境、顾客与供应商、管理者与属下和任何管理系统的互动。人人都各不相同。身为一个管理者必须体察到这种差异，并且利用这种差异，让每个人的能力与性格倾向发挥到极致。然而这并非等于将人员排等级。戴明的渊博知识体系中，极少原创，并没有过多的新东西。戴明的贡献在于将一些基本概念创造性地联系起来。他认识到这些不同学科之间的协调作用，并将它们发展成为一个完整的管理理论。

1.4.2 朱兰的质量三部曲

朱兰博士是世界著名的质量管理专家，生于1904年。他所倡导的质量管理理念和方法始终影响着世界以及世界质量管理的发展。他的质量计划、质量控制和质量改进被称为"朱兰三部曲"。他最早把帕累托原理引入质量管理。由朱兰博士主编的《质量控制手册》(Quality Control Handbook)被称为当今世界质量控制科学的"圣经"，为奠定全面质量管理(TQM)的理论基础和基本方法作出了卓越的贡献。

朱兰在戴明之后，于20世纪50年代在日本讲授质量原则，是质量研究机构的主要力量。朱兰的课程被设计成以最小的风险配合企业当前的战略业务计划。与戴明认为统计学是共同的语言不同，他主张组织内部不同层次的员工使用不同的"语言"。高层管理者的语言是"钱"，以便使质量问题引起他们的注意；工人的语言是"事情"；中层管理者应当会说前面两种语言，同时还起着上传下达的沟通作用。

1. 适用性质量

朱兰认为，质量的本质内涵是"适用性"，而适用性(fitness for use)是指使产品在使用期间能满足使用者的需求。朱兰提出，质量不仅要满足明确的需求，也要满足潜在的需求。这一思想使质量管理范围从生产过程中的控制，进一步扩大到产品开发和工艺设计阶段。

2. 质量三部曲

质量三部曲如图1-2所示，内容包括：

(1) 质量计划。实现质量目标的准备程序。

(2) 质量控制。对过程进行控制，保证质量目标的实现。

(3) 质量改进。有助于发现更好的管理工作方式。

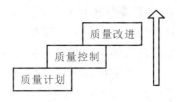

图1-2 质量三部曲

质量计划的制定应首先确定内部与外部的顾客，识别顾客需求，然后将顾客需求逐步转化为产品的技术特征、实现过程特征及过程控制特征。质量控制则包括选择控制对象、测量时间性能、发现差异并针对差异采取措施。朱兰的质量改进理论包括论证改进需要、确定改进项目、组织项目小组、诊断问题原因、提供改进办法，证实其有效后采取控制手段使过程保持稳定。

质量三部曲为企业的质量问题的解决提供了方向。但是，朱兰通过对很多公司的考察发现，在许多企业内，人们把精力过多地放在了质量控制环节，而质量计划和质量改进没有引起应有的重视。因此，朱兰呼吁，组织应该放更多的注意力在质量控制之外的其余两个环节，尤其是质量改进环节。

3. 质量螺旋(quality loop)

朱兰博士提出，为了获得产品的适用性，需要进行一系列的活动。也就是说，产品质量是在市场调查、开发、设计、计划、采购、生产、控制、检验、销售、服务、反馈等全过程中形成的，同时又在这个全过程的不断循环中螺旋式提高，所以也称为质量进展螺旋。由于每项环节具有相互依存性，符合要求的全公司范围的质量管理需求巨大，高级管理层必须在其中起着积极的领导作用。朱兰质量螺旋如图1-3所示。

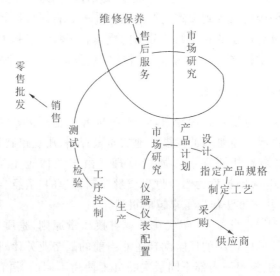

图1-3 朱兰质量螺旋

4. 80/20 原则

朱兰博士尖锐地提出了质量责任的权重比例问题。他依据大量的实际调查和统计分析认为，企业产品或服务质量问题，追究其原因，只有20%来自基层操作人员，而恰恰有80%

的质量问题是由于领导责任所引起的。在国际标准 ISO 9000 中,与领导责任相关的要素所占的重要地位,在客观上证实了朱兰博士的"80/20 原则"所反映的普遍规律。

1.4.3 零缺陷之父——克劳士比

"质量是免费的,但它不是礼物。"

1964 年,克劳士比提出了"零缺陷"的口号:第一次就把事情做对。对待错误,即使是微不足道的差错,也决不放过,一定要消除原因,避免其再次出现。"零缺陷"要求我们把一次做对和次次做对作为工作质量的执行标准,而不是口号。而要做到这一点,就要把工作重心放在预防上,在每一个工作场所和每一项工作任务中预防。

1. 质量管理的绝对性

克劳士比认为,质量管理有一些原则是绝对的、基本的。

1) 质量即符合要求

对于克劳士比来说,质量既存在又不存在。在他的质量哲学里没有不同的质量水平或质量等级,质量的定义就是符合要求而不是好。同时,质量要求必须可以清晰地表达,以帮助组织在可测知的目标的基础上,而不是在经验或个人观点的基础上采取行动。如果管理层想让员工第一次就把事情做对,组织必须清楚地告诉员工事情是什么,并且通过领导、培训和营造一种合作的氛围来帮助员工达到这一目标。

2) 质量的系统是预防

产生质量的系统是预防,在错误出现之前就消除错误成因。预防产生质量,而检验并不能产生质量。检验只是在过程结束后,把坏的和不好的挑出来,而不是促进改进。预防发生在过程的设计阶段,包括沟通、计划、验证以及逐步消除出现不符合的时机。通过预防产生质量,要求资源的配置能保证工作正确地完成,而不是把资源浪费在问题的查找和补救上面。克劳士比认为,培训、纪律、榜样和领导具有预防作用。管理层必须下决心持续地致力于营造以预防为导向的工作环境。

3) 工作的标准是零缺陷(第一次就把事情做对)

工作标准必须是零缺陷,而不是"差不多就好","差不多"的质量态度在克劳士比方法中是不可容忍的。而零缺陷的工作标准,则意味着我们任何时候都要满足工作过程的全部要求。克劳士比相信,没有理由假设某些事情能不符合要求。他强调,必须要改变管理层对质量的认知和态度。在管理者当中普遍存在着这样一个态度:他们相信错误是不可避免的,并且是企业日常经营活动中很正常的一部分,人们应该学会如何与它为伍。实际上,正是管理层的态度制造了绝大部分管理上的问题。质量改进过程的终极目标是零缺陷或"无缺陷"的产品和服务,即让质量成为习惯。零缺陷并不仅仅是一个激励士气的口号,而是一种工作态度和对预防的承诺。零缺陷工作态度是这样一种工作态度:对错误"不害怕、不接受、不放过"。零缺陷并不意味着产品必须是完美无缺的,而是指组织中的每个人都要有决心第一次及每一次都要符合要求,而且不接受不符合要求的东西。

4) 质量的衡量标准是"不符合要求的代价"

不符合要求的代价是浪费的代价,是不必要的代价。质量成本不仅包括那些明显的因素,比如返工和废品的损失,还应包括诸如花时间处理投诉和担保等问题在内的管理成本。通过展示不符合项目的货币价值,可以增加管理者对质量问题的注意,从而促使他们选择时机去进行质量改进,并且这些不符合要求引发的成本可以作为质量改进取得成效的见证。

这些基本原则将帮助管理层以质量改进为核心。更重要的是,帮助他们完成从克劳士比所称的"传统的智慧"(指认为质量提升必然伴随着成本的上升的观念)到质量和成本并不互相影响这一认知的转变。根据克劳士比的理论,当质量上升时,成本是降低的。因此,质量是没有经济成本的。

2. 质量改进的基本要素

克劳士比把问题看作是一种不符合要求的"细菌",我们可以通过接种疫苗避免问题的产生。质量改进的基本要素由三个独特的管理行动组成——决心、教育和实施。当管理层了解到需要通过交流和赞赏以促进变革所需的管理行动时,决心就会表现出来。每位员工都应了解质量改进的必要性。教育提供给所有员工统一的质量语言,帮助他们理解自身在整个质量改进过程中所应扮演的角色,帮助他们掌握防止问题发生的基本知识。实施,是通过发展计划、资源安排及支持环境共同构建一种质量改进哲学。在实施阶段,管理层必须通过榜样来领导,并提供持续的教育。

克劳士比认为,教育是任何一个组织在任何阶段都必不可少的过程,可用"6C"来表示,也可称为"变革管理的6个阶段"。

第一个 C 是领悟(comprehension),它表明理解质量真谛的重要性。这种理解必须始于高层,然后逐渐扩展到员工。没有理解,质量改进将无从落地。

第二个 C 是承诺(commitment),它也必须开始于高层,管理者制定出"质量政策"以表明自己的态度。

第三个 C 是能力(competence),在这个阶段的教育与培训计划对系统地执行质量改进过程是至关重要的。

第四个 C 是沟通(communication),所有的努力都必须诉诸文字,成功的经验都要在组织内共享,以使置身于公司中的每一个人都能够完整地理解这个质量目标。

第五个 C 是改正(correction),主要关注于预防与提升绩效。

第六个 C 是坚持(continuance),它强调质量管理在组织中必须变成一种生活的方式。坚持是基于这样一个事实,即第二次才把事情做对既不快也不便宜。所以,质量必须融入所有的日常经营活动之中,通过质量改进过程管理,使质量成为一种习惯,成为人们做人做事的一种方式。

1.4.4 其他质量管理专家

1. 费根堡姆

费根堡姆,曾作为美国通用电气公司质量总经理,担任过国际质量学会第一任董事长、美国质量管理协会两任主席和一任董事长,因为 1961 年在其著作《全面质量管理》中提出全面质量管理而闻名。费根堡姆的质量观可以在以下三个质量步骤中得到体现。

(1) 质量第一。管理层的注意力应该放在制定合适的计划上面,而不应该仅仅放在对不合格项的处理纠正上。管理者要对质量持续的关注并作出努力。

(2) 现代质量技术。由于传统的质量部门只能解决系统中 10%~20% 的问题,这样,为了满足未来消费者的需求,从办公室人员到工程技术人员应协同一致地采用新的技术去改进系统的表现。

(3) 组织承诺。组织的全体人员应得到持续的培训和激励,鼓舞员工的士气和增强质量意识,并且认识到组织的每一项工作都影响着组织的最终产品的质量。

2. 石川馨

日本能够在战后迅速崛起,除了有戴明、朱兰等人的理论指导,在日本质量圈中有一位大师也功不可没,他就是石川馨。没有他的领导,日本的质量运动不会获得今天这样的成功。1972年,石川馨著有《质量控制指南》一书。

1) 基本质量思想

(1) 质量,始于教育,终于教育。

(2) 了解顾客需求是质量改进的第一步。

(3) 当质量监督检验不再是必需的生产环节时,这时质量控制才达到理想的状态。

(4) 治标更要治本。

(5) 质量控制是企业所有员工的责任,并贯穿于所有环节。

(6) 不要将目的与手段相混淆。

(7) 质量优先,关注长期利润。

(8) 高层管理者应明白质量问题的产生并不都是下属的责任。

(9) 没有分布信息的数据是不可信的。

(10) 企业中95%的质量问题可以通过简单的分析工具加以解决。

(11) 质量圈。石川馨提出,在公司内部一个单独部门中,由非监督人员和领导人组成团队,自发地去研究如何改进他们工作的有效性。

2) 石川馨图

石川馨图又叫因果图,也称为鱼刺图、特性要因图等。它是利用"头脑风暴法",集思广益,寻找影响质量、时间、成本等问题的潜在因素,然后用图形形式来表示的一种十分有效的方法,它揭示的是质量特性波动与潜在原因的关系。

因果图有三个显著的特征:

(1) 对所观察的效应或考察的现象有影响的原因作直观表示。

(2) 这些可能原因的内在关系被清晰地显示出来。

(3) 内在关系一般是定性的和假定的。

3) 广义的质量概念

石川馨对质量的概念也有许多重要的观点:他认为质量反映顾客的满意程度,顾客的需要和要求是变化的,因此质量的定义也是不断变化的,高质量就是满足顾客不断变化的期望。在谈到质量定义时,他认为:狭义的解释,质量的含义是指产品质量;广义的解释,质量包含工作质量、服务质量、信息质量、过程质量、部门质量、人员质量、系统质量、公司质量、目标质量等。这个广义的质量概念就是全面质量的概念。

习　　题

1. 简述质量概念及其发展。观察并思考当前企业、消费者、政府对质量的看法分别是什么?并谈谈你对质量的认识。

2. 质量管理经过了哪几个发展阶段?每个阶段都有什么特点?

3. 考虑如何将戴明的质量管理14点应用到你熟悉的一个组织中?你认为其中的哪些

要点会与组织现行的运作思想产生大的冲突?

4. 朱兰质量三元论包括哪些内容?

5. 总结克劳士比的质量哲学,并说明它与戴明、朱兰哲学有何不同?

6. 解释制造业与服务业的区别以及它们各自的质量含义。

7. 你觉得现代质量管理正面临什么样的挑战和机遇?我们该如何去应对当今的质量环境?

第 2 章 质量功能展开

2.1 质量功能展开的起源与发展

2.1.1. 质量功能展开的起源

质量功能展开（quality function deployment, QFD）是一种立足于产品开发过程中最大限度地满足顾客需求的系统化、用户驱动式质量保证方法。

QFD 理论在 20 世纪 60 年代后期起源于日本三菱重工，其目的是在建造复杂货轮的后勤系统时，创造出一种体系，使建造货轮的每一个步骤适合于客户的具体要求。1966 年，在日本政府的支持下，赤尾洋二和几所大学的教授提出了 QFD 设计理论方法，取得了很好的成效。后来被日本的其他公司采用，逐步得到世界各国的重视，现在已成为一种重要的产品设计质量控制技术。

QFD 是一项从传统生产质量控制转向设计质量控制的转换典范。传统的生产质量控制是通过对生产过程的实物检验，用观察、测试和检测的手段进行控制的。采用 QFD 可使检验生产质量转向检查产品的设计质量即产品的内在质量，QFD 使设计成为现实之前就已引进许多无形的要素，产品质量就融于设计之中。

在新产品的开发过程中，规划和设计部门该如何协调合作，进行怎么样的质量保证活动才能使顾客满意？这样的疑问导致了 QFD 的产生。新产品在开发过程中，面临各种各样的疑问，比如，设计质量逐渐受到重视，究竟如何来确定设计质量？为什么在产品开始之前不能预先作为控制点和监测点在 QC（quality control）工序表中传达给现场？

传统的质量观的改变：
(1) 质量保证的重点转向生产何种产品。
(2) 在规划阶段制造某种产品时，已断定该产品是否能够满足顾客需求。
(3) 从事规划及设计的技术人员，需倾听价值观多样化的顾客需求。
(4) 质量保证部门从以制造阶段为中心，转向关注规划和设计部门。

2.1.2 质量功能展开的发展

普利司通轮胎公司提出"工序保证项目一览表"，用因果分析图寻找制造工艺中应保证的项目，对厂内质保体系进行整顿。

赤尾洋二教授由此得到启发，设想在生产之前就构造 QC 工序表，对"一览表"新增设计着眼点栏目。考虑在新产品开发中怎样计划、设计、制造以满足顾客要求应该具有的质量，并将这种思想命名为目标质量展开,并在几家企业试行。

赤尾洋二教授总结了1966年在各公司的合作研究成果,于1972年发表了"新产品开发与质量保证——质量展开的系统",文中提出17项步骤,显示了今天的质量展开的基本内容。

丰田公司于20世纪70年代后期使用QFD取得了巨大经济效益。开发启动成本累计下降61%,开发周期缩短1/3,产品质量得到相应改进。

1977年日本质量管理学会成立了质量展开研究会。

1978年水野滋和赤尾洋二教授将企业应用成果汇编成《质量功能展开》。

1991年起质量功能展开专题研讨会在世界各地轮流举行。

QFD诞生后十多年才得以传播到美国,福特汽车于1985年在美国率先采用QFD方法。之后,通用汽车公司、克莱斯勒公司、惠普公司、施乐公司等相继使用QFD方法,如图2-1所示。

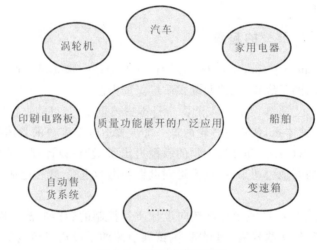

图2-1　QFD的广泛应用

2.2　质量功能展开的内容

2.2.1　质量功能展开的概念

《美国空军R&M2000大纲》定义:QFD是保证用户、消费者需求,并能推动产品设计和生产工序设计改进的一种方法,即把用户、消费者需求变换成产品特性和工序特性,并由全企业来完成这些要求的系统方法。

质量功能展开(QFD)就是将顾客的要求转换成质量特性,保证顾客的关键需求以及企业的核心技术系统地展开到产品的各功能部件、过程变量等质量特性,从而形成满足顾客要求的产品质量。

QFD包含两层含义。一是狭义的质量功能展开,即用目的手段,将形成质量的功能乃至业务,以不同的层次展开到具体的部分。二是质量展开,是将顾客的需要转换为图样和设计要求及产品生产过程中各阶段的要求,以确定产品的设计质量,并将其系统地、关联地展开到零部件的质量、零件质量、工艺要求以及工序要求等过程。

2.2.2 质量功能展开的四个阶段

一般将 QFD 划分为 4 个阶段。将最终顾客的需求展开为设计要求，是 QFD 的第一阶段，即产品总体设计阶段；将设计要求展开为关键零部件特性，是 QFD 的第二阶段，即零部件设计阶段；将关键零部件的特性展开为工艺要求，是 QFD 的第三阶段，即工艺设计阶段；将工艺要求展开为生产要求，是 QFD 的第四阶段，即生产系统设计阶段。将工艺要求传递到生产现场，形成一系列的生产与质量控制图表。QFD 的 4 个开发阶段如图 2-2 所示。

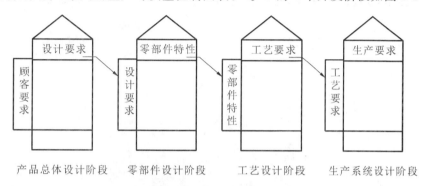

图 2-2 质量功能展开示意图

必须注意，并不是第一阶段展开的所有设计要求都必须被展开为零部件特性，只有那些重要度高的（高风险、新、难或非常重要的）设计要求才需要进一步展开。不应把时间和精力浪费在那些容易实现的设计要求上。

对于零部件特性，同样需要进行重要度计算和竞争力评估，从而确定关键的零部件。对于关键的零部件，要做两方面的工作。一方面，开展故障模式、影响与危害性、故障树、可靠性故障树等分析，采用田口方法和其他各种方法进行设计优化，确定元器件优选目录，进行价值分析/价值工程以及成本分析等，以优化零部件设计方案，减少质量波动，提高可靠性。

QFD 展开的过程是：先用一系列的矩阵和图表把顾客要求转化为工程特性或设计要求，再根据同样的原理把设计要求转化为部件和零件质量特征，把部件和零件质量特征转化为工艺和工序要求。设计要求、部件质量要求、零件质量要求、工艺要求和工序要求大多为定量的工程技术要求，故又称为工程特性，有时也称为代用的质量特性，以区别于顾客需求的真正产品质量特性。

QFD 是一种集多学科团队工作过程为一体的用于规划和设计开发新产品的方法，它通过收集顾客或市场需求信息，用一系列的矩阵和图表将顾客的需求特性转化为产品设计过程中的产品质量特性和设计要求，进而展开为部件、零件质量特性的技术要求，工艺要求，制造和检验技术要求。这样，来自顾客或市场的需求信息准确地转移到产品生命周期中的每一个设计阶段中，减少顾客或市场需求和产品设计制造之间的"隔阂"，保证产品的设计质量满足顾客或市场需求。由于质量功能展开过程加强了各部门的协作和配合，可以大大缩短产品研制设计周期，减少设计和试制过程技术文件的更改，提高工作效率和降低成本。采用 QFD 方法可以集中反映顾客需求、利用竞争环境和市场潜能来优化设计目标、加强各部门团队协作精神、提供柔性的易于理解的信息，并把顾客的潜在需求或定性需求转化为产品设计的定量目标，从而使设计的产品能在最短的时间，以合理的价格和质量满足市场需求，赢得商机。

2.2.3 质量屋的原理及构成

1. 质量屋的原理

质量屋(house of quality, HOQ)的概念是由美国学者 J. R. Hauser 和 Don Clausing 在 1988 年提出的。质量为将顾客需求转换为产品技术需求以及进一步将产品技术需求转换为关键零件特性、将关键零件特性转换为关键工艺步骤、将关键工艺步骤转换为关键工艺/质量控制参数等 QFD 的一系列瀑布式的分解提供了一个基本工具,如图 2-3 所示。

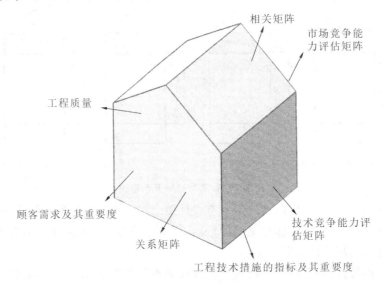

图 2-3 质量屋

质量屋的基本要素:
(1) 左墙——顾客需求及其重要度;
(2) 天花板——工程质量(设计要求或质量特性);
(3) 房间——关系矩阵;
(4) 地板——工程技术措施的指标及其重要度;
(5) 屋顶——相关矩阵;
(6) 右墙——市场竞争能力评估矩阵;
(7) 地下室——技术竞争能力评估矩阵。

2. QFD 的体系结构和步骤

QFD 的核心是质量屋,质量屋是由一系列的二维矩阵和图表构成的,根据不同的应用目的,质量屋构成上有一定的差异,但构建质量屋的基本思想和方法是一致的。QFD 的质量屋基本上是由 8 个不同参数的矩阵图表和一项设计目标声明构成,如图 2-4 所示。

图 2-4 所示的质量屋中,各部分组成及步骤为:

(1) 设计声明。设计声明在质量屋的左上方,该设计声明描述需要设计的产品或设计小组要努力达到的目标,有时设计可不列在质量屋的图表中,而描述在其他资料中。

(2) 顾客需求及其重要度。顾客需求及其重要度图表在质量屋的左部,该部分是对质量屋中的顾客要求和重要度的描述。要使顾客满意首先得听取顾客的要求,产品设计的初始阶段是确定顾客需求的阶段,根据顾客的需求选择和确定产品设计方案。通过对顾客或

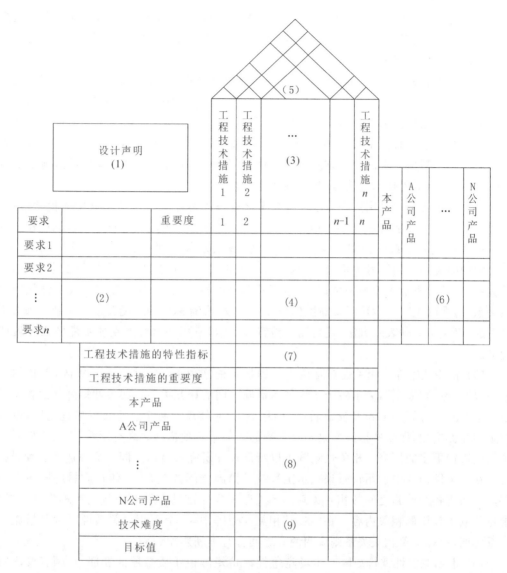

图 2-4 QFD 的质量屋

市场进行调查,获取顾客对需要设计产品即目标产品的要求,并对获取的每个要求进行重要性度量,即确定权重。

顾客提出的有些要求比较笼统,必须对所提要求分类、分级逐步展开、细化。对顾客提出的所有要求,要确定其重要性度量值,确定这些要求中哪一项更重要,可用 1~5 或 1~10 来衡量重要性,数字愈大说明重要性愈大。重要性度量在 QFD 过程中起到很重要的作用,对重要性度量值的确定必须准确反映顾客的意见。

(3) 工程技术措施。工程技术措施在质量屋的上部,描述实现顾客需求的方式。通过对顾客的需求及其重要度分析,明确了顾客对所设计产品的看法,顾客需要"什么"已经清楚,而具体"如何"做呢,就需要用设计生产过程中有关人员都能懂的工程语言来描述产品的特性。根据顾客的各项要求,产品设计和生产过程中相关的人员就应该协作,运用集体智慧,进行多层次多方位思考,找出实现顾客要求的方式,即根据顾客的要求确定可定量的工程技术措施。

(4) 关系矩阵。关系矩阵位于质量屋的中部,描述顾客需求特性与工程技术措施之间的关系,分析每项工程技术措施是怎样实现相应顾客需求的,它明确了哪一项措施可以最佳地实现所有的顾客需求。

关系矩阵有助于设计、生产等过程的人员对复杂事物进行清晰思维,并提供机会对思维的正确性进行反复交叉检查。关系矩阵图表中的顾客需求可能与一项工程技术措施相关,也可能与多项工程技术措施相关。例如,当在关系矩阵图表上发现某项工程技术措施与任何一项顾客需求没有关系时,就可确定该工程技术措施是多余的,或者设计人员在收集顾客需求时漏掉了某项需求。另一方面,当某项顾客需求与所列的任何工程技术措施都没有关系时,就应增加工程技术措施,以满足顾客需求。

关系矩阵图表中可用数字表示工程技术措施与顾客需求之间关系紧密的程度,也可用符号来表示。用数字表示时,可用 0~5 或 0~10 来表示。例如,用 0~5 表示:0 表示没有关系存在;1 表示关系不紧密;3 表示关系一般;5 表示关系紧密;2 和 4 分别表示 1~3 和 3~5 的中间关系。用符号表示时,表示相关与不相关的符号有:"◎"号表示强烈明确的正相关关系;"○"号表示正相关关系;一个"△"号表示负相关关系;两个"△"号表示强烈的负相关关系;通常两个"×"运用于要删除的负相关关系,没有标注表示无关系。符号的种类不是唯一的,仅仅是一种表示方法,还可用其他符号表示,所用的符号要在质量屋图表上说明其含义。

(5) 相关性矩阵。相关性矩阵位于工程技术措施顶部的一个三角形矩阵,形状像一个屋顶,故也称为"屋顶",表示各个工程技术措施之间的相互关系。相关性矩阵是由各个工程技术措施的 x、y 两条轴线相交旋转 $45°$ 而形成的,它体现了各个工程技术措施之间,哪些措施是相互促进的,而哪些措施又是相互影响的。如某两项措施之间有影响,表明需要对这两项措施进行更多的研究。相关性矩阵可以帮助设计研究人员运用同一资源达到多种目标。

在相关性矩阵中运用符号来表示工程技术措施之间的关系,以便在质量屋图表上一目了然地知道各个措施之间的相互关系。相关性矩阵的符号表示方法与关系矩阵是一样的,参见关系矩阵中的相关内容。在"屋顶"相关性矩阵中,一个正相关关系说明两种措施之间关系协调,而一个负相关关系则说明两者之间会有不利影响。

(6) 市场竞争性评价矩阵。市场竞争性评价矩阵位于质量屋的右部,在顾客要求特性方面描述了顾客对本公司的产品和其他公司产品的看法。顾客要求矩阵图表中已经明确了顾客对产品的具体要求,对照这些要求调查顾客对本公司产品和其他公司产品的满意程度,用顾客的评价作为同别的竞争对手进行比较的依据。这样有助于明确本公司与其他公司之间的差距并消除这种差距,保持自己的优势,提高自己的竞争能力。

用数字对本公司产品和其他公司产品在顾客需求特性方面的优劣进行度量,把每项顾客要求中得分值最高的竞争对手作为公司的最低奋斗目标。如果在某项顾客要求中,自己公司的分值最高,则继续保持。随着顾客对产品的市场竞争性评价工作结束,产品设计开发人员很清楚地知道了什么样的产品或服务能满足顾客,这样开发出来的产品就畅销,就有市场竞争能力。

(7) 工程技术措施特性指标及其重要度。工程技术措施特性指标及其重要度位于关系矩阵的下面,描述每项工程技术措施的指标(单位)及其重要度度量。

(8) 技术竞争性评价矩阵。技术竞争性评价矩阵位于质量屋的下部,是由工程技术人员提供的评估数据,描述本公司和其他竞争对手的产品在所采取的工程技术措施方面的具体观测值和技术难度。根据对观测值的对比分析,可以确定每项工程技术措施的最大值,找出本公司与其他公司在某项工程技术措施方面的差距。

(9) 技术难度和目标值。技术难度和目标值位于质量屋的最下部。设计人员根据工业技术水准和本公司的水平,确定各项技术措施的技术难度,设定各项工程技术措施的目标值,以便对原有产品进行相应的改进,使产品在技术特性上立于不败之地。

图 2-5 中显示的是关于质量屋的一个简单例子。这是一家汉堡包店想要改进其产品的案例。按照以上步骤,这家汉堡包店建立起了一个质量屋。房间是每一个顾客属性与技术特征的关系矩阵。例如,口味与调料的关系密切,与脂肪含量有一定关系。在质量屋的顶部,尺寸与成本强正相关(尺寸增长,成本必定提高)。通常需要进一步对这些关系作量化处理,然后经过数据分析,找出对满足顾客需求贡献最大的技术特征,即关键特性,作为下一步展开的重要输入。

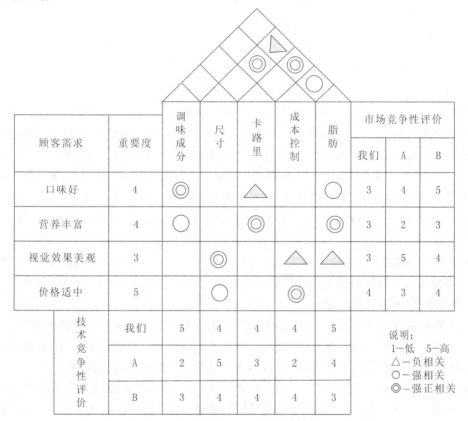

图 2-5　某汉堡包店质量屋分析

2.3　质量功能展开的程序

2.3.1　顾客需求的展开

"顾客"是一个广义的概念,是接受产品的组织或个人。顾客的需求是变化的,企业不仅应考虑顾客当前的需求,还应考虑顾客未来的需求,以适应顾客不断变化的需求。顾客的需求包括明示的、隐含的和法律法规规定必须履行的三方面。

东京理工大学教授狩野纪昭诺(Noritaki Kano)博士将顾客需求分为三种类型,即基本型、期望型和兴奋型。这种分类有助于对顾客需求的理解、分析和整理。一般将狩野纪昭诺所提出的描述顾客需求的质量模型称为 KANO 模型,如图 2-6 所示。

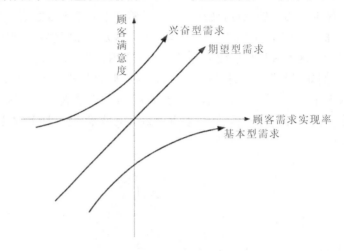

图 2-6　KANO 模型

(1) 基本型需求(basic needs)。基本需求是顾客认为产品应该具有的基本功能,是不言而喻的,基本需求作为产品应具有的最基本功能,如果没有得到满足,顾客就会很不满意;相反,当完全满足这些基本需求时,顾客也不会表现出特别满意。例如,汽车发动机在发动时的正常运行就属于基本需求,一般顾客不会专门提出这种需求,因为他们认为这是理所当然的。然而,若汽车不能发动或经常熄火,顾客就会非常生气和不满。

(2) 期望型需求(performance needs 特性需求)。这是顾客对产品功能和性能的期望,如汽车的耗油量和驾驶的舒适程度就属于这种需求。在市场调查中得到的大都属于特性需求,满足得越多,顾客就越满意。

(3) 兴奋型需求(excitement needs)。这是指顾客潜在的或尚未考虑到的需求,主要靠开发商发掘。如果产品没有提供这类需求,顾客不会不满意,因为他们通常就没有想到这类需求;相反,当产品提供了这类需求时,顾客对产品就会表现出非常地满意。

随着时间的推移,兴奋型需求会向期望型和基本型需求转变,因此,为了使企业在激烈的市场竞争中立于不败之地,应该不断地了解顾客的需求,包括潜在的需求,并在产品设计中体现。

顾客需求分析要开展的工作如下所述。

● 确定研究和分析的对象。确保、改进产品或服务很好地满足顾客需求。

● 顾客需求收集、整理。需要收集的信息主要是:顾客对未来产品的需求;同类产品质量跟踪和售后服务信息分析;了解现有产品中令顾客满意及抱怨的质量特性;分析公司的战略在产品开发中的贯彻方式;将有关政策法规等纳入顾客需求;产品现状与趋势分析等。

● 顾客需求陈述。对顾客需求进行分解、归并、筛选,表述用语应简洁、正确而无歧义,一项顾客需求只表达一个特定的意思,还应使工程人员易于理解,以便工程人员据此提出相应的解决方案。

- 顾客需求的展开,也就是建立顾客需求之间的层次关系。这种层次关系一般分到准则层(B)、指标层(C),分级不宜太多,最末级的需求项目一般不超过9个。

【例 2.1】 开发某种型号的 PECVD 设备,项目组收集有关顾客提供的信息,经过整理、加工、提炼,形成顾客需求 6 条,填入顾客需求展开表 2-1 中,试构建该设备的质量屋。

表 2-1 顾客需求展开表

顾客需求 A	准则层 B	指标层 C
顾客满意	生产性能 B_1	1. 沉淀的薄膜质量好 C_{11} 2. 对有害气体防护好 C_{12} 3. 可靠性高且便于维修 C_{13}
顾客满意	外形 B_2	4. 比国内同型号设备大 C_{21} 5. 美观且与生产线其他设备和谐 C_{22}
顾客满意	经济性 B_3	6. 价格适中 C_{31}

下面以例 2.1 作为研究对象,分析构建质量屋的其余基本步骤。

2.3.2 关键质量需求展开

关键质量需求确定,在 QFD 中也称质量策划。根据顾客质量需求表确定顾客需求的重要度,再来进行比较分析,以此确定改进目标以及关键顾客需求。同时,可进行市场竞争力的分析。按关键质量需求展开可以分为以下几个关键点:重要度、比较分析、改进目标、关键顾客需求、市场竞争能力分析。如表 2-2 所示。

表 2-2 顾客关键质量需求确定表

	重要度	比较分析			改进目标		顾客关键需求排序		
		本产品	国内对手	国外对手	改进目标	水平提高率	商品特性	绝对权重	权值
1. 沉淀的薄膜质量好	5	4	4	5	5	5/4=1.25	◎	9.375	29.11
2. 对有害气体防护好	5	3	3	5	4	4/3=1.33	◎	9.975	30.98
3. 可靠性高且便于维修	4	3	3	5	4	4/3=1.33	◎	7.98	16.54
4. 比国内同型号设备大	2	3	3	5	4	4/3=1.33	○	3.192	9.91
5. 美观且与生产线其他设备和谐	1	3	3	5	4	4/3=1.33	—	1.333	4.14
6. 价格适中	2	4	3	4	5	5/4=1.25	○	3	9.32
市场竞争能力指数	—	0.674	0.653	0.989	0.874	—	合计	32.201	100

1. 重要度

确定各项顾客需求在顾客心目中的重要程度。重要度的确定,可采用五级评分。在对顾客的调查时,请顾客对某项需求按影响满意程度的大小,在 5、4、3、2、1 中选择一个数作为评价值。这五个数对应不同的影响程度:

5——影响大(非常关注);
4——有影响(关注);
3——一般(无所谓);
2——没有影响(不关注);
1——完全无影响(很不关注)。

2. 比较分析

比较分析就是对企业产品的满意度评价。评价也可采用五级评分。

5——非常满意;
4——满意;
3——无所谓满意不满意;
2——不满意;
1——非常不满意。

3. 改进目标

根据重要度(认知质量)及比较分析(感知质量)的评价结果,结合项目目标,制定改进目标。在此,改进目标是对顾客需求程度的表述,而不是对产品质量特性的要求。例如,某项需求的重要度评价为"4",说明需求对满意度有影响;比较分析的评价为"3",无所谓满意不满意。该需求的改进目标应为"5"(至少"4"),这样才能确保顾客期望的实现。

商品特性点。综合上述因素以及产品质量特性(魅力质量、特性质量和当然质量),设定顾客需求的商品特征点。通常表示为:

◎——特别重要的商品特性点;
○——比较重要的商品特性点;
空白——一般的商品特性点。

4. 计算顾客需求的绝对权重

绝对权重公式为

$$\text{绝对权重} = \text{重要度(平均)} \times \text{水平提高率} \times \text{商品特性} \tag{2-1}$$

$$\text{水平提高率} = \frac{\text{改进目标}}{\text{本公司满意度评价}} \tag{2-2}$$

其中:商品特性点"◎"之值为 1.5;"○"之值为 1.2;空白时一般为 1。然后,换算成顾客需求的权值(即顾客关键需求的排序)公式为

$$\text{权值 } Q_i = \frac{\text{绝对权重}}{\text{各个需求的权重之和}} \times 100\% \tag{2-3}$$

5. 市场竞争能力

市场竞争能力用 M_i 表示($i=1,2,\cdots$),可取 5 个数值:

1——无竞争力可言,产品积压,无销路;
2——竞争力低下,市场占有份额降低;
3——可以进入市场,但并不拥有优势;

4——在国内市场竞争中拥有优势；

5——在国内市场竞争中拥有较大优势，也可参与国际市场竞争，占有一定的国际市场份额。

市场竞争能力指数为

$$M = \frac{\sum K_i M_i}{5 \sum K_i} \tag{2-4}$$

式中：i 表示的项数，通常由本产品现有的市场竞争能力，竞争对手（包括国内、国际）的市场竞争能力以及产品改进后的市场竞争能力构成。K 表示顾客对于该项的重要程度。

将上述相应指标计算结果填入表 2-2 中。

2.3.3 技术需求展开

技术需求展开（最终产品特性），即质量屋"如何"（how），是由顾客的需求推演而来的一系列具体的"可推测"的技术需求标志（工程措施），是用标准化的形式表述以满足顾客需求的手段，是顾客需求的响应。技术需求展开有以下几个步骤：

（1）从顾客需求的各项目中，抽出技术（质量）要素；

（2）用 KJ 法聚类，将抽出的类似的技术指标放在一起，然后求出高一级科目，并确定其名称。

（3）根据聚类编制展开表。通过汇总整理，将各指标的质量特性明确化（一般展开到三级水平，根据技术的复杂程度，也可分为二级或直接列出）。

技术要求的成功展开是满足顾客需求的技术保证，因此必须对准顾客的需求焦点，识别主要的质量要求，测定质量特性，确保改进设计成功。

续例 2.1，根据顾客的需求，进行技术特性的描述，抽出的技术要求有控制系统设计、真空系统设计、可靠性维修性设计、成本等，展开成表。然后，对技术要求之间作相关分析，相关影响度可按影响度划分表分类，分别如表 2-3 和表 2-4 所示。

表 2-3 技术要求展开

技术需求	技术指标						
	控制系统设计	真空系统设计	气路系统设计	推拉舟装置及其他系统设计	RF 电源设计	可靠性/可维修性	成本
	特征值	特征值	特征值	特征值	特征值	特征值	特征值

表 2-4 影响度划分

影响程度	符号	影响程度	符号
强正影响	◎	强负影响	△
正影响	○	无影响	空白
负影响	△	—	

2.3.4 编制质量表

质量表是质量屋的本体部分,用于描述技术需求(产品特性)对各个顾客需求的贡献和影响程度的关系矩阵。

质量屋的关系矩阵可用数学表达式 $R=[r_{ij}]_{nc \times np}$ 来表示。

式中:r_{ij} 是指第 j 个技术需求(产品特性)对第 i 个顾客需求的贡献和影响程度,即两者的相关程度,建议采用关系度 1,3,5,7,9 等关系度等级。

1——r_{ij} 对应的技术要求与顾客需求间存在微弱的关系;

3——r_{ij} 对应的技术要求与顾客需求间存在较弱的关系;

5——r_{ij} 对应的技术要求与顾客需求间存在一般的关系;

7——r_{ij} 对应的技术要求与顾客需求间存在密切的关系;

9——r_{ij} 对应的技术要求与顾客需求间存在非常密切的关系。

也可以采用◎、○、△,分别对应数字 9、3、1;空白表示无关,对应 0。质量表如表 2-5 所示。

表 2-5 质量表

技术需求/顾客需求	控制系统设计	真空系统设计	气路系统设计	推拉舟装置及其他系统设计	RF电源设计	可靠性/可维修性	成本
沉淀的薄膜质量好	9	3	5	5	5	5	1
对有害气体防护好	3	5	9	5		7	3
可靠性高且便于维修	5	5	7	5	5	7	5
比国内同型号设备大	1	1	1	1	1	3	1
美观且与生产线其他设备和谐	1						1
价格适中	1	1	1	1	3	1	3

2.3.5 关键质量特性确定

关键质量特性确定即输出质量设定,是设计的主要标志。精良的设计赋予质量新的含义,把握住关键质量特性(CTO)就能正确地反映产品和服务满足顾客的需求。

确定关键质量特性,需要进行特性重要度评价、比较分析及设计输出目标。

1.特性重要度评价

计算技术要求(工程措施)重要度

$$h_j = \sum K_i r_{ij}$$

式中:r_{ij} 是质量表的元素;K_i 是顾客需求重要度。因为特性重要度是把"关键顾客需求"向"关键质量特性"变化,故用权值 Q_i 作为顾客需求的重要度,此时

$$h_j = \sum Q_i r_{ij} \qquad (2\text{-}5)$$

h_j 的取值越大,则技术要求(工程措施)越重要。将数值 h_j 最大的工程措施(技术要求)列为关键措施。

2. 比较分析

需要分析各项技术要求的技术水平 T_j(技术难度)以及对手的情况。技术水平可分为 5 个等级:

1——技术水平低下;

2——技术水平一般;

3——技术水平达到行业先进水平;

4——技术水平达到国内先进水平;

5——技术水平达到国际先进水平。

通过对技术水平的分析以及对国内、外对手的比较,可得到技术竞争能力指数 T:

$$T = \sum h_j T_j / (5 \sum h_j) \qquad (2\text{-}6)$$

然后可计算综合竞争能力指数 C:

$$C = MT \qquad (2\text{-}7)$$

C 越大,则说明竞争能力越强。续例 2.1,计算结果填入表 2-6。

表 2-6 技术措施及竞争力分析

技术指标	控制系统	真空系统	气路系统	推拉舟	RF电源	可靠性/可维修性	成本	$\sum h_i$	
技术要求重要度 h_j	85	64	102	74	53	96	49	523	
本产品	4	4	3	3	3	4	4	0.712	竞争能力指数
改进后产品	5	5	4	4	4	5	5	0.912	
国内对手	3	4	3	3	3	3	3	0.624	
国外对手	5	5	5	5	5	5	4	0.981	

通过上面的计算分析,得到例 2.1 研究问题完整的质量屋如图 2-7 所示。

实际上,QFD 的矩阵构造与分解方式可以是多种多样的。因此,与其说 QFD 是一种方法,倒不如说它是一种思想,是一种在产品开发过程中,将用户的呼声转换为质量特性、产品构型、设计参数和技术特性及制造过程参数等的一种思想。QFD 涉及多方面的理论与方法,如设计、测试、制造、成本、可靠性以及市场学等。同时 QFD 还涉及企业管理模式、企业文化甚至地域文化习惯等。在企业中要开展 QFD,除了技术、设备及人力资源的配备外,还需要进行企业文化的变更以及对企业全体员工的宣传教育。企业在使用 QFD 后,一定会得到良好的收益。

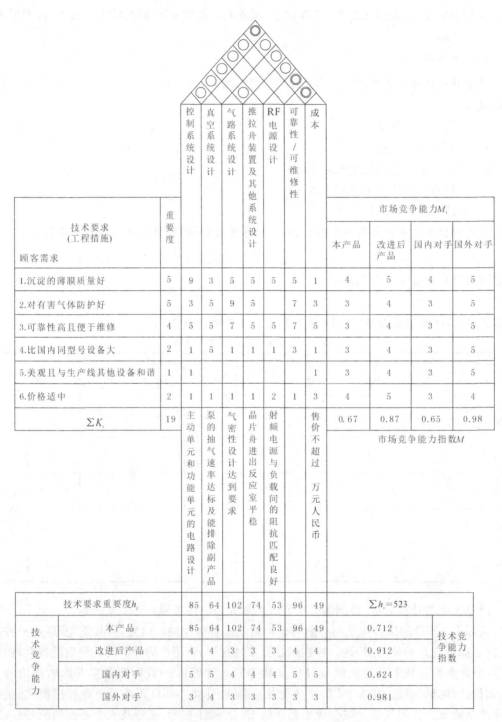

图 2-7 开发某种型号的 PECVD 设备的质量屋

习　题

1. 简述质量功能展开的起源与发展过程。
2. 简述质量屋功能展开的几个阶段以及原理和构成。
3. 根据表 2-7 中某空调信息和表 2-8 的相关参数画出质量展开图。

表 2-7　某空调信息

一次	二次	三次
漂亮的外观	尺寸和外观漂亮	外形尺寸适中
		外观样式多
	选用材料要好	可观测到内部
		坚固
方便使用	能容纳较多物品	容量适中
		仓内分层明确
方便使用	操作比较方便	操作简便
		质量轻巧
		易移动
		易悬挂
		易清洁
工作效率高	能快速制冷	制冷能力强
	能节约用电	电动功率传输高
		高效节能
能够放心使用	安全可靠	使用安全
	质量和服务要好	寿命较长
		维修便捷
售价低	价格低廉	价格低廉

表 2-8　相关参数

序号	1	2	3	4	5	6	7	8	9	10	11	12	13	14
需求	外形尺寸	外观性	内部可观	防损能力	体积容量	分层	操作性	重叠	安装特性	可清洁性	制冷温度	有效功率	节能效率	价格
目标值	225	钢化玻璃材质，有图案	可观测内部	防损坏度高		双层设计	无复杂功能，易操作		挂壁式设计	用湿润毛巾可清洁	可达到℃		实际消耗节能率	元
重要度	225	303	60	316	257	133	270	382	303	155	187	322	250	344
相关重要度/(%)	6.42	8.64	1.71	9.01	7.33	3.79	7.70	10.89	8.64	4.42	5.33	9.18	7.13	9.81

第3章 正交试验设计

3.1 正交试验设计概述

3.1.1 试验设计的基本概念

在科学研究、生产运行、产品开发等活动中,试验在很多时候是重要的一环。组织试验必然要有人、财、物等方面的耗费,科学合理地安排试验,尽量以较少的试验次数获得可靠的试验结果,就是试验设计要解决的问题。因此试验设计是指对试验方案进行优化设计,以降低试验误差和费用,减少试验工作量并对试验结果进行科学分析的一种科学方法。有关试验设计的一些基本概念如下所述。

(1) 试验指标。在试验中用来衡量试验结果的量。多数情况下,试验只设定单个试验指标。

(2) 因素。又称因子,在试验中影响试验指标的量。通常用 A、B、C 等大写字母作为因素的简化表示。

(3) 水平。试验中各因素的不同取值。在实际试验中,绝大多数试验设计的因素取 2 或 3 水平,一般用"+""-"号或 1、2、3……来表示因素的不同水平。

影响试验指标的因素多种多样,每个因素也会有多个水平。假如进行全面试验,比如考察 2 个 3 水平的因素,试验次数为 $3^2=9$,尚可接受;当因素增加到 5 个,试验次数为 $3^5=243$,已很难完成;当因素增加到 8 个,试验次数为 $3^8=6561$,实现的可能性极小。其实在很多情况下,特别是在生产、开发等竞争性领域,往往需要现实地选择能够获得适合而不是最佳试验结论的试验方案,从而达到投入产出的良好平衡,以下将要介绍的正交试验设计方法是一种很好的选择。

3.1.2 正交表

1. 正交表的表示

正交表试验设计的主要工具是正交表,它是正交试验设计中合理的安排试验,并对数据进行统计分析的一种特殊表格。下面以正交表 $L_9(3^4)$ 为例来加以说明,见表 3-1。

表 3-1　正交表 $L_9(3^4)$

试验号 \ 例号	1	2	3	4
1	1	1	1	1
2	1	2	2	2
3	1	3	3	3
4	2	1	2	3
5	2	2	3	1
6	2	3	1	2
7	3	1	3	2
8	3	2	1	3
9	3	3	2	1

符号 $L_9(3^4)$ 的含义如图 3-1 所示。

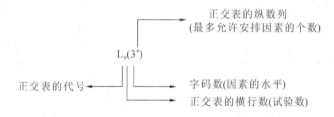

图 3-1　正交表的符号

使用正交表安排试验时，简化的表示：试验因素一般以 A、B、C 等大写字母表示，水平一般以数字表示。

2. 正交表的分类

正交表通常按其水平加以分类，2 水平的有 $L_4(2^3)$、$L_8(2^7)$、$L_{12}(2^{11})$、$L_{16}(2^{15})$ 等，3 水平的正交表有 $L_9(3^4)$、$L_{27}(3^{13})$ 等，还有如 $L_8(4^1 \times 2^4)$、$L_{18}(2^1 \times 3^7)$ 等混合水平的正交表。

3. 正交表的正交性

正交试验设计有两个显著特点，即均匀分散性和整齐可比性。

(1) 均匀分散性，是指正交表的每一列中的每个数字都以相同的次数重复出现。比如在正交表 $L_9(3^4)$ 中，每一列中代表 3 种试验水平的 1、2、3 这三个数字都重复出现了 3 次，即试验方案中安排在该列的试验因素的每一个水平都出现的次数。

(2) 整齐可比性，即将任意两列的同行数字看成一个数对，那么一切可能的数对的重复次数都相同。比如在正交表 $L_9(3^4)$ 中，任意两列的同行数字构成的数对都是：(1,1)；(1,2)；(1,3)；(2,1)；(2,2)；(2,3)；(3,1)；(3,2)；(3,3) 各出现一次，只是出现的顺序不同而已。也就是说在试验方案中任意两个因素的不同水平搭配的机会是相等的，不会导致某个水平在对应因素中更突出，从而影响对试验结果的分析。

4. 正交表的优点

比如安排一个 3 因素 3 水平的试验,全面试验所需安排的试验次数为 $3^3=27$。如图 3-2 所示,若让 A、B、C 这 3 个因素分别占据空间直角坐标系的一条坐标轴,A_1、A_2、A_3 这 3 个点对应 A 因素的 3 个水平,过这 3 个点作 A 因素所在坐标轴的 3 个垂直面,同样作 B、C 两个因素各自 3 个水平的垂直面,这些垂面的交点有 27 个,其坐标对应了全面试验的 27 个试验点。

若以正交表 $L_9(3^4)$ 安排试验,其 9 个试验点在空间的分布如图 3-3 所示。很显然,这些试验点在空间的分布是均匀的,无论是上、中、下,还是前、中、后,还是左、中、右,每一平面都分布了 3 个试验点。因此根据正交表安排试验,虽然试验次数减少,但其所具有的正交性使得每个试验点都极具代表性,从而为进一步分析试验数据,得到合理可靠的试验结论打下了基础。

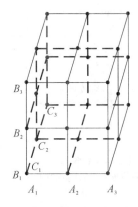
图 3-2 全面试验时试验点的分布

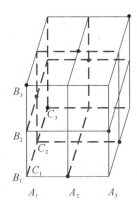
图 3-3 正交试验时试验点的分布

3.2 正交试验设计的实施及试验结果的直观分析

3.2.1 正交试验设计的流程

正交试验的设计、实施与分析过程可归纳为以下几个步骤。

1. 明确试验目的,确定评价指标

组织正交试验必然要有人、财、物及时间等方面的消耗,并且往往需要协同配合完成,在试验之初明确试验目的,可以保证更经济更有效地完成试验。

正交试验结果需要量化分析,因此体现试验目的的试验结果必须量化,即形成评价指标。试验指标就其属性有定性指标和定量指标两种,对于定性指标也应该以专家评分等方式予以量化。评价指标有时只有一个,有时也可能有多个,也就是多指标试验,后面内容会涉及。

2. 确定试验指标影响因素和各自的水平

影响试验指标的因子常可以分为两类:可控因子和非可控因子(噪声因子)。可控因子是水平可控制或可作审慎改变的因子;不可控因子是不能或难以控制,或不能经济地加以控制,或试验人员并未意识到会对试验指标有影响的因子。若把试验作为一个过程,其示意图如图 3-4 所示。

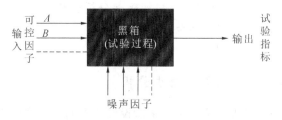

图 3-4 试验过程模型示意图

对于不可控因素,不能被列为研究对象,但试验设计中应尽量减少其对试验指标的影响。

对于影响试验指标的可控因素,由于实验条件的限制,不可能逐一或全面地加以研究,因此要根据已有的专业知识及有关文献资料和实际情况,固定一些因素于最佳水平,排除一些次要的因素,而挑选一些主要因素。但是如果对问题不太了解,因素个数可适当地多取一些,经过对试验结果的初步分析,再选出主要因素。

因素确定后,随之是确定各因素的水平。水平的确定包含两个含义,即水平的个数的确定和各个水平的状态的确定。重要的因素水平数可多一些,否则要尽可能使因素的水平数相等,以减小试验数据处理的工作量。水平的状态的确定要求实验者根据相关知识或经验,或者文献资料,在初步试验中要确保涵盖该因素的数量变化范围,当然该范围在后续试验中可以进一步缩小。

确定了试验指标影响因素和各自的水平后,一般应制定出因子水平表。

1) 选择合适的正交表,进行表头设计

对照因子水平表和不同类型的正交表,选择最合适的正交表。在选择最合适的正交表时,首先根据试验因素的水平数选择相应水平的正交表,同水平的正交表中,在保证正交表列数多于试验因素的前提下,选择试验次数最少的正交表。应该注意的是,选择正交表与选择因素及其水平是一个交互影响的过程,可能要循环反复进行。其次,当各因素间存在交互作用时,选择正交表有进一步的限制条件,后面会讲到。

表头设计就是将试验因素安排到所选正交表相应的列中。因素不存在交互作用时,试验因素可任意安排,多余的列在后续的数据分析中可作为误差列;如果不能排除因素间的交互作用时,应避免将因素的主效应安排在正交表的交互效应列内,妨碍对因素主效应的判断。

2) 确定试验方案并加以实施

将因素水平表及表头设计融合到选定的正交表中,也就形成了试验的方案,在进行试验的过程中,应注意实施试验设计的几项原则。

(1) 重复,是指一个试验点在相同条件下进行若干次重复试验。在数据分析中:一方面,重复试验可以使算术平均后的试验指标误差更小;另一方面,仅有各个试验点水平的不同组合所导致的试验指标的差异,无法进行显著性检验,当通过重复试验得到了随机误差的值之后,统计推断才可以进行。

(2) 随机化,是指试验材料的分配、人员安排和各试验点的试验次序都要随机确定。随机化可以使各试验结果相互独立,从而有效地减小噪声因子的影响。随机化可以用随机数表或抽签等方式获得。

3）试验结果

正交试验结果的分析通常有两种方法，即极差分析法和方差分析法。通过分析可以得到因素对试验指标影响的大小顺序甚至其在统计意义上的影响程度，并得到较佳的因素水平的组合，当然随后往往还要做验证试验。

3.2.2 正交试验设计结果的直观分析

正交试验设计结果的直观分析与正交试验设计结果的方差分析相比，具有计算量小、计算简单、分析速度快、一目了然等特点，但其分析结果的准确性与严密性相对于方差分析来说稍差。直观分析的任务主要有如下两点。

（1）各因素对试验指标的影响的大小顺序。采用的是极差分析法。

（2）各因素的最佳的水平组合。需要注意的是试验指标有望大、望小和望目三种类型，望大即试验指标越大越好，望小即试验指标越小越好，望目即试验指标越接近目标值越好。三种类型的试验指标对最佳水平的选择也必然是不一样的。

【例3.1】 高温密封件的强度是一项关键的性能指标，其制备过程需要预先造粒，在筛选出合适粒度的粉料后予以烧结，所以黏结剂的浓度、粉料的粒度及烧结温度是重点考虑的影响因素，其各自的变化范围是：

① 黏结剂的浓度为8%～24%；
② 粉料粒度为20～60目；
③ 烧结温度为850～1150 ℃。

现在要用正交试验设计的方法确定该密封件制备的最佳工艺参数。

对于该试验的分析如下。

1. 制定因素水平表

该试验的目的是提高温度密封件的强度，经筛选后需考虑的试验因素有3个，因此可以采用3水平的正交试验，因素水平表见表3-2。

表3-2 因素水平表

水平\因素	黏结剂浓度/(%) A	粉料粒度/目 B	烧结温度/℃ C
1	8	20	850
2	16	40	1000
3	24	60	1150

2. 选择正交表

3水平正交表 $L_9(3^4)$ 共有4列，本试验并不考虑交互作用，因此足以容纳3个试验因素。

3. 确定试验方案并加以实施

综合因素水平表选用 $L_9(3^4)$ 正交表，且考虑到本试验并不考虑交互作用，可以获得相应的试验方案见表 3-3。进行试验后得到的强度值(MPa)依次为 58、74、82、79、77、85、65、72、89，如表 3-3 所示。

表 3-3 正交试验方案

试验号 \ 列号 \ 因素	黏结剂浓度/(%) A 1	粉料粒度/目 B 2	烧结温度/℃ C 3	空列 4	试验指标 强度/MPa
1	1(8)	1(20)	1(850)	1	58
2	1(8)	2(40)	2(1000)	2	74
3	1(8)	3(60)	3(1150)	3	82
4	2(16)	1(20)	2(1000)	3	79
5	2(16)	2(40)	3(1150)	1	77
6	2(16)	3(60)	1(850)	2	85
7	3(24)	1(20)	3(1150)	2	65
8	3(24)	2(40)	1(850)	3	72
9	3(24)	3(60)	2(1000)	1	89

4. 分析试验结果

用极差分析法分析试验结果，并给出相应的结论见表 3-4。

K_1 这一行的 3 个数分别是 A、B、C 这三个因子的第 1 个水平所在试验的结果之和，将试验结果记为 $y_1, y_2, \cdots, y_9$，则其中 A 因子对应的 K_1 值为 $K_{1A} = y_1 + y_2 + y_3 = 58 + 74 + 82 = 214$，显然在这 3 个试验点上的因子 A 固定在第 1 个水平，而因子 B 和因子 C 的各自 3 个水平都各参加一次试验。而 k_1 为第 1 个水平所对应的试验结果的平均值，比如 $k_{1A} = K_{1A}/3 = 71.33$，$K_2$、$K_3$ 及 k_2、k_3 的意义依次类推。

一个因子的极差是该因子各水平的平均值的最大值与最小值的差，即表中同一列中 k_1、k_2、k_3 的最大者减去最小者所得的值，比如 A 因子对应的极差为

$$R_A = \text{Max}(k_{1A}, k_{2A}, k_{3A}) - \text{Min}(k_{1A}, k_{2A}, k_{3A}) = 80.33 - 71.33 = 9$$

极差越大，说明这个因素的水平改变时对试验指标的影响越大，因而可以依据极差将各因素对试验指标的影响加以排序，表 3-4 中根据极差的大小，可知 B 因子对试验指标的影响最大，A 因子和 C 因子对试验指标具有同等的影响。

通过比较同一列中 3 个平均值的大小可以看出对应因子的较优水平，从而最终得到试验因素的最佳水平的组合，表 3-4 中，使指标达到最大的水平组合是 $A_2B_3C_2$，即当黏结剂浓度取 16%，粉料粒度取 60 目，烧结温度取 1000 ℃时，密封件的强度最高。

必须注意的是，根据直观的分析得到主要因素不一定是影响显著的因素，次要因素也不一定是影响不显著的因素，因素影响的显著性须通过方差分析确定。

表 3-4 试验结果及其直观分析

试验号 \ 列号 \ 因素	黏结剂浓度/(%) A 1	粉料粒度/目 B 2	烧结温度/℃ C 3	空列 4	试验指标 强度/MPa
1	1	1	1	1	58
2	1	2	2	2	74
3	1	3	3	3	82
4	2	1	2	3	79
5	2	2	3	1	77
6	2	3	1	2	85
7	3	1	3	2	65
8	3	2	1	3	72
9	3	3	2	1	89
k_1	214	202	215	224	—
k_2	241	223	242	224	—
k_3	226	256	224	233	—
k_1 均值	71.33	67.33	71.67	74.67	—
k_2 均值	80.33	74.33	80.67	74.67	—
k_3 均值	75.33	85.33	74.67	77.67	—
极差 R	9.00	18.00	9.00	3.00	—
因素影响顺序	2.5	1	2.5	4	—

3.3 有交互作用的正交试验设计

3.3.1 因素间的交互作用

当因子 A 水平的变化对试验指标产生的影响还要取决于因子 B 所处水平时,称因子 A 与 B 存在交互作用,记为 $A \times B$ 或 AB。

因子 A 与 B 的交互作用可以用图形直观地表示,如图 3-5 所示。

例如,影响试验指标的因子有 A、B、C,其中能存在的交互作用如下。

(1) 二阶交互作用:$A \times B$,$A \times C$ 和 $B \times C$。
(2) 三阶交互作用:$A \times B \times C$。

试验中多数只考虑二阶交互作用,二阶以上的交互作用复杂而难以分析且影响有限,从试验成本的角度很少加以考虑。

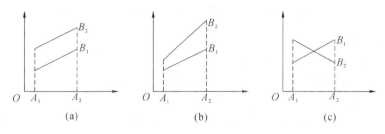

图 3-5 因子 A 与 B 的交互作用示意图
(a) 无交互作用 (b) 有正的交互作用 (c) 有负的交互作用

3.3.2 有交互作用的正交试验设计的表头设计

1. 正交表的选择

在考虑交互作用时选择正交表,对照因子的水平数选择好正交表的类型后,必须保证所有因子与交互作用自由度的和不能超过所选正交表的自由度。

(1) 正交表能够提供的自由度等于实验点的个数减 1,$f_表 = n - 1$。
(2) 正交表每列的自由度 $f_列$ 等于各列的水平数 q 减 1。
(3) 因子的自由度为水平数减 1。
(4) 两个因素交互作用的自由度等于两个因素的自由度的乘积,即 $f_{A \times B} = f_A \times f_B$。

以上自由度值中因子的自由度应该等于所在列的自由度,而交互作用的自由度应该等于所在列的自由度或其之和。

例如:对于正交表 $L_9(3^4)$,安排 A、B 等因子,则

$$f_表 = n - 1 = 9 - 1 = 8$$
$$f_列 = q - 1 = 3 - 1 = 2$$
$$f_{A \times B} = f_A \times f_B = 2 \times 2 = 4$$

2. 表头设计

对试验指标的影响因素,应该从专业知识和经验判断等多种角度分析是否存在交互作用,哪些因素间存在交互作用。进行表头设计时,需要考虑的交互作用应尽量占据单独的列,以避免与同处一列的因素或交互作用对试验指标的影响相混淆,即产生混杂的情况,两个因子的交互作用的位置可以由交互作用表来确定。

交互作用表中的内容表示的是任意两列的交互作用所位于的列号。$L_8(2^7)$ 的交互作用表见表 3-5。

表 3-5 $L_8(2^7)$ 的交互作用

列号	1	2	3	4	5	6	7
	(1)	3	2	5	4	7	6
		(2)	1	6	7	4	5
			(3)	7	6	5	4
				(4)	1	2	3
					(5)	3	2
						(6)	1

交互作用列的位置是表中第一行的列号和列的末端括号中的列号的交点的数字,如第5列和第6列的交互作用应安排在第3列。

【例3.2】 设有 A、B、C、D 共4个因素,均为2水平,其中 $A\times B$,$B\times D$ 存在。试选择最合适的正交表,说明理由并设计出表头,其中要包括交互作用。

【解】 (1)选择正交表。

所有因素都为2水平,因此应从2水平正交表中选一张。如 $L_4(2^3)$、$L_8(2^7)$、$L_{16}(2^{15})$ 等。

因子的自由度为 $f_A=f_B=f_C=f_D=1$;

交互作用的自由度为 $f_{A\times B}=f_A\times f_B=1$;$f_{B\times D}=f_B\times f_D=1$;

要求所选正交表的自由度为 $f_T=n-1\geqslant f_A+f_B+f_C+f_D+f_{A\times B}+f_{B\times D}=6$;

即正交表的行数 $n\geqslant 7$;

所以 $L_4(2^3)$、$L_8(2^7)$、$L_{16}(2^{15})$ 等2水平正交表中最适合的是 $L_8(2^7)$。

(2)表头设计。

由于因子、交互作用及列的自由度都是1,因此因子和交互作用都各占一列。先把存在交互作用的两个因子,如 A 和 B 放到表头上前两列,而后根据表3-5中的交互作用表从交互作用表上查出这两列的交互作用列,然后填入因素 C 和 D,根据因素 B 和 D 所占据的列号查出这两列的交互作用列。

表头设计的一种可能见表3-6(但不局限于此)。

表3-6 表头设计

表头	A	B	A×B	C	B×D		D
列号	1	2	3	4	5	6	7

3.3.3 有交互作用的正交试验设计试验结果的直观分析

【例3.3】 从矿物中提取稀土元素的试验设计。试验的目的是寻求从某矿物中提取稀土元素的最优工艺方案,考察的指标是稀土元素的提取量。根据生产经验,影响从矿物中提取稀土元素的因素为酸用量、水用量、反应时间和有无添加剂。每个因素皆取2水平,制定如表3-7所示的因素水平表。

表3-7 因素水平表

因素 水平	酸用量/mL A	水用量/mL B	反应时间/h C	添加剂 D
1	25	20	1	有
2	20	40	2	无

根据专业知识分析,对指标的影响除因素 A、B、C、D 外,尚要考察交互作用 $A\times B$,$A\times C$,$B\times C$,故构成2水平7因素试验。因此,选择 $L_8(2^7)$ 二列间的交互作用表来安排试验。

【解】 查正交表 $L_8(2^7)$ 的交互作用表,得出该试验的表头设计见表3-8。

表 3-8 表头设计

因素	A	B	A×B	C	A×C	B×C	D
列号	1	2	3	4	5	6	7

然后,用 $L_8(2^7)$ 安排试验计划,试验计划方案和结果分析,列于表 3-9 中。

表 3-9 试验方案及结果分析

试验号 \ 因素 列号	酸用量 A	水用量 B	A×B	反应时间 C	A×C	B×C	添加剂 D	试验指标
	1	2	3	4	5	6	7	提取量
1	1	1	1	1	1	1	1	1.10
2	1	1	1	2	2	2	2	1.33
3	1	2	2	1	1	2	2	1.13
4	1	2	2	2	2	1	1	1.06
5	2	1	2	1	2	1	2	1.03
6	2	1	2	2	1	2	1	0.80
7	2	2	1	1	2	2	1	0.76
8	2	2	1	2	1	1	2	0.56
K_1	4.62	4.26	3.75	4.02	3.59	3.75	3.72	
K_2	3.15	3.51	4.02	3.75	4.18	4.02	4.05	$\sum y_i = 7.71$
极差 R	1.47	0.75	0.27	0.27	0.59	0.27	0.33	
因素影响顺序	1	2	5	5	3	5	4	

需要指出的是,交互作用不是具体的因素,而是因素间的联合搭配作用,故无所谓水平,它所占的列在试验计划中是不起作用的。但该列的数据要计算,以便分析交互作用对指标的影响。

由表 3-9 知,各因素对指标的影响顺序是:A、B、$A \times C$、D、C、$A \times B$、$B \times C$。可见,A、B、$A \times C$ 是影响显著的重要因素,应作为选取适宜水平组合的依据。D 也有影响,可作为参考因素。由直接比较和通过计算知,因素 A、B 皆取水平 1。但 $A \times C$ 应当如何搭配呢?为了分析交互作用的水平搭配情况,可采用二元表来进行(见表 3-10)。

表 3-10 A×C 二元分析表

C \ A	A_1	A_2
C_1	$\frac{1.10+1.13}{2}=1.12$	$\frac{1.03+0.76}{2}=0.89$
C_2	$\frac{1.33+1.06}{2}=1.20$	$\frac{0.80+0.56}{2}=0.68$

由表 3-10 可知,A_1C_2 搭配后的平均值的效率最高,是因素 $A \times C$ 的最好组合。至于因素 D,通过计算可知应提取 D_2。而 $A \times B$、$B \times C$ 对指标的作用不显著,故不必进行二元分析。经上述分析后,因素的适宜水平组合为 $A_1B_1C_2D_2$。

3.4 混合水平的正交试验设计

在实际生产和科研活动中,有些试验会受到设备、原材料、生产条件的约束;某些因素的水平选择受到限制;要求重点考察某些因素应该多取一些水平。这种性质的试验设计称为混合型正交试验设计。解决这类问题的办法有两个:一是直接选用水平数不等的正交表;二是采用拟水平的方法。下面分别来说明。

3.4.1 直接选用混合水平正交表

【例 3.4】 钛合金在冷加工之前,应进行一次退火热处理工序来降低硬度,以便于校直和冷拉。为确保冷加工的工艺要求,现通过正交试验设计寻求退火工艺参数。这个课题的考察指标是钛合金热处理后的洛氏硬度 HRC,据热处理专业知识,制定因素水平表(见表 3-11)。

表 3-11 因素水平

因素\水平	退火温度/℃ A	保温时间/h B	冷却介质 C
1	730	1	空气
2	760	2	水
3	790		
4	820		

【解】 试验由 1 个 4 水平因素和 2 个 2 水平因素组成,是混合水平试验,应选用 $L_8(4^1 \times 2^4)$ 来安排试验。试验计划方案和结果分析见表 3-12。

表 3-12 试验计划方案和结果分析

试验号\列号	退火温度/℃ A 1	保温时间/h B 2	冷却介质 C 3	空列 4	试验指标 洛氏硬度 HRC
1	1	1	1	1	31.6
2	1	2	2	2	31.0
3	2	1	1	2	31.6
4	2	2	2	1	30.5
5	3	1	2	1	31.2
6	3	2	1	2	31.0
7	4	1	2	2	33.0
8	4	2	1	1	30.3

续表

因素\列号\试验号	退火温度/℃ A 1	保温时间/h B 2	冷却介质 C 3	空列 4	试验指标 洛氏硬度 HRC
K_1	62.6	127.4	124.5		
K_2	62.1	122.8	125.7		
K_3	62.2				
K_4	63.3				
k_1	31.3	31.9	31.1		$\sum y_i = 250.2$
k_2	31.1	30.7	31.4		
k_3	31.1				
k_4	31.7				
极差 R	0.6	1.2	0.3		
因素影响顺序	2	1	3		

数据处理方法和水平相等的正交试验基本相似,不同点在于,计算同水平试验条件指标时,第1列为4水平,试验中每个水平重复2次,所 $k_i = K_i/2$;而第2、3列为2水平,试验中每个重复4次,所以 $k_i = K_i/4$,故以后用 $R = \max(k_i) - \min(k_i)$ 来计算极差的值。

分析极差后可知各因素对硬度指标影响的顺序为 BCA;因为退火后的硬度越小越好,所以最优方案为 $A_2 B_2 C_1$。

3.4.2 拟水平法

对水平不同的试验,如无现成的正交表可用时,则可将水平数较少的因素虚拟一些水平,以便在水平数较多的正交表中安排试验。这种方法称为拟水平法。

【例 3.5】 钢片在镀锌前需进行酸洗除锈处理,为了提高除锈效率、缩短酸洗时间,安排酸洗试验,寻求工艺参数,故根据专业知识,制定因素水平表(见表 3-13)。

表 3-13 因素水平表

因素\水平	洗涤剂 A	$CH_4 N_2 S$/(g/L) B	$H_2 SO_4$/(g/L) C	槽温/℃ D
1	甲	12	300	60
2	乙	4	200	70
3		8	250	80

【解】 这是一个3个3水平因素、1个2水平因素的试验,由于无适合的正交表可安排试验,故考虑在 $L_9(3^4)$ 上虚拟一个水平,把因素 A 凑足3个水平安排试验。究竟用哪个水平作为因素 A 的虚拟第3水平呢?一般来说,应根据试验的需要,选择重点考虑的水平或据生产经验估计较好的水平作为虚拟水平。为此,将因素 A 的虚拟第3水平选为因素水平表上的第2水平,这样将 $L_9(3^4)$ 的第1列改为第1列就可安排试验计划,将试验计划方案和结果分析列于表 3-14 中。

表 3-14 草药试验计划方案和结果分析

因素\列号\试验号	洗涤剂 A 1	CH_4N_2S B 2	H_2SO_4 C 3	槽温 D 4	试验指标酸洗时间/min
1	1	1	1	1	42
2	1	2	2	2	34
3	1	3	3	3	10
4	2	1	2	3	14
5	2	2	3	1	37
6	2	3	1	2	12
7	3	1	3	2	2
8	3	2	1	3	8
9	3	3	2	1	44
K_1	86	58	62	123	
K_2	117	79	92	48	
K_3		66	49	32	
k_1	28.7	19.3	20.7	41.0	$\sum y_i = 203$
k_2	19.5	26.3	30.7	16.0	
k_3		22.0	16.3	10.7	
极差 R	9.2	7.0	14.4	30.3	
因素影响顺序	3	4	2	1	

本试验与一般的正交试验设计的直观分析基本相同,只是在计算因素 A 的极差时略有不同,因在 9 次试验中 A_1 重复了 3 次,A_2 重复了 6 次,因此因素 A 极差计算的公式为 $R_A = \frac{86}{3} - \frac{117}{6} = 9.2$。分析表 3-14 可知因素对酸洗时间的显著性顺序为 $DCAB$,适宜生产条件为 $D_3C_3A_2B_1$。

本例介绍的试验设计是在 3 水平正交表上安排 2 水平因素。当然,同样可在 4 水平正交表上安排 3 水平或 2 水平因素。一般来说,拟水平法总可将水平少的因素安排在水平多的正交表上试验,而且可以对多个因素虚拟水平,但美中不足的是拟水平法不能保证整个正交表均衡搭配,破坏了表的正交性质。

3.5 多指标正交试验及试验结果的直观分析

在科学研究与生产实际中,往往整个试验结果的好坏不能由一个试验指标全面评判,因为不同指标的重要性不同,使得多指标正交试验结果的分析相对来说复杂一些,但本质上并无明显的区别,关键在于如何将多指标问题转化为单指标问题进行分析,常用的方法有综合平衡法和综合评分法。

3.5.1 综合平衡法

在进行多指标试验结果直观分析时,先分别对每个指标进行单指标的直观分析,得到每个指标的影响因素的主次顺序和最佳水平组合,然后结合试图解决的实际问题,根据相关的专业知识、实践经验进行综合分析,这种方法称为综合平衡法。

综合平衡法的难点在于综合处理,综合处理时涉及的专业知识面较广,需考虑的问题也较多。因此,综合处理时比较麻烦,有时较难得到指标兼顾的好条件。

下面结合一个例子来讨论此方法。

【例 3.6】 烟叶的烘干中影响叶丝质量的因素主要有烘干机的热风温度、滚筒转速、热风风门开度以及排潮风门开度 4 个主要工艺参数(见表 3-15),工艺参数的设置对烘后叶丝的结构、填充值、香味成分以及感官质量均有重要影响,试采用综合平衡法分析较好的烘干条件。

表 3-15 因子水平表

水平\因素	热风温度/℃ A	滚筒转速/(r/min) B	热风风门开度/(%) C	排潮风门开度/(%) D
1	90	9	30	40
2	110	11	50	60
3	130	13	70	80

【解】 这是一个 4 因素 3 水平的试验,由于不考虑交互作用,可以采用正交表 $L_9(3^4)$ 来安排试验,即 4 个因子依次放在 4 列上,试验后各指标的试验结果见表 3-16。由于没有空白列也没有重复试验,因此只能采用直观分析,计算各指标中每个因子的极差。在一定范围内,对整丝率、填充值、感官质量而言,评价指标数值越大越好,所以可以得出因素的主次和优水平(见表 3-17),整丝率、填充值、感官质量得分的极差图如图 3-6 至图 3-8 所示。

表 3-16 试验结果

试验号\列号\因素	A	B	C	D	整丝率/(%) y_1	填充值/(cm³/g) y_2	感官质量得分 y_3
	1	2	3	4			
1	1	1	1	1	84.77	4.71	73.00
2	1	2	2	2	85.67	4.54	75.50
3	1	3	3	3	89.39	4.56	72.50
4	2	1	2	3	84.72	4.44	74.50
5	2	2	3	1	86.45	4.40	72.00
6	2	3	1	2	85.77	4.39	73.50
7	3	1	3	2	85.41	4.51	74.00
8	3	2	1	3	84.85	4.62	72.00
9	3	3	2	1	86.52	4.36	71.50

表 3-17 试验结果分析

评价指标		A	B	C	D
整丝率 /(%)	k_1	86.61	84.97	85.13	85.91
	k_2	85.65	85.66	85.64	85.62
	k_3	85.59	87.23	87.08	86.32
	R	1.02	2.26	1.95	0.70
	优水平	A_1	B_3	C_3	D_3
	因素主次	BCAD			
填充值 /(cm³/g)	k_1	4.60	4.55	4.57	4.49
	k_2	4.41	4.52	4.45	4.48
	k_3	4.50	4.44	4.49	4.54
	R	0.19	0.12	0.13	0.06
	优水平	A_1	B_1	C_1	D_3
	因素主次	ACBD			
感官质量得分	k_1	73.67	73.83	72.83	72.17
	k_2	73.33	73.17	73.83	74.33
	k_3	72.50	72.50	72.83	73.00
	R	1.17	1.33	1.00	2.17
	优水平	A_1	B_1	C_2	D_2
	因素主次	DBAC			

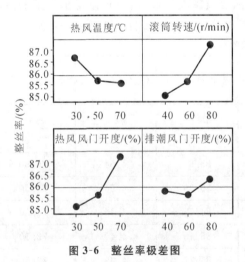

图 3-6 整丝率极差图

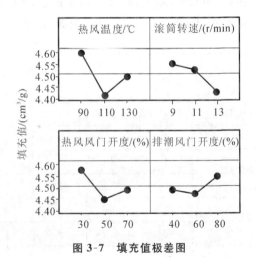

图 3-7 填充值极差图

可以看出,对不同的指标而言,各因子具有不同的优水平,最终的优方案中选择哪个水平就需要通过综合平衡法加以确定,针对例 3.6 的平衡过程如下。

(1) 热风温度(A)对各指标的影响 从表 3-17 可以看出,各指标都是取 A_1 的极差最大,因此热风温度取 A_1。

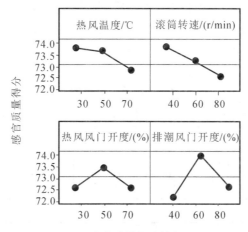

图 3-8　感官质量得分的极差图

(2) 滚筒转速(B)对各指标的影响　从表 3-17 可以看出,整丝率的极差最大,说明滚筒转速对其是最主要的影响因素,取 B_3 为优水平;但对填充值以及感官质量而言,则均取 B_1 为好。整丝率高并不代表其填充能力好,感官质量更是最重要的因素之一,同时 B_1 对节约能源、延长设备使用寿命也最有利。综合分析,滚筒转速取 B_1。

(3) 热风风门开度(C)对各指标的影响　从表 3-17 可以看出,对 3 个指标而言,热风风门开度的极差都不是最大的,说明热风风门开度是次要的影响因素。感官质量是相对重要的指标,取 C_2 为好;整丝率取 C_3 及填充值取 C_1 理论上最好,但和 C_2 的结果相差较小。综合分析,热风风门开度取 C_2。

(4) 排潮风门开度(D)对各指标的影响　从表 3-17 可以看出,对感官质量而言,排潮风门开度的极差最大,说明排潮风门开度对其是最主要的影响因素,感官质量取 D_2 最好。对整丝率和填充值而言,理论上均取 D_3 最好,但 D 对两者都是最小的影响因素,且 D_2 与 D_3 的结果相差很小,综合分析,排潮风门开度取 D_2。

由上述分析可知,最优化的试验方案应为 $A_1B_1C_2D_2$。

进行综合平衡时,可以依据以下 4 条原则。

(1) 对于某个因素,可能对某个指标是主要因素,但对于另外的指标则可能是次要因素,那么在确定该因素的优水平时,应首先选取作为主要因素时的优水平。

(2) 若某因素对各指标的影响程度相差不大,这时可按"少数服从多数"的原则,选取出现次数最多的优水平。

(3) 当因素各水平不大时,可依据降低消耗、提高效率的原则选取合适的水平。

(4) 若各试验指标的重要程度不同,则在确定因素优水平时应首先满足相对重要的指标。

在具体运用这几条原则时,仅仅根据其中的一条可能确定不了优水平,所以应将几条综合在一起分析。

3.5.2　综合评分法

多指标正交试验直观分析方法除了可以采用综合平衡法,还可采用综合评分法,所谓综合评分法是将每个水平组合下的多个指标按照某种计算公式化为一个综合指标,而后进行正交试验的直观分析。在综合计算指标时,首先应根据相关的专业知识确定指标的性质及其重要程度,然后决定计算公式中各指标的权重,并没有统一的方法。

【例 3.7】 用正交试验法,以西洋参中人参皂苷 Rg_1、Re、Rb_1 的总转移率及浸膏得率为指标,多指标综合评分,优选西洋参的乙醇提取工艺条件,在该试验中考察 4 因素 3 水平,见表 3-18。

表 3-18 因子水平表

水平\因素	乙醇浓度/(%) A	提取时间/h B	加醇量/倍 C	提取次数 D
1	80	2	8	2
2	70	3	10	3
3	60	4	12	4

【解】 这是一个 4 因素 3 水平的试验,由于不考虑交互作用,用 $L_9(3^4)$ 安排试验,将 4 个因素依次放在 4 列上。试验指标有两个:y_1 是 Rg_1、Re、Rb_1 总转移率(%),y_2 是浸膏得率(%),综合评分 y 的计算公式为 $y=0.8y_1\times100/0.9022-0.2y_2\times100/0.4635$,得分高的水平组合为好。对试验结果及对综合评分 y 的分析见表 3-19。

表 3-19 试验结果与数据分析

试验号\因素	乙醇浓度 A	提取时间 B	加醇量 C	提取次数 D	试验结果 Rg_1、Re、Rb_1 总转移率 y_1/(%)	试验结果 浸膏得率 y_2/(%)	综合评分 y
列号	1	2	3	4			
1	1	1	1	1	80.64	41.40	53.64
2	1	2	2	2	86.19	43.30	57.74
3	1	3	3	3	82.41	43.35	54.37
4	2	1	2	3	85.04	45.15	55.92
5	2	2	3	1	90.22	5.35	60.43
6	2	3	1	2	79.13	42.25	51.59
7	3	1	3	2	86.38	46.35	56.59
8	3	2	1	3	79.86	42.85	52.32
9	3	3	2	1	76.75	41.70	50.06
K_1	165.75	166.15	157.9	164.13			
K_2	168.29	170.49	163.72	166.27	$\sum y_i=493.01$		
K_3	158.97	156.37	171.39	162.61	$\sum_{i=1}^{n}y_i^2=27006.54$		
R	9.32	14.12	13.49	3.66			
因素主次			BCAD				
最优方案			$B_2C_3A_2D_2$				

由于没有空白列,所以采用直观分析方法。因素从主要到次要的顺序为 B、C、A、D,使

得分达到最高的水平组合是 $B_2C_3A_2D_2$，即 70%乙醇提取 3 次，每次 12 倍量提取 3 小时。由于提取次数影响甚小，故结合实际选取提取次数为 2 次，即第 5 组实际条件:70%乙醇 12 倍量,提取 2 次,每次提取 3 小时。

这一方法的分析比较简单,与单指标的分析一样。但是,结果分析的可靠性主要取决于评分 P 的合理性,如果评分标准、评分方法不合适,指标的权数不恰当,分析结果不一定符合实际,所以如何确定合理的评分标准和各指标的权数是综合评分的关键,它的解决依赖于专业知识、经验和实际要求,单纯从数学上是无法解决的。

3.6 正交试验设计的方差分析

3.6.1 正交试验设计引入方差分析的原因

正交试验的每个试验点的试验结果 $y_1, y_2, \cdots, y_n$ 的波动包括由因素水平变化引起的波动和由试验误差引起的波动两部分。正交试验直观分析法虽然简单明了,计算工作量少,便于普及推广,但它不能把上述两种波动区分开,从而导致不能判断因素水平的变化产生的影响是否显著大于随机因素所导致的试验误差,因而仅能够区分各因素对试验指标产生的影响的顺序,难以对各因素是否对试验指标确实有显著影响给出结论。

正交试验的方差分析能够把试验结果的波动区分为因素水平变化导致的波动和试验误差引起的波动,也就可以有效解决正交试验的直观分析导致的问题。前者是由于因素本身的离散性而存在的方差,简称为产品方差,它是产品所固有的;后者是由于试验误差(也称残差)而引起的方差,简称为试验方差,它是由试验中的随机因素所引起的。方差分析亦即把观测数据的总离差平方和(S_T)分解为反映必然性的各个因素的离差平方和($S_A, S_B, \cdots, S_N$)与反映偶然性的误差离差平方和(S_e),并计算比较它们的平均离差平方和,以找出对试验结果起决定性影响的因素(显著性或高度显著性因素)作为进行定量分析判断的依据。

方差分析类型很多,概括起来有以下几种。

(1) 单因素试验的方差分析:只包含一个因素变化的试验分析。
(2) 多因素试验的方差分析:包含两个以上因素变化的试验分析。
(3) 正交试验设计的方差分析:利用正交表安排多于一个因素变化的试验分析。

3.6.2 单因素试验的方差分析

今有某种型号的电池 3 批,它们分别是 a、b、c 这 3 个工厂所生产的,为比较其质量,各随机抽取 4 只电池作为样品,经试验得其寿命(单位:h)如表 3-20 所示。

表 3-20　3 个工厂电池的使用寿命

工厂	电池寿命/h			
a	40	48	38	42
b	26	34	30	28
c	39	40	43	50

试问 3 个工厂的电池寿命有无明显的差异？

这是一个单因子试验的问题，每个工厂所生产的电池为一个水平，每一水平下的试验结果构成一个总体，现在需要比较 3 个总体均值是否一致。如果每一个总体的分布都是正态分布，而且每个总体的方差相等，那么比较每个总体均值是否一致的问题可以用方差分析方法解决。

假定因子 A 有 r 个水平，在 A_i 水平下指标服从正态分布，其均值为 μ_i，方差为 σ^2，$i=1,2,\cdots,r$。每一水平下的指标便构成一个总体，共有 r 个总体，这时比较各个总体的问题就变成各个总体的均值是否相同的问题了，即要检验如下假设是否为真？

$$H_0: \mu_1 = \mu_2 = \cdots = \mu_r$$

当 H_0 不真时，表示不同水平下的指标的均值有显著差异，此时称因子 A 是显著的，否则称因子 A 不显著。检验这一假设的分析方法便是方差分析，方差分析示意图如图 3-9 所示。

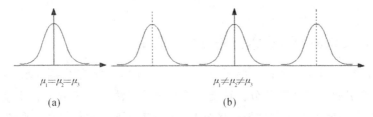

图 3-9 方差分析示意图

方差分析的 3 个基本假定如下。

(1) 在水平 A_i 下，指标服从正态分布 $N(\mu_i, \sigma^2)$。

(2) 在不同水平下，各方差相等。

(3) 各数据 y_{ij} 相互独立。

设在一个实验中只考察一个因子 A，它有 r 个水平，在每一水平下进行 m 次重复实验，其结果用 $y_{i1}, y_{i2}, \cdots, y_{im}$ 表示，$i=1,2,\cdots,r$。常常把数据列成表 3-21 的形式。

表 3-21 单因子试验数据表

水平	试验数据	和	均值
A_1	$y_{11}, y_{12}, \cdots, y_{1m}$	T_1	$\overline{y}_1$
A_2	$y_{21}, y_{22}, \cdots, y_{2m}$	T_2	$\overline{y}_2$
$\vdots$	$\vdots$	$\vdots$	$\vdots$
A_r	$y_{r1}, y_{r2}, \cdots, y_{rm}$	T_r	$\overline{y}_r$

记第 i 水平下的数据和为 T_i，

$$T_i = \sum_{j=1}^{m} y_{ij} \tag{3-1}$$

记第 i 水平下的数据均值为 $\overline{y}_i$，总均值为 $\overline{y}$。此时共有 $n=r \cdot m$ 个数据，这 n 个数据不全相同，它们的波动(差异)可以用总离差平方和 S_T 去表示：

$$S_T = \sum_{i=1}^{r} \sum_{j=1}^{m} (y_{ij} - \overline{y})^2 \tag{3-2}$$

如前所述，引起数据波动(差异)的原因不外如下两个。

一是由于因子 A 的水平不同，当假设 H_0 不真时，各个水平下指标的均值不同，这必然会使试验结果不同,可以用组间离差平方和来表示,也称因子 A 的离差平方和。

$$S_A = \sum_{i=1}^{r} m(\overline{y_i} - \overline{y})^2 \tag{3-3}$$

这里乘以 m 是因为每一水平下进行了 m 次试验。

二是由于存在随机误差,即使在同一水平下获得的数据间也有差异,这是除了因子 A 的水平外的其他原因引起的,将它们归结为随机误差,可以用组内离差平方和表示:

$$S_e = \sum_{i=1}^{r} \sum_{h=1}^{m} (y_{ij} - \overline{y_i})^2 \tag{3-4}$$

式中:S_e 也称为误差的离差平方和。

可以证明有如下平方和分解式:

$$S_T = S_A + S_e \tag{3-5}$$

式中:S_T、S_A、S_e 的自由度分别用 f_T、f_A、f_e 表示。

其中:f_T=试验数-1,f_A=水平数-1,$f_e = f_T - f_A$。

故

$$f_T = f_A + f_e \tag{3-6}$$

因子或误差的离差平方和与相应的自由度之比称为因子或误差的均方和,并分别记为

$$\text{MS}_A = S_A/f_A, \quad \text{MS}_e = S_e/f_e \tag{3-7}$$

当 $F > F_\alpha(f_A, f_e)$ 时认为在显著性水平 α 上因子 A 是显著的。其中,$F_\alpha(f_A, f_e)$ 是自由度为 f_A, f_e 的 F 分布的 α 分位数。单因子方差分析表如表 3-22 所示。

表 3-22　单因子方差分析表

来源	离差平方和	自由度	均方和	F
因子 A	S_A	$f_A = r-1$	$\text{MS}_A = S_A/f_A$	—
误差	S_e	$f_e = n-r$	$\text{MS}_e = S_e/f_e$	$F = \text{MS}_A/\text{MS}_e$
总计	S_T	$f_T = n-1$	—	—

各个离差平方和的计算如下:

$$S_A = \sum_{i=1}^{r} m(\overline{y_i} - \overline{y})^2 = \sum_{i=1}^{r} \frac{T_i^2}{m} - \frac{T^2}{n} \tag{3-8}$$

$$S_T = \sum_{i=1}^{r} \sum_{j=1}^{m} (y_{ij} - \overline{y})^2 = \sum_{i=1}^{r} \sum_{j=1}^{m} y_{ij}^2 - \frac{T^2}{n} \tag{3-9}$$

$$S_e = S_T - S_A \tag{3-10}$$

式中:T_i 是第 i 个水平下的数据和;T 表示所有 $n = r \cdot m$ 个数据的总和。

因此方差分析的步骤如下。

(1) 计算因子 A 的每一水平下数据的和 $T_1, T_2, \cdots, T_r$ 及总和 T。

(2) 计算各类数据的平方和 $\sum\sum y_{ij}^2, \sum T_i^2, T^2$。

(3) 依次计算 S_T、S_A、S_e。

(4) 填写方差分析表。

(5) 对于给定的显著性水平 α,将求得的 F 值与 F 分布表中的临界值 $F_\alpha(f_A, f_e)$ 相比较,当 $F > F_\alpha(f_A, f_e)$ 时认为因子 A 是显著的,否则认为因子 A 是不显著的。

【**例 3.8**】 为了探求合适的回火时间以提高各种钢材的硬度,在其他因素都加以控制的情况下,对不同的回火时间进行了几次试验,试验结果见表 3-23。试问回火时间是否影响钢材的硬度(显著性水平 $\alpha=0.05$)?

表 3-23 钢材硬度试验数据

回火时间/min	钢材硬度			
40	181	187	191	185
50	200	190	198	188
60	192	198	204	202

【**解**】 (1) 每一水平下的数据和为 $T_1=744, T_2=776, T_3=796$;数据的总和为 $T=2316$。

(2) 所有数据的平方和为 $\sum\sum y_{ij}^2=447572$;每一水平下数据和的平方和为 $\sum T_i^2=1789328$。

(3) 计算各离差平方和及各自的自由度,水平数 $r=3$,重复次数 $m=4$,试验次数 $n=12$,故

$$S_A = \sum_{i=1}^{r} m(\overline{y_i}-\overline{y})^2 = \sum_{i=1}^{r}\frac{T_i^2}{m}-\frac{T^2}{n} = \frac{744^2+776^2+796^2}{4}-\frac{2316^2}{12}=344$$

$$S_T = \sum_{i=1}^{r}\sum_{j=1}^{m}(y_{ij}-\overline{y})^2 = \sum_{i=1}^{r}\sum_{j=1}^{m}y_{ij}^2-\frac{T^2}{n} = 447572-\frac{2316^2}{12}=584$$

$$S_e = S_T - S_A = 584-344 = 240$$

(4) 填写方差分析表,见表 3-24。

表 3-24 方差分析表

来源	离差平方和	自由度	均方和	F
因子 A	$S_A=344$	$f_A=2$	$MS_A=172$	$F=6.45$
误差	$S_e=240$	$f_e=9$	$MS_e=26.7$	—
总计	$S_T=582$	$f_T=11$	—	—

(5) 查 F 分布表,得 $F_{0.05}(2,9)=19.38, F=6.45<19.38$,因此从试验数据分析得出回火时间对钢材硬度的影响不显著。

3.6.3 正交试验的方差分析

如前所述,正交试验的试验结果的差异同样可以分为因素水平的不同引起的试验结果的波动和随机因素导致的试验误差。

对于正交表 $L_n(q^p)$,安排在某列上的因子 A 显然有 q 个水平,在每一水平下进行 $m=n/q$ 次重复试验,其结果可用 y_{ij} 表示,其中 $i=1,2,\cdots,q; j=1,2,\cdots,m$。试验结果的总均值为 $\overline{y}$,试验结果的总和为 T,则试验结果的总的离差平方和为

$$S_T = \sum_{i=1}^{r}\sum_{j=1}^{m}(y_{ij}-\overline{y})^2 = \sum_{i=1}^{r}\sum_{j=1}^{m}y_{ij}^2-\frac{T^2}{n} \tag{3-11}$$

式中:$\overline{y_i}$ 是因子 A 在第 i 水平下的试验结果的均值,$T_i=\sum_{j=1}^{m}y_{ij}$ 是因子 A 在第 i 个水平下的

试验结果的和,因子 A 的水平的不同带来的离差平方和为

$$S_A = \sum_{i=1}^{r} m(\overline{y_i} - \overline{y})^2 = \sum_{i=1}^{r} \frac{T_i^2}{m} - \frac{T^2}{n} \quad (3-12)$$

其中 m 是每一水平下的重复试验次数。

对于正交试验中安排的多个因子,其水平的变化带来的离差平方和以此类推,都可用一样的方法来求。与单因素方差分析一样:

$$S_T = S_A + S_B + \cdots + S_e \quad (3-13)$$

即

$$S_e = S_T - S_A - S_B - \cdots \quad (3-14)$$

然后计算 S_T、S_A、S_B、S_e 等各自的自由度并填写方差分析表;对于每一个因子,在给定的显著性水平下,查找 $F_\alpha(f_A, f_e)$,当 $F > F_\alpha(f_A, f_e)$ 时认为在显著性水平 α 上该因子是显著的。以 3.2 节正交试验直观分析中的例 3.1 为例,试验方案和试验结果见表 3-25。

表 3-25 试验方案和试验结果

因素 列号 试验号	黏结剂浓度 A 1	粉料粒度 B 2	烧结温度 C 3	空列 4	试验指标 强度/MPa
1	1	1	1	1	58
2	1	2	2	2	74
3	1	3	3	3	82
4	2	1	2	3	79
5	2	2	3	1	77
6	2	3	1	2	85
7	3	1	3	2	65
8	3	2	1	3	72
9	3	3	2	1	89
T_1	214	202	215	224	$\sum y_i = 681$
T_2	241	223	242	224	
T_3	226	256	224	233	$\sum y_i^2 = 52289$

$$S_T = \sum_{i=1}^{q}\sum_{j=1}^{m}(y_{ij}-\overline{y})^2 = \sum_{i=1}^{q}\sum_{j=1}^{m} y_{ij} - \frac{T^2}{n} = 52289 - \frac{681^2}{9} = 760$$

$$S_A = \sum_{i=1}^{q} m(\overline{y_i}-\overline{y})^2 = \sum_{i=1}^{q} \frac{T_i^2}{m} - \frac{T^2}{n} = \frac{214^2+241^2+226^2}{3} - \frac{681^2}{9} = 122$$

$$S_B = \sum_{i=1}^{q} m(\overline{y_i}-\overline{y})^2 = \sum_{i=1}^{q} \frac{T_i^2}{m} - \frac{T^2}{n} = \frac{202^2+223^2+256^2}{3} - \frac{681^2}{9} = 494$$

$$S_C = \sum_{i=1}^{q} m(\overline{y_i}-\overline{y})^2 = \sum_{i=1}^{q} \frac{T_i^2}{m} - \frac{T^2}{n} = \frac{215^2+242^2+224^2}{3} - \frac{681^2}{9} = 18$$

可得方差分析表见表 3-26。

表 3-26 方差分析表

来源	平方和 S	自由度 f	均方和 MS	F
A	122	2	61	0.968
B	494	2	247	3.92
C	18	2	9	0.142
误差	126	2	63	
总计	760	8		

查 F 分布表可知 $F_{0.05}(2,2)=19$,在显著性水平 $\alpha=0.05$ 下,因子 A、B、C 对试验指标无显著影响。

习 题

1. 什么叫试验指标?什么叫试验因素?什么叫因素的水平?它们对试验设计有什么意义?
2. 从某批钢板中抽取 16 块,测得其硬度值(HRC)的数据(单位:度)有:48,43,42,45,40,39,47,42,43,45,44,44,42,43,44,40。要求
   (1) 存在目标值($x_0=47$)时,计算离差、离差平方和、自由度、方差、标准差、极差;
   (2) 不存在目标值时,计算离差、离差平方和、自由度、方差、标准差、极差。
3. 试说明下列正交表符号及数字的含义。
   $L_{12}(2^{11})$,$L_9(3^4)$,$L_{16}(4^2\times 2^9)$,$L_{18}(2^1\times 3^7)$,$L_{125}(4^{85})$
4. 在改进某晶体的退火工艺试验中,选取因素与水平如表 3-27 所示。

表 3-27 选取因素与水平表

试验号 \ 因素 列号	升温速度/(℃/h) A	恒温温度/℃ B	恒温时间/h C	降温速度/(℃/h) D
1	30	600	6	1.5
2	50	450	2	1.7
3	100	500	4	15

选用 $L_9(3^4)$ 正交表,将因素 A、B、C、D 依次安排在第 1、2、3、4 列上,所得结果为 6、7、15、8、0.5、7、1、6、13(结果的质量指标是"应力"、单位是"度",希望该指标越低越好,最好低于 2)。使用直观分析法,对四因素排出主次顺序,找出最佳因素水平组合。

5. 某轧钢厂为考察铁损情况,按表 3-28 所示选取因素与水平进行正交试验。

表 3-28 选取因素与水平表

水平 \ 因素	退火温度/℃ A	退火时间/h B	原料产地 C	轧程分配/mm D
1	1000	10	甲地	0.30
2	1200	13	乙地	0.35

试问:

(1) 如何进行表头设计?

(2) 选出试验方案。

(3) 若把因素 A、B、C、D 排在 $L_8(2^7)$ 正交表第 1、2、4、7 列上,所得试验数据依次为 0.82,0.35,0.70,0.75,0.4,0.79,0.80,0.87。试验要求考虑 A、B、C 间两两交互作用。用直观分析法找出因素的重要性次序,并选取最佳生产方案。

6. 某机械厂用 C6140 型车床粗车轴杆,为提高工效,对转速、进给量和切削深度进行正交实验。若忽略因素之间的交互作用,试用直观分析法分析各因素对工效指标的影响,并指出试验给出的好的工艺条件。因素与水平、试验方案及其结果见表 3-29、表 3-30。

表 3-29 选取因素与水平表

因素 水平	转速/(r/min) A	进给量/(r/min) B	切削深度/mm C
1	480	0.33	2.5
2	600	0.20	1.7
3	765	0.15	2.0

表 3-30 试验方案及其结果

因素 列号 试验号	A 1	B 2	C 3	D 4	试验指标	
					工时 y_i/(分钟/件)	$y_i' = y_i - 100$
1	1	1	1	1	1′28″	12
2	1	2	2	2	2′25″	45
3	1	3	3	3	3′14″	94
4	2	1	2	3	1′10″	−30
5	2	2	3	1	1′57″	17
6	2	3	1	2	2′35″	55
7	3	1	3	2	57″	−43
8	3	2	1	3	1′33″	−7
9	3	3	2	1	2′03″	23

7. 将习题中的第 4、5、6 题,

(1) 用方差分析法确定因素的显著性水平及因素对指标影响的主次顺序;

(2) 选取最佳因素水平或最佳生产条件;

(3) 计算最佳生产条件下的预估值及其置信区间(取 $\alpha = 0.05$)。

第4章 统计过程控制

4.1 质量统计控制概述

控制图又称质量管理图或质量评价图。因为生产过程不可能是一成不变的,由于各种随机因素的作用,使产品质量特性值或大或小地波动着,这是不可避免的,也是允许的。当由于某种因素的作用,产品质量特性值超出了允许波动的范围时,这就有必要把生产过程中产品质量特性值的变动情况记录下来,以便随时考查质量变化动态,及时采取措施,使生产过程趋于稳定。用来观察和控制质量特性值的点图称为控制图。

控制图必须有控制限范围,称为控制限。控制限的制定离不开对数据的整理和分析后所给出的信息。可见科学地整理和分析数据是制定控制图的先决条件,也是整个质量控制中不可缺少的一环。

4.2 统计过程控制理论

4.2.1 控制图原理

在生产中,一个工厂的同一个工人,用同一台机床所生产出的同一种零件,其产品质量不会完全一样,也不可能完全一样。这就是日常所说的产品质量有波动现象或叫质量波动性。公差制度就是承认质量波动。造成质量波动有人(man)、材料(material)、设备(machine)、方法(method)、测量(measurement)和环境(enviroment)六个方面的因素,简称"5M1E"。

一般可以把造成质量波动的原因分成两类,即偶然性原因和系统性原因。偶然性原因是对产品质量经常起作用的因素又叫随机因素,如原材料的微小差异,机床的微小振动,刀具的正常磨损,夹具的微小松动,工人操作中的微小变化等。一般来说,经常起作用的因素比较多,但它们对产品质量的波动影响很小,不易避免,也难以消除。系统性原因是可以避免的因素,如原材料中混进了不同成分或规格的材料,机床、刀具的过度磨损,机床、刀具安装和调整有误差,孔加工基准尺寸的误差,界限量规基准尺寸的误差等。系统性原因对质量波动的影响很大,容易识别,而且能够避免。

由系统性原因引起的误差称为系统误差(或条件误差)。其误差大小往往可以在造成波动的物体上测量出来。对于孔加工的系统误差,如果是由刀具基准尺寸的误差造成的,那么,可以在刀具(钻头)本身的测量上出现。这些差异的大小和方向对一定时间来说,都是相同的或作周期性变化。

由于偶然性原因造成的产品质量波动,不必加以控制。因此,把偶然性原因造成的质量波动称为正常波动,认为此时的生产过程是处于被控制状态,对于影响质量的系统性原因,应严加控制。此时,控制系统误差造成的质量波动,就成了控制图的主要任务。当生产过程中只有随机误差,而无系统误差时,称为生产过程的质量稳定状态或正常状态。

当生产中不存在系统误差时,产品质量特性(总体)服从正态分布 $N(\mu,\sigma^2)$,样品 x 出现在 $(\mu-3\sigma,\mu+3\sigma)$ 中的概率为 99.73%,即废品率仅为 0.27%。

如果加工处于受控制状态,则认为 x 一定落在 $\mu\pm3\sigma$ 范围内,即存在 3σ 原理。

在一次试验中,如果样品 x 出现在 $\mu\pm3\sigma$ 范围外,则认为处于非统计控制状态。于是,可以以正态总体的均值 $N(\mu,\sigma^2)$ 为中心,在它上、下各取 3σ 的宽度,分别作 3 条平行线:中心线 μ 为一条实线,上、下控制线 $\mu\pm3\sigma$ 各为一条虚线,这样就得到一张控制图(见图 4-1)。

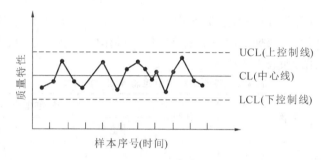

图 4-1 控制图的基本形式

控制图有两个坐标,纵坐标代表质量特性值,横坐标表示样本号。

控制图中,上、下两条虚线(控制线)分别用 UCL 和 LCL 表示。中间的实线称中心线,用 CL 符号表示。即

$$\text{中心线} \quad CL = \mu \tag{4-1}$$

$$\text{上控制线} \quad UCL = \mu + 3\sigma \tag{4-2}$$

$$\text{下控制线} \quad LCL = \mu - 3\sigma \tag{4-3}$$

生产中,定期抽取样本,测出其质量特性值数据,经计算后将点绘到图上,观察点是否越线,判断生产过程是否处于稳定状态。

在采用控制图对生产进行工序质量控制时,可能会出现下列两种错误。

α:第一种错误,当 0.27% 小概率事件发生时,虚发警报,把工序正常判为异常——增加无谓的费用,记作 α。

改正:控制界线扩大,使发生该错误的概率降低,但又增大下面错误的发生——增加不合格品造成的损失。

β:第二种错误,漏发警报,把异常判为正常,增加废品率,出现这类错误的概率称为第Ⅱ类风险,记作 β。

一般情况下,要同时避免两类错误是不可能的。

当样本大小一定时,α 越小,则 β 越大;反之,α 越大,则 β 越小。实践证明,选取一个合理的界限 $\mu\pm3\sigma$ 时,可使两种错误造成的总损失为最小,所以,这样也较为经济、合理。如图 4-2 所示。

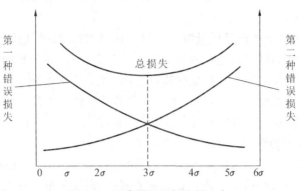

图 4-2 两类错误总损失最小点

4.2.2 控制图的种类及用途

按不同用途,控制图可以分为主要用于预防不合格品产生的管理用的控制图和主要用于分析用的控制图两类。根据不同的质量特性值,控制图可分为计量值控制图和计数值(包括计件和计点)控制图,如表 4-1 所示。

表 4-1 控制图类型及控制界限计算公式

类型	名称	代号	标准值未给定	
			中心线	UCL 与 LCL
计量控制图	均值-极差控制图	$\overline{X}-R$	$\overline{X}$ $\overline{R}$	$\overline{X} \pm A_2 \overline{R}$ $D_4 \overline{R}, D_3 \overline{R}$
	均值-标准差控制图	$\overline{X}-S$	$\overline{X}$ $\overline{S}$	$\overline{X} \pm A_3 \overline{S}$ $B_4 \overline{S}, B_3 \overline{S}$
	单值-移动极差控制图	$X-R_S$	$\overline{X}$ $\overline{R}_S$	$\overline{X} \pm E_2 \overline{R}_S$ $D_4 \overline{R}_S, D_3 \overline{R}_S$
计数控制图	不合格品率控制图	p	$\overline{p}$	$\overline{p} \pm 3\sqrt{\overline{p}(1-\overline{p})/n}$
	不合格品数控制图	np	$\overline{np}$	$n\overline{p} \pm 3\sqrt{n\overline{p}(1-\overline{p})}$
	不合格数控制图	c	$\overline{c}$	$\overline{c} \pm 3\sqrt{\overline{c}}$
	单位产品不合格数控制图	u	$\overline{u}$	$\overline{u} \pm 3\sqrt{\overline{u}/n}$

注:对于单值-移动极差控制图,$\overline{R}_S$ 表示 $n=2$ 时观测值的平均移动极差,系数 D_3、D_4、E_2 由表 4-2 中 $n=2$ 行查得。

表 4-2 计量值控制图控制界限系数表

子组中观测值个数 n	控制界限系数							
	A_1	A_2	A_3	A_4	B_3	B_4	B_5	B_6
2	2.121	1.880	2.659	1.88	0.000	3.267	0.000	2.606
3	1.732	1.023	1.954	1.19	0.000	2.568	0.000	2.276
4	1.500	0.729	1.628	0.80	0.000	2.266	0.000	2.088

续表

子组中观测值个数 n	控制界限系数							
	A_1	A_2	A_3	A_4	B_3	B_4	B_5	B_6
5	1.342	0.577	1.427	0.69	0.000	2.089	0.000	1.964
6	1.225	0.483	1.287	0.55	0.030	1.970	0.029	1.874
7	1.134	0.419	1.182	0.51	0.118	1.882	0.113	1.806
8	1.061	0.373	1.099	0.43	0.185	1.815	0.179	1.751
9	1.000	0.337	1.032	0.41	0.239	1.761	0.232	1.707
10	0.949	0.308	0.975	0.36	0.284	1.716	0.276	1.669

子组中观测值个数 n	控制界限系数				中心线系数			
	D_1	D_2	D_3	D_4	C_4	$1/C_4$	d_2	$1/d_2$
2	0.000	3.686	0.000	3.267	0.7979	1.2533	1.128	0.8865
3	0.000	4.358	0.000	2.574	0.8862	1.1284	1.693	0.5907
4	0.000	4.698	0.000	2.282	0.9213	1.0854	2.059	0.4857
5	0.000	4.918	0.000	2.114	0.9400	1.0638	2.326	0.4299
6	0.000	5.078	0.000	2.004	0.9515	1.0510	2.534	0.3946
7	0.204	5.204	0.076	1.924	0.9594	1.0423	2.704	0.3698
8	0.388	5.306	0.136	1.864	0.9650	1.0363	2.847	0.3512
9	0.547	5.393	0.184	1.816	0.9693	1.0317	2.970	0.3367
10	0.687	5.469	0.223	1.777	0.9727	1.0281	3.078	0.3249

控制图是一种画有控制界限,对生产过程中的产品质量进行控制的图形。用它来判断产生质量波动的原因(由于系统原因或偶然原因)进而判断生产过程是否处于稳定状态。

4.3 控制图的作法与判断

4.3.1 计量控制图作法

以 $\bar{x}$-R 的作图为例进行说明,$\bar{x}$-R 控制图是 $\bar{x}$ 控制图和 R 控制图的总称,$\bar{x}$ 控制图用于控制质量特性值平均值的变化,R 控制图用于控制加工误差的变化。它是通过调查平均值 $\bar{x}$ 和极差 R 是否有异常变化来对过程进行控制的。

用于分析目的的作图步骤如下。

(1) 收集数据。原则上收集约 100 个数据,要收集最近期的,并能与今后一段时期的生产状况相符合的。也就是说,收集的数据不仅能代表过去,也要体现未来。只有这样,控制图的控制线才能延伸下去,作为控制后续生产过程之用。

(2) 数据分组。数据分组(又称分层、分群)是很重要的一步,每个组所包含的单位数据多少叫组的容量,用 n 表示;组的数量,称为组数,用 k 表示。一般情况下取 $k=20\sim25$, $n=2\sim6$。

分组时,应设法保证组内数据仅存在随机因素的影响,而使系统因素的作用体现在组与组之间的分散度上。多数情况下,按取样的时间顺序划分组别。

(3) 填写数据表。把数据填入事先设计好的表格中。

(4) 计算组内平均值 $\bar{x}$ 和极差 R

$$\bar{x} = \frac{(x_1 + x_2 + \cdots + x_n)}{n} = \sum_{i=1}^{n} x_i / n$$

$$R = \max(x_1, x_2, \cdots, x_n) - \min(x_1, x_2, \cdots, x_n)$$

(5) 计算总平均值 $\bar{\bar{x}}$ 和极差的平均值 $\bar{R}$

$$\bar{\bar{x}} = (\bar{x}_1 + \bar{x}_2 + \cdots + \bar{x}_k)/k$$

$$\bar{R} = (R_1 + R_2 + \cdots + R_k)/k$$

(6) 计算中心线和上下控制界限(公式详见表 4-1 所示)。

(7) 作控制图 $\bar{x}$ 在作图纸或控制图用纸上,选取适当的纵横坐标尺度,横坐标代表组号,纵坐标代表 $\bar{x}$ 和 R 的量值。$\bar{x}$ 控制图在上部,R 控制图在下部。在 $\bar{x}$ 控制图上画出 3 条横线:中心线和上、下控制线,并分别注出尺度数值;按同样办法,在 R 控制图上画出中心线和上、下控制线,并填上数值。

(8) 在图上打点。打点时可用".",也可用"×",为了醒目,落在控制线外的点要用红笔圈上○,即⊙或⊗。

(9) 记入参考事项。组的容量 n、数据的收集时间、量具名称和取样方法等事项应记入控制图上,以备参考。

【例 4.1】 厂方要求对汽车引擎活塞环制造过程建立均值-极差控制图进行控制。现已取得 25 个样本,每个样本包含 5 个活塞环直径的观测值,如表 4-3 所示。

表 4-3 活塞环直径的数据

样本序号	观测值					$\bar{x}_i$	R_i
1	74.030	74.002	74.019	73.992	74.008	74.010	0.038
2	73.995	73.992	74.001	74.001	74.011	74.001	0.019
3	73.988	74.024	74.021	74.005	74.002	74.008	0.036
4	74.002	73.996	73.993	74.015	74.009	74.003	0.022
5	73.992	74.007	74.015	73.989	74.014	74.003	0.026
6	74.009	73.994	73.997	73.985	73.993	73.996	0.024
7	73.995	74.006	73.994	74.000	74.005	74.000	0.012
8	73.985	74.003	73.993	74.015	73.988	73.997	0.030
9	74.008	73.995	74.009	74.005	74.004	74.004	0.014
10	73.998	74.000	73.990	74.007	73.995	73.998	0.017
11	73.994	73.998	73.994	73.995	73.990	73.994	0.008
12	74.004	74.000	74.007	74.000	73.996	74.001	0.011
13	73.983	74.002	73.998	73.997	74.012	73.998	0.029

续表

样本序号	观测值					$\bar{x}_i$	R_i
14	74.006	73.967	73.994	74.000	73.984	73.990	0.039
15	74.012	74.014	73.998	73.999	74.007	74.006	0.016
16	74.000	73.984	74.005	73.998	73.996	73.997	0.021
17	73.994	74.012	73.986	74.005	74.007	74.001	0.026
18	74.006	74.010	74.018	74.003	74.000	74.007	0.018
19	73.984	74.002	74.003	74.005	73.997	73.998	0.021
20	74.000	74.010	74.013	74.020	74.003	74.009	0.020
21	73.998	74.001	74.009	74.005	73.996	73.996	0.033
22	74.004	73.999	73.990	74.006	74.009	74.002	0.019
23	74.010	73.989	73.990	74.009	74.014	74.002	0.025
24	74.015	74.008	73.993	74.000	74.010	74.005	0.022
25	73.982	73.984	73.995	74.017	74.013	73.998	0.035
					小计	1850.024	0.581
					平均值	74.001	0.023

(1) 收集数据。

(2) 计算各组(25 组)均值。

(3) 计算总均值。

(4) 计算各组极差。

(5) 计算极差的均值。

以上计算结果如表 4-3 所示。

(6) 均值-极差控制图的绘制。

① 计算极差控制图的控制界限

$$\text{UCL} = D_4 \bar{R} = 2.114 \times 0.02244 = 0.04745$$

$$\text{CL} = \bar{R} = 0.02324$$

$$\text{LCL} = D_3 \bar{R}(n \leqslant 6, 忽略)$$

注意:$n=5$;$k=25$

② 计算均值控制图的控制界限

$$\text{UCL} = \bar{\bar{X}} + A_2 \bar{R} = 74.00123 + 0.577 \times 0.02244 = 74.01418$$

$$\text{CL} = \bar{\bar{X}} = 74.00123$$

$$\text{LCL} = \bar{\bar{X}} - A_2 \bar{R} = 74.00123 - 0.577 \times 0.02244 = 73.98828$$

(7) 判断。

由于两个图都处于控制状态,故可得出结论:过程处于控制状态。如图 4-3 所示。

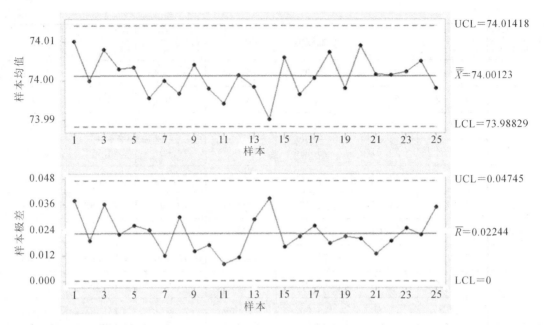

图 4-3 均值-极差控制图

（8）记入有关事宜。

记载零件名称、件号、工序名称、质量特性、测量单位、标准要求、使用设备、操作者、记录者、检验者，并记载查明原因的经过和处理意见。

4.3.2 计数控制图作法

计数数据表示通过记录所考察的子组中每个个体是否具有某种特性（或特征），计算具有该个体的数量，或记录一个单位产品、一组产品、或一定面积内此种事件发生的次数所获得的观测值。通常，记录数据的获得快速而经济，一般不需要专门的收集技术。

在计量控制图情形下，按通常惯例采用一对控制图，其中一个用于控制平均值，另一个用于控制离散。这是因为计量控制图基于正态分布，而正态分布取决于上述两个参数。在计数控制情形下则不同，所假定的分布只有一个参数，即平均水平，故用一个控制图就够了。p 图和 n_p 图基于二项分布，而 c 图和 u 图则基于泊松分布。

【**例 4.2**】 对小型开关使用自动检测装置进行全检，所发现的关于开关失效的每小时不合格品数如表 4-4 所示。小型开关由一自动装配线生产，由于开关失效是严重的质量问题，要利用控制图对装配线进行监控。收集 25 组数据作为预备数据，绘制 p 图和 n_p 图。

表 4-4 开关的预备数据

子组号	检查的开关数 r	不合格品开关数 n_p	不合格品率 p
1	4000	8	0.00200
2	4000	14	0.00350
3	4000	10	0.00250
4	4000	4	0.00100

续表

子组号	检查的开关数 r	不合格品开关数 n_p	不合格品率 p
5	4000	13	0.00325
6	4000	9	0.00225
7	4000	7	0.00175
8	4000	11	0.00275
9	4000	15	0.00375
10	4000	13	0.00325
11	4000	5	0.00125
12	4000	14	0.00350
13	4000	12	0.00300
14	4000	8	0.00200
15	4000	15	0.00375
16	4000	11	0.00275
17	4000	9	0.00225
18	4000	18	0.00450
19	4000	6	0.00150
20	4000	12	0.00300
			$\bar{p}=0.00268$

绘图步骤：

(1) 将收集到的数据输入 Excel 表格中，先计算出第一子组的不合格品率 $p=0.002$，下拉鼠标即可得各子组的不合格品率，然后利用函数 AVERAGE 可求得各子组的平均不合格品率 $\bar{p}=0.00268$。

(2) 计算中心线和控制界线

p 图：$CL = \bar{p} = 0.00268 \approx 0.0027$

$UCL = \bar{p} + 3\sqrt{\bar{p}(1-\bar{p})/n} = 0.0027 + 3\sqrt{0.0027(1-0.0027)/4000} = 0.0052$

$LCL = \bar{p} - 3\sqrt{\bar{p}(1-\bar{p})/n} = 0.0027 - 3\sqrt{0.0027(1-0.0027)/4000} = 0.0002$

n_p 图：$CL = n\bar{p} = 4000 \times 0.00268 = 10.72$

$UCL = n\bar{p} + 3\sqrt{n\bar{p}(1-\bar{p})} = 10.72 + 3\sqrt{10.72(1-0.0027)} = 20.53$

$LCL = n\bar{p} - 3\sqrt{n\bar{p}(1-\bar{p})} = 10.72 - 3\sqrt{10.72(1-0.0027)} = 0.91$

(3) 利用 Excel 表格中的各子组不合格品率数据 p 和不合格品数数据 n_p 分别生成折线图，在图 4-4 上画出中心线和控制界线，在各控制界线的右方记入相应的 UCL、CL、LCL

符号与数值,即为该过程的 p 控制图和 n_p 控制图。

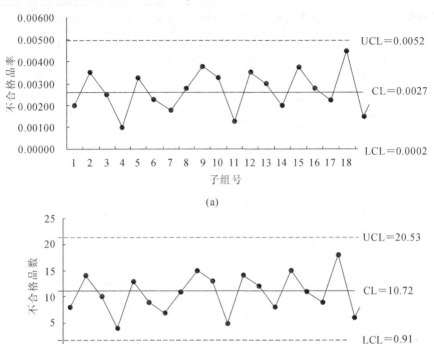

图 4-4　p 控制图和 n_p 控制图
(a) 开关数据的 p 控制图　(b) 开关数据的 n_p 控制图

利用表格中的各子组不合格品率数据 p 和不合格品数数据 n_p 分别生成折线图,在图上画出中线和控制界线,在各控制界线的右方记入相应的 UCL、CL、LCL 符号与数值,即为该过程的 p 控制图和 n_p 控制图。

由 p 控制图的控制界线计算公式可知,当子组大小发生变化时,p 控制图各子组控制界线不同,判断过程稳定性有些困难。在实际应用中,当子组大小发生变化时,可以采用利用标准化变量的方法,即不点绘 p 值,而改为点绘标准化值 Z,Z 的计算公式为

$$Z = \frac{p - \bar{p}}{\sqrt{\frac{\bar{p}(1-\bar{p})}{n}}} \tag{4-4}$$

这样,中心线和控制界线为如下所示常数,而与子组大小无关:
$$\mathrm{CL} = 0, \quad \mathrm{UCL} = 3, \quad \mathrm{LCL} = -3$$

p 图用来确定在一段时间内所提交的平均不合格品率。该平均值的任何变化都会引起过程操作人员和管理者的注意。p 图判断过程是否处于统计控制状态的判断方法与 $\bar{x}$ 和 R 控制图相同。若所有子组点都落在适用控制界线之内,并且也未呈现出可查明原因的任何迹象,则称此过程处于统计控制状态。在这种情况下,取平均不合格品率 $\bar{p}$ 为不合格品率 p 的标准值,记为 p_0。

【例 4.3】 某半导体器件厂 2 月份某种产品的数据如表 4-5 中的第(2)、(3)栏所示。作 p 控制图,对其进行控制。

表 4-5 计算总不合格品率

组号(1)	样本大小 n(2)	不合格品数 D(3)	不合格品率 p(4)	p 图的 UCL(5)
1	85	2	0.024	0.102
2	83	5	0.060	0.103
3	63	1	0.016	0.112
4	60	3	0.050	0.114
5	90	2	0.022	0.100
6	80	1	0.013	0.104
7	97	3	0.031	0.098
8	91	1	0.011	0.100
9	94	2	0.021	0.099
10	85	1	0.012	0.102
11	55	0	0	0.117
12	92	1	0.011	0.099
13	94	0	0	0.099
14	95	3	0.032	0.098
15	81	0	0	0.103
16	82	7	0.085	0.103
17	75	3	0.040	0.106
18	57	1	0.018	0.116
19	91	6	0.066	0.100
20	67	2	0.030	0.110
21	86	3	0.035	0.101
22	99	8	0.080	0.097
23	76	1	0.013	0.105
24	93	8	0.086	0.099
25	72	5	0.069	0.107
26	97	9	0.093	0.098
27	99	10	0.100	0.097
28	76	2	0.026	0.105
小计	2315	90		

绘图步骤：

(1) 预备数据的取得。

(2) 计算样本不合格品率。

(3) 计算总不合格品率(见表 4-5)。

(4) 计算 p 图的控制线。

$$\text{UCL} = p + 3\sqrt{\frac{p(1-p)}{n}}$$

$$\text{CL} = p$$

$$\text{LCL} = p - 3\sqrt{\frac{p(1-p)}{n}}$$

注意：由于各个子组的样本大小不相等，所以必须对各个样本分别求出其控制界线。

① 若 P 未知，则依下式估算：

$$\text{UCL} = \overline{P} + 3\sqrt{\frac{\overline{P}(1-\overline{P})}{n}}$$

$$\text{CL} = \overline{P}$$

$$\text{LCL} = \overline{P} - 3\sqrt{\frac{\overline{P}(1-\overline{P})}{n}}$$

$$\overline{P} = \frac{\sum_i D_i}{\sum_i n_i}$$

计算结果如图 4-5 所示。

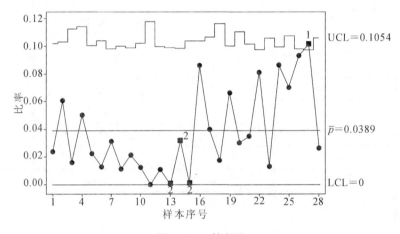

图 4-5　p 控制图

② 若 LCF 为负，由于 P 不可能为负，故令 LCF=0 作为 P 的自然下限。

（5）作图，如图 4-5 所示。

（6）判断。

由于第 27 个样本的点子出界，所以过程失控，需要找出异常因素并采取措施保证它不再出现，然后重复步骤（1）至（4），直到过程稳定为止。这时 p 图可作为控制用控制图供日常管理使用。

4.3.3　控制图判断

1. 判稳

判稳准则（点子随机）：同时符合下列条件时就认为过程处于稳态。

（1）连续 25 个点子都在控制界线内；

（2）点在控制界线内的排列是随机的。

2. 判异

对控制图进行观测分析是为了判断过程是处于受控状态,还是处于失控状态。当处于失控状态时,就要采取措施,消除异常因素,使过程恢复到受控状态。根据休哈特控制图的 3σ 原理,控制图中的点子应随机排列,且落在控制线内的概率为 99.73%,因此,如果控制图中点子未出界,且点子的排列也是随机的,则可认为过程处于稳定状态或控制状态;如果控制图中点子出界或界内点子非随机排列,就认为过程失控。

由此得出控制图的两类判异准则:① 点子出界就判异。② 界内点子排列不随机判异。下面介绍判异的 8 种常用检验模式,如果控制图出现这些模式,我们可以合理地确信过程是不稳定的。

检验 1:1 个点落在 A 区以外(见图 4-6)。

该模式可对参数 μ 的变化或参数 σ 的变化给出信号,变化越大,给出的信号越快。对于 $\bar{x}-R$ 控制图,如果 R 图保持稳定状态,则可排除参数 σ 变化的可能。模式 1 还可对过程中的单个失控作出反应,如测量误差、计算错误、设备故障。如果过程正常,则模式 1 犯第一类错误的概率为 $\alpha_0=0.0027$。

检验 2:连续 9 点落在中心线同一侧(见图 4-7)。

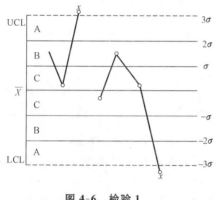
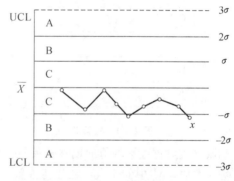

图 4-6 检验 1　　　　　　　　图 4-7 检验 2

此模式通常是为了补充模式 1 而设计的,以便改进控制图的灵敏度。选择 9 点是为了使其犯第一类错误的概率 α 与模式 1 中的 $\alpha_0=0.0027$ 大致相同,同时也使本模式采用的点数不致过多地超过格兰特和列文沃斯(Grant and Levenworth)在 1980 年提出的 7 点链判异模式。

检验 3:连续 6 点递增或递减(见图 4-8)。

此模式是针对过程平均值的趋势进行设计的,它判定过程平均值的较小趋势要比模式 2 更为灵敏。产生趋势的原因可能是工具逐渐磨损、维修水平逐渐降低、操作人员技能逐渐提高等。从而使得参数 μ 随着时间而改变。

检验 4:连续 14 点中相邻点交替上下(见图 4-9)。

出现本模式的现象是由于轮流使用两台设备或由两位操作人员轮流操作而引起的系统效应。实际上,这是一个数据分层不够的问题。选择 14 点是通过统计模拟试验而得出的,以使其 α 与模式 1 中的 $\alpha_0=0.0027$ 相当。

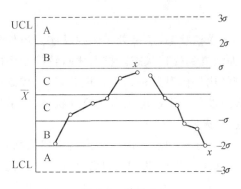
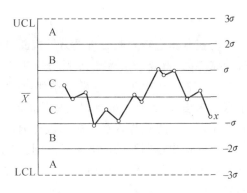

图 4-8　检验 3　　　　　　　　　图 4-9　检验 4

检验 5：连续 3 点中有 2 点落在中心线同一侧的 B 区以外（见图 4-10）。

过程平均值的变化通常可由本模式判定，它对于变异的增加比较灵敏。需要指出的是，3 点中的 2 点可以是任何 2 点，第 3 点可以在任何位置。

检验 6：连续 5 点中有 4 点落在中心线同一侧的 C 区以外（见图 4-11）。

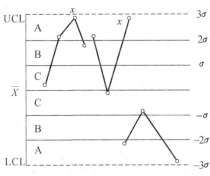
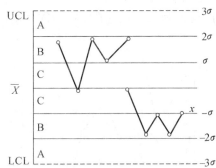

图 4-10　检验 5　　　　　　　　　图 4-11　检验 6

该模式对过程平均值的偏移较灵敏。出现该模式的现象是由于参数 μ 发生了变化，与检验 5 类似，5 点中的 4 点可在任何位置。

检验 7：连续 15 点落在中心线两侧的 C 区内（见图 4-12）。

出现该模式的现象是由于参数 σ 变小。对于该模式不要被它的"良好现象"所迷惑，应该注意到它的非随机性。造成该模式现象的原因可能包括数据虚假或数据分层不够等。

检验 8：连续 8 点落在中心线两侧且无一在 C 区（见图 4-13）。

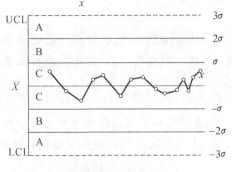
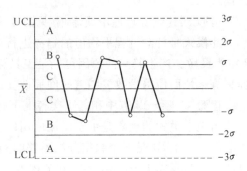

图 4-12　检验 7　　　　　　　　　图 4-13　检验 8

造成该模式现象的主要原因是数据分层不够。

由以上检验模式可知,检验 1、2、3、4、5、6、7 的控制范围已经覆盖了整个控制图,检验 4、8 用以判断数据分层问题。由于数据分层问题不止以上两种,故以上 8 种检验模式不可能用以判别常规控制图所有可能发生的异常情形,但出现判别不了的情形的可能性是非常小的。

4.4 过程能力分析

4.4.1 过程能力

1. 过程能力概述

产品质量取决于其设计质量、制造质量和企业的工作质量。虽然不同的产品有其不同的生产过程,但它们都有一个相同的特点,都是由一道一道工序加工出来的,而每道工序的质量都会影响产品质量。所以,工序是产品形成的基本环节。因此,加强对生产现场工序的质量控制,成为控制产品质量的关键。

目前,我国采用工序质量控制的类型有 3 种:手工生产型(靠操作工人自己控制);半自动生产型(人工和自动化相结合控制)和自动化生产型(生产过程由电子计算机监控)。

在工序控制中,自动化程度越高,工序质量保证程度越高,人为的干扰因素越小。所以用计算机进行工序质量控制是企业管理的发展方向。

常见的工序变化形式在生产中,通过仔细观察和总结,可以把工序变化归纳为如下几种情况:

(1) 工序处于控制状态。生产中没有产生不合格品,如图 4-14 所示。

(2) 由于刀具磨损,加工数据出现偏移,如图 4-15 所示。

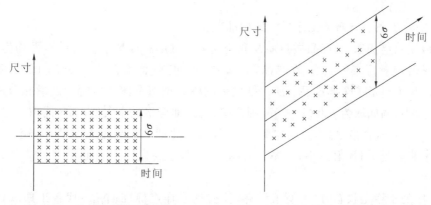

图 4-14 工序处于控制状态　　图 4-15 平均值随时间变化产生偏移

(3) 由于生产中断或机床工装、刀具调整而产生的工序变化形式,如图 4-16(a)、图 4-16(b)、图 4-16(c)所示。

(4) 由于采用材料的改变而引起的工序变化,如图 4-16(d)所示。

2. 工序能力

1) 工序能力的定义及数量表示

工序能力又称工程能力或工艺能力。它是指处于控制状态,即人员、设备、材料、方法和环

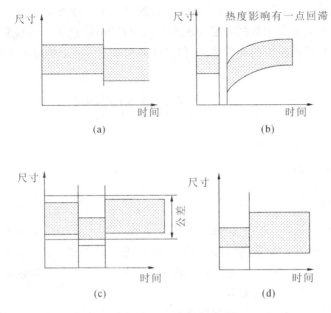

图 4-16 工序变化形式
(a) 工具调整引起尺寸突变　(b) 工具断开后开始加工有一段尺寸变化
(c) 不正确的调整　(d) 材料改变引起尺寸变化

境标准化并处于稳定状态下的实际加工能力。其中最核心的部分是机器设备和工艺方法保证产品质量的能力。一般情况下,工序能力和产品质量的实际波动成反比。即产品质量波动越小,说明工序能力越高,反之则相反。因此,常用产品质量指标的实际波动大小来反映工序能力,对处于控制状态下的工序,则用质量指标分布标准差 σ 的 6 倍来表示工序能力。即

$$B = 6\sigma \tag{4-5}$$

式中：B——工序能力；

σ——处于正态分布下工序尺寸的标准差。

因为,在稳定状态下,产品质量服从正态分布 $N(\mu,\sigma^2)$（其中 μ 为样本平均值）,这时, $\mu \pm 3\sigma$ 范围内包括了 99.73% 的产品,也就是说,正态总体落在 $\mu \pm 3\sigma$ 区间的概率为 99.73%。几乎包括了全部产品。所以把此范围称为正态总体 X（产品）的散布范围。如果区间取得太小,例如取为 $\mu \pm (1 \sim 2)\sigma$,则概率太低,即合格品率太低；如区间取得过大,例如取为 $\mu \pm (4 \sim 5)\sigma$,合格率高,但成本高,不经济。因此把工序能力 B 取为 6σ 较合适。B 值越大,工序能力越低；B 值越小,工序能力越大。因此,要提高工序能力,关键在于减小 σ 的数值。

当工序处于稳定状态时,为便于计算,往往选取样本标准偏差 s 代替工序总体的标准差。此时工序能力为 $B = 6s$。

【例 4.4】 某飞机发动机厂加工一齿轮轴,图样要求轴径为 $\phi 52^{+0.023}_{+0.003}$,测量 150 件,根据实际测量值计算得 $s = 0.0026$,求该工序的工序能力。

【解】 当样本 $n \geq 50$ 时,可以用样本标准差 s 近似的代表工序的标准偏差 σ。

工序能力　　　　　$B = 6\sigma \approx 6s = 6 \times 0.0026 = 0.0156$

2) 工序能力的测定方法

(1) 直接测量产品方法。通过测量某工序生产出的产品（零件）的特性值,计算该工序

的工序能力。这种方法是应用较广泛的一种方法。

(2) 间接测量法。对影响工序的因素的主要特性值进行测量的方法。比如用量具、量仪检查工装或设备是否达到规定的精度要求。

(3) 差错分析法。用于分析工序中人的因素(包括工人和管理人员)对工序能力的保证程度。从差错出现的频次和分析差错的情况,可以达到调查工序能力的目的。

(4) 分析工序因素对产品质量特性值影响的相关关系。通过对收集的数据进行分析,找出工序因素的变化和产品(零件)特性值变化的关系。从而判断工序能力对产品质量的保证程度。此方法较麻烦,需要技术人员和质量人员共同配合来完成。

3) 影响工序能力的因素及工序能力的用途

影响工序能力的因素主要有:

(1) 操作人员——操作人员的业务水平、质量意识、工作情绪、编制的工艺过程是否合理及检验人员是否经过必要的训练等都会影响工序能力。

(2) 设备——机床,辅助装置,工具,夹具,模具的精度。

(3) 材料——加工成产品所选用的工件材料的规格、成分,性能是否符合要求等。

(4) 方法——加工工艺流程和操作方法是否合理将直接影响加工产品的质量等。

(5) 检测仪器和工具精度及稳定性。

(6) 加工现场的环境——如合适的温度、光线,整齐清洁的场所对提高工序能力大有好处。

工序能力的用途,主要用在以下几方面:

(1) 根据工序能力的大小,选择合理的加工方案。

(2) 选择经济合理的机床。

(3) 根据每道工序的工序能力大小,工艺人员在制定工艺时可以更合理地确定该道工序的加工余量和定位基准。

4) 工序能力和产品公差的关系

工序能力和产品公差的关系如图4-17所示。

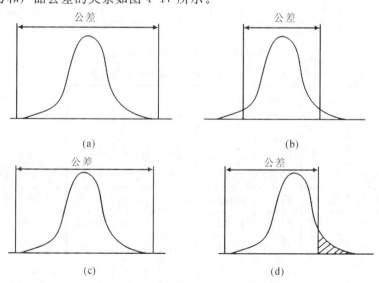

图4-17 工序能力与公差的关系

(a) 工序能力满足公差要求 (b) 工序能力不满足公差要求

(c) 由于数据中心偏移,将产生不合格品 (d) 由于数据中心偏移较大已经产生了不合格品对处于统计控制状态下的工序,将它的 6σ 值和产品公差范围比较,可以看出它们之间的差别、关系,还可以算出产品(零件)的不合格品率。

在实际生产中,大多数工序都不同程度地存在着数据分散和分布中心偏移的情况,所以在选择工序能力时要考虑一定的安全系数。例如,对于金属切削加工,应规定工序能力不能大于公差的 75%。

4.4.2 工序能力指数

1. 工序能力指数概念

工序能力仅仅表示工序固有的加工能力或加工精度。即只能说明工序能达到的质量水平,不能说明这一水平是否满足该工序的质量要求,因此要引入工序能力指数的概念。

工序能力指数是表示工序能力对产品设计质量要求的保证程度,它用质量标准和工序能力之间的比值 C_p 表示,在图 4-18 中,T_L 表示公差下限值,T_U 表示公差上限值,图 4-18 表示出 C_p 值与公差 T 的关系。C_p 值与不合格品率 p 的关系,如表 4-6 所示。

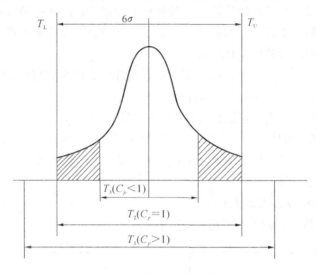

图 4-18　C_p 值与公差 T 的关系

表 4-6　C_p 值对应的总体不合格品率表

C_p \ k	0.00	0.01	0.02	0.03	0.04	0.05	0.06	0.07	0.08	0.09
0.0	100.0	97.60	95.22	92.82	90.44	88.08	85.72	83.36	21.04	78.72
0.1	76.42	74.14	71.88	69.66	67.44	65.28	63.12	61.00	58.92	56.86
0.2	54.86	52.86	50.92	49.02	47.16	45.32	43.54	41.80	49.10	38.44
0.3	36.82	35.24	33.70	32.22	30.78	29.38	28.02	26.70	25.42	24.20
0.4	23.02	21.86	20.76	19.70	18.68	17.70	16.76	15.86	14.98	14.16
0.5	13.36	12.60	11.88	11.18	10.52	9.90	9.30	8.72	8.18	4.68
0.6	7.18	6.72	6.28	5.88	5.48	5.12	4.78	4.44	1.14	3.84
0.7	3.58	3.32	3.08	2.86	2.64	2.44	2.26	2.08	1.53	1.78
0.8	1.64	1.51	1.39	1.82	1.17	1.08	0.988	0.908	0.830	0.758

续表

C_p \ k	0.00	0.01	0.02	0.03	0.04	0.05	0.06	0.07	0.08	0.09
0.9	0.694	0.634	0.578	0.527	0.480	0.437	0.398	0.361	0.328	0.298
1.0	0.270	0.245	0.221	0.200	0.181	0.163	0.147	0.133	0.120	0.108
1.1	0.0967	0.0888	0.0779	0.0698	0.0626	0.0561	0.0501	0.0448	0.0400	0.0357
1.2	0.0318	0.0283	0.0252	0.0224	0.0199	0.0177	0.0157	0.0139	0.0123	0.0109
1.3	0.0096	0.0085	0.0075	0.0066	0.0058	0.0051	0.0045	0.0040	0.0035	0.0030
1.4	0.0027	0.0023	0.0020	0.0018	0.0016	0.0014	0.0012	0.0010	0.0009	0.0008
1.5	0.0007	0.0006	0.0005	0.0004	0.0004	0.0003	0.0003	0.0002	0.0002	0.0002
1.6	0.0002	0.0001	0.0001	0.0001	0.0001	0.0001	0.0001	—	—	—

注：$C_p=0.03$，查表得不合格品率等于 0.527%。

表 4-6 中记录的是在不同的偏离系数 k 值、不同的 C_p 值时的不合格品率 p 的大小。

2. 过程能力计算

1) 过程能力指数的概念

过程能力指数(process capability index)表示过程能力对过程质量标准的满足程度。过程质量标准是指过程必须达到的质量要求，通常用标准、公差、允许范围等来衡量，一般用符号 T 表示。质量标准 T 与过程能力 B 之比值，称为过程能力指数，记为 C_p。

$$C_p = \frac{T}{6\sigma} \tag{4-6}$$

过程能力指数越大，说明过程能力越能满足质量要求，甚至有一定的能力储备。但是不能认为过程能力指数越大，加工精度就越高，或者说技术要求越低。

2) 过程能力指数的计算

过程能力指数的计算，对于不同的情况具有不同的形式，主要有以下几种。

(1) 双侧标准的情况。

① 给定双侧标准，质量分布中心。

μ 与标准中心 M 相重合，如图 4-19 所示。

根据工序过程能力指数的基本计算式(4-1)可得到这种情况的过程能力指数计算式，即

$$C_p = \frac{T}{6\sigma} = \frac{T_U - T_L}{6\sigma} \approx \frac{T_U - T_L}{6S} \tag{4-7}$$

式中：T 表示质量标准范围；σ 表示总体标准偏差；S 表示样本标准偏差；T_U 表示质量标准的上限值；T_L 表示质量标准的下限值。

总体的标准偏差 σ，包括已生产的产品的标准偏差和未生产的产品的标准偏差，无法计算。S 表示从已生产出来的产品中抽取一部分样品而计算出来的标准偏差。如果生产过程处于稳定状态，一般可以用 S 来估计 σ。总体平均值 μ，可用样本均值 $\bar{x}$ 来估计。

② 给定双侧标准，质量分布中心与标准中心不重合，如图 4-20 所示。

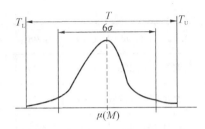
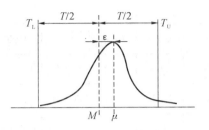

图 4-19　分布中心与标准中心重合　　　　图 4-20　分布中心与标准中心不重合

在质量特性值的分布范围 6σ 和质量标准 T 不变的情况下，由于分布中心 μ 偏离质量标准中心 M，使产品的不合格率增加，导致过程能力降低。因此，要对过程能力指数 C_p 进行修正。修正后的过程能力指数用 C_{pk} 表示，其计算式如下：

$$C_{pk} = (1-k)C_p = \frac{T-2\varepsilon}{6S} \qquad (4-8)$$

式中：ε 表示绝对偏移量，$\varepsilon = |M-\bar{x}|$；$M$ 表示标准中心，$M = (T_U - T_L)/2$；μ 表示质量分布中心；k 表示相对偏移量，$k = \varepsilon/(T/2)$。

【例 4.5】某批零件的技术标准为 $\phi 30\,\text{mm} \pm 0.021\,\text{mm}$，抽样 100 件，测得平均值 $\bar{x} = \phi 29.997\,\text{mm}$，$S = 0.0064\,\text{mm}$。求其过程能力指数。

【解】
$$M = \frac{T_U + T_L}{2} = \frac{(30.021 + 29.979)\,\text{mm}}{2} = 30\,\text{mm}$$

由于 $\bar{x} = 29.997 \neq M$，故标准中心与实际中心不重合。

$$\varepsilon = |M - \bar{x}| = (30 - 29.997)\,\text{mm} = 0.003\,\text{mm}$$
$$T = T_U - T_L = (30.021 - 29.979)\,\text{mm} = 0.042\,\text{mm}$$
$$C_{pk} = (1-k)C_p = \frac{T-2\varepsilon}{6S} = \frac{(0.042 - 2 \times 0.003)\,\text{mm}}{6 \times 0.0064\,\text{mm}} = 0.938$$

(2) 单侧标准的情况。有些情况下，质量标准只规定单侧的界限，例如，机电产品的机械强度、寿命、可靠性等，只规定下限的质量特性界限。又如机械加工的形位公差（如同心度、平行度、垂直度等）、原材料所含杂质等，只规定上限标准，而对下限不作规定。

在只给定单侧标准的情况下，特性值的分布中心与标准的距离决定了过程能力的大小。为了经济地利用过程能力，可用 3σ 作为计算 C_p 值的基础。

① 只规定上限时（见图 4-21），过程能力指数为

$$C_p = \frac{T_U - \mu}{3\sigma} \approx \frac{T_U - \bar{x}}{3S} \qquad (4-9)$$

② 只规定下限时（见图 4-22），过程能力指数为

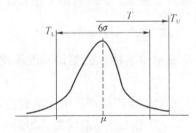
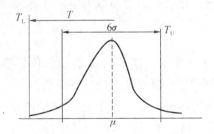

图 4-21　只规定上限时　　　　图 4-22　只规定下限时

$$C_p = \frac{\mu - T_L}{3\sigma} \approx \frac{\overline{x} - T_L}{3S} \qquad (4\text{-}10)$$

【例 4.6】 某银行要求顾客的排队时间最长不能超过 10 min,样本标准偏差 S 为 0.0062 min, $\overline{x}$ 为 9.98 min,求过程能力指数。

【解】
$$C_p = \frac{T_U - \overline{x}}{3S} = \frac{(10-9.98)\text{min}}{3\times 0.0062\text{min}} = 1.075$$

3) 工序能力的判断与处置

计算出工序能力指数 C_p 值后,就应对工序能力是否满足对产品质量的要求作出判断和处理,并及时将此信息反映给有关部门,以便在管理上对工序采取相应措施,提高工序能力,以保证长期稳定地生产出符合规格要求的产品。从保证产品质量上考虑,C_p 值越大越好,但 C_p 值过大,则经济损失也会越大。比如,要选用高精度的设备、好的材料、高级技术工人等,使生产成本增加。所以,在判断和处理时,应考虑保证质量和经济性两方面的因素。

从直观上看,$C_p=1$ 是最理想状态,此时,加工产品的尺寸分布范围和公差要求范围重合(见图 4-23),没有废品。但生产稍有变化,就会产生不合格品。所以,为了保险,通常取 $C_p=1.33$ 较合适。一般将机械加工分为 5 个精度等级:特级、1 级、2 级、3 级和 4 级。

对普通机械零件,要求达到 2 级精度($C_p=1.33\sim1.67$)就可以了。

图 4-24 给出工序能力等级所对应的产品不合格率。

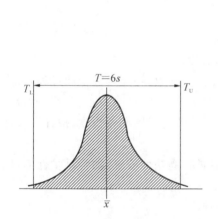

图 4-23 C_p 为 1 时加工产品的尺寸分布 图 4-24 工序能力等级及不合格率

表 4-7 归纳出工序能力指数分级判断和处置对策。该判断和处置对策对于 C_{pk}、C_{pU}、C_{pL} 也同样适用。

表 4-7 工序能力判断与处理

级别	C_p	工序能力评价	处置对策
特级	>1.67	工序能力过剩	(1) 采取降低成本措施,如选用精度较低的机床、技术等级低的工人、较经济的工艺方法; (2) 放宽检验标准
1 级	1.67～1.33	工序能力充分	(1) 用于重要零件; (2) 一般零件可放宽检验标准、更改工艺方案和设备
2 级	1.33～1.0	工序能力合格	一般不作变动

续表

级别	C_p	工序能力评价	处 置 对 策
3级	1～0.87	工序能力不足	必须采取措施提高工序能力。已出现一些不合格品,要加强检查,必要时全数检验
4级	<0.67	工序能力严重不足	出现较多不合格品,查明原因,立即采取措施提高 C_p 值,实行全验

表 4-8 列出有偏离系数 k 时,工序能力判断准则和对平均值应采取的对策。

表 4-8 有偏离系数 k 时,工序能力判断与处理

C_p	k	对平均值应采取措施
$1.33<C_p$	$0<k<0.25$	不必调整
$1.33<C_p$	$0.25<k<0.50$	引起注意
$1.00<C_p\leqslant1.33$	$0<k<0.25$	仔细观察
$1.00<C_p\leqslant1.33$	$0.25<k<0.50$	采取措施

4) 提高工序能力指数的途径

(1) 调整工序加工的分布中心,减少偏移量。

(2) 提高工序能力,减少分散程度。(从 5M1E 入手)

(3) 调整质量标准,减少标准差 σ,就可以减少分散程度。

(4) 修订过程,改进工艺方法。修订操作规程,优化工艺参数;补充增添中间过程,推广应用新工艺、新技术。

(5) 改造更新与产品质量标准要求相适应的设备,对设备进行周期性检查,按计划进行维护,从而保证设备的精度。

(6) 提高工具、工艺装备的精度,对大型的工艺装备进行周期性检查,加强维护保养,以保证工装的精度。

(7) 按产品质量要求和设备精度要求,保证环境条件。

(8) 加强人员培训,提高操作者的技术水平和质量意识。

(9) 加强现场质量控制,设置关键、重点过程的过程管理点,开展 QC 小组活动,使过程处于控制状态。

4.4.3 过程不合格品率的计算

当过程的质量特性呈正态分布时,过程能力指数对应于一定的不合格品率。例如,当 $C_p=1$ 时,即 $T=6\sigma$ 时,质量标准的上下限与 $\pm3\sigma$ 重合,由正态分布的概率函数可知,此时的不合格品率为 0.27%,如图 4-25 所示。

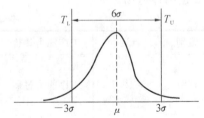

图 4-25 质量标准的上下限与 $\pm3\sigma$ 重合

1. 分布中心与标准中心重合的情况

若以 p_U 表示质量特性值超出质量标准上限而造成的不合格品率，则

$$p_U = p\{x > T_U\} = p\left\{\frac{x-\mu}{\sigma} > \frac{T_U-\mu}{\sigma}\right\} = p\left\{t > \frac{T/2}{\sigma}\right\}$$

$$= p\left\{t > \frac{3\sigma C_p}{\sigma}\right\} = 1 - p\{t < 3C_p\} = 1 - \phi(3C_p) \tag{4-11}$$

式中：t 为标准正态分布值。

若以 p_L 表示质量特性值超出标准下限而造成的不合格品率，则同理可得

$$p_L = 1 - \phi(3C_p) \tag{4-12}$$

总不合格率为

$$p = p_U + p_L = 2[1-\phi(3C_p)] = 2\phi(-3C_p) \tag{4-13}$$

【例 4.7】 当 $C_p=1$ 时，求相应不合格率 p。

【解】

$$\begin{aligned} p &= 2\phi(-3\times 1) \\ &= 2\phi(-3) \\ &= 2\times 0.00135 (\text{查正态分布表}) \\ &= 0.0027 \end{aligned}$$

即

$$p = 0.27\%$$

【例 4.8】 当 $C_p=0.8$ 时，求相应不合格率 p。

【解】

$$\begin{aligned} p &= 2\phi(-3\times 0.8) \\ &= 2\phi(-2.4) \\ &= 2\times 0.0082 (\text{查正态分布表}) \\ &= 0.0164 \end{aligned}$$

即

$$p = 1.64\%$$

由不合格品率的公式及上两例可知，C_p 值增大时，不合格品率下降；反之，当 C_p 值减小时，不合格品率上升。

2. 分布中心与标准中心不重合的情况

(1) 分布中心向标准上限偏移时（见图 4-26）。

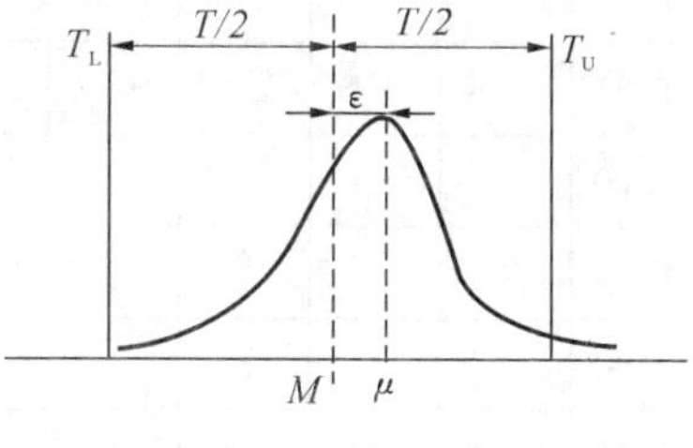

图 4-26　分布中心与标准中心不重合

$$p_U = p\{x > T_U\} = p\left\{\frac{x-\mu}{\sigma} > \frac{T_U-\mu}{\sigma}\right\}$$

$$= p\left\{t > \frac{T/2-\varepsilon}{\sigma}\right\} = p\{t > 3C_p(1-K)\}$$

$$= 1 - p\{t < 3C_p(1-k)\} = 1 - \phi(3C_p(1-k))$$

同理可得

$$p_L = 1 - \phi(3C_p(1+k))$$

故总不合格品率为

$$p = p_U + p_L = 2 - \phi(3C_p(1-k)) - \phi(3C_p(1+k)) \tag{4-14}$$

当 k 较大时，$p \approx p_U$。

(2) 分布中心向标准下限偏移时。

$$p_U = 1 - \phi(3C_p(1+k))$$

$$p_L = 1 - \phi(3C_p(1-k))$$

故总不合格品率为

$$p = p_U + p_L = 2 - \phi(3C_p(1+k)) - \phi(3C_p(1-k)) \quad (4\text{-}15)$$

当 k 较大时，$p \approx p_U$。

【例 4.9】 某过程 $C_p=1$，分布中心向质量标准上限偏移，$k=0.3$。求不合格品率（p_L 可忽略不计）。

【解】
$$p \approx p_U = 1 - \phi(3C_p(1-k)) = 1 - \phi(3 \times (1-0.3))$$
$$= 1 - \phi(2.1) = 1 - 0.98214 = 0.01786$$

为了应用方便，常将偏移系数 k、C_p、p 的关系制成表 4-9 的形式，该表用于已知 k、C_p，求 p；已知 k，要求保证 p，求 C_p。

表 4-9 不同 k 与 C_p 时的不合格品率 p 的数值表（%）

C_p \ k	0.00	0.04	0.08	0.12	0.16	0.20	0.24	0.28	0.32	0.36	0.40	0.44	0.48	0.52
0.50	13.36	13.43	13.64	13.99	14.48	15.10	15.86	16.75	17.77	13.92	20.19	21.58	23.09	24.71
0.60	7.19	7.26	7.48	7.85	8.37	9.03	9.85	10.81	11.92	13.18	14.59	16.51	17.85	19.90
0.70	3.57	3.64	3.83	4.16	4.63	5.24	5.99	6.89	7.94	9.16	10.55	12.10	13.84	15.74
0.80	1.64	1.66	1.89	5.09	2.46	2.94	3.55	4.31	5.21	6.28	4.53	8.88	10.62	12.48
0.90	0.69	0.73	0.83	1.00	1.25	1.60	2.05	2.62	3.34	4.21	5.27	6.53	8.02	9.76
1.00	0.27	0.29	0.35	0.45	0.61	0.84	1.14	1.55	2.07	2.75	3.59	4.65	5.94	7.49
1.10	0.10	0.11	0.14	0.20	0.29	0.42	0.61	0.88	1.24	1.74	2.39	3.23	4.31	9.66
1.20	0.03	0.04	0.05	0.08	0.13	0.20	0.34	0.48	0.72	4.06	1.54	2.19	3.06	4.20
1.30	0.01	0.01	0.02	0.03	0.05	0.09	0.15	0.25	0.42	0.63	0.96	1.45	2.13	3.06
1.40	0.00	0.00	0.01	0.01	0.02	0.04	0.07	0.18	0.22	0.36	0.59	0.98	1.45	2.19
1.50			0.00	0.00	0.01	0.02	0.03	0.06	0.11	0.20	0.35	0.59	0.96	1.54
1.60					0.00	0.01	0.01	0.03	0.06	0.11	0.20	0.36	0.63	1.07
1.70						0.00	0.01	0.01	0.03	0.06	0.11	0.22	0.40	0.72
1.80							0.00	0.01	0.01	0.03	0.06	0.13	0.25	0.48
1.90								0.00	0.01	0.01	0.03	0.07	0.15	0.31
2.00									0.00	0.01	0.02	0.04	0.09	0.20
2.10										0.00	0.01	0.02	0.05	0.13
2.20											0.00	0.01	0.03	0.08
2.30												0.01	0.02	0.05
2.40												0.00	0.01	0.03
2.50													0.01	0.02
2.60													0.00	0.01
2.70														0.01
2.80														0.00

需要指出的是，表 4-9 列出的数值是双侧标准时过程能力指数所对应的不合格品率，而单侧标准时的过程能力指数所对应的不合格品率，仅是双侧标准时的一半。

习　　题

1. 控制图的作用是什么，计量控制图和计数控制图各适用于什么场合？
2. 加工某产品的计量数据如表 4-10 所示。作 $\bar{X}$-R 控制图，判断该过程是否处于稳定状态。

表 4-10　计量数据

样本序号	X_1	X_2	X_3	X_4	样本序号	X_1	X_2	X_3	X_4
1	5	8	10	16	16	12	8	9	10
2	9	4	7	10	17	11	9	7	13
3	11	8	7	13	18	15	6	5	4
4	10	6	15	9	19	13	12	9	6
5	8	9	13	11	20	15	6	10	7
6	12	14	6	8	21	10	7	9	7
7	13	8	7	9	22	6	4	8	9
8	7	10	11	8	23	13	14	7	8
9	9	12	7	5	24	10	5	9	11
10	15	6	5	16	25	7	8	10	9
11	10	10	7	8	26	10	8	7	9
12	9	14	8	9	27	12	5	10	7
13	12	11	6	8	28	6	10	8	7
14	6	5	7	11	29	11	4	8	10
15	7	8	13	10	30	7	9	12	8

3. 某过程生产齿轮，检查 30 批产品的数据如表 4-11 所示，试用 p 控制图分析过程是否处于控制状态。

表 4-11　过程数据

样本序号	样本大小 n	样本不合格品数 n_p	样本序号	样本大小 n	样本不合格品数 n_p
1	2000	8	16	2000	9
2	2000	12	17	2000	12
3	2000	4	18	2000	11
4	2000	15	19	2000	7
5	2000	6	20	2000	5

续表

样本序号	样本大小 n	样本不合格品数 n_p	样本序号	样本大小 n	样本不合格品数 n_p
6	2000	7	21	2000	6
7	2000	9	22	2000	8
8	2000	13	23	2000	13
9	2000	12	24	2000	12
10	2000	10	25	2000	10
11	2000	9	26	2000	9
12	2000	7	27	2000	7
13	2000	6	28	2000	11
14	2000	5	29	2000	8
15	2000	9	30	2000	7

4. 过程能力指数和不合格品率有什么关系？两者各有什么用途？

5. 某零件尺寸要求为 $30^{+0.3}_{-0.1}$ mm，取样实际测定后求得 $\overline{X}=30.05$ mm，标准差 $S=0.016$ mm，求过程能力指数及不合格品率。

第 5 章 质量改进工具

5.1 戴明循环

戴明循环也叫 PDCA 循环,是管理学中的一个通用模型,最早由休哈特于 1930 年构想,后来被美国质量管理专家戴明博士在 1950 年再度挖掘出来,并加以广泛宣传和运用于持续改善产品质量的过程,它是全面质量管理的科学工作程序。在 PDCA 循环中,"计划(plan)—执行(do)—检查(check)—处理(action)"的管理循环是保证体系运行的基本方式,它反映了不断提高质量应遵循的科学程序。PDCA 循环可以通过四个阶段(见图 5-1),八个步骤来描述(见图 5-2)。

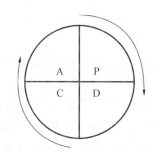

图 5-1　PDCA 循环的 4 个阶段

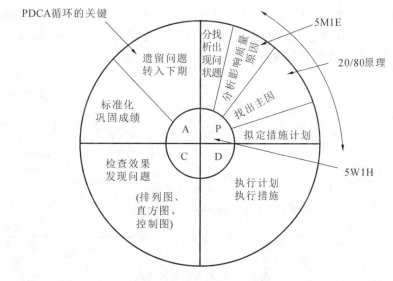

图 5-2　PDCA 的 8 个步骤

(1) 计划阶段。就是根据顾客的需求来制定企业的质量目标、方针、计划、标准、要解决的质量问题,并确定相应的措施和方法。计划阶段的具体内容可以包括以下四个步骤。

第一步:分析现状,通过现状的分析,找出存在的主要质量问题,尽可能以数字形式表示。一般常用的统计工具有统计分析表、排列图、直方图、控制图等分析工具。

第二步：寻找原因，分析产生质量问题的各种原因和影响因素，即人员、设备、材料、工艺方法、检测方法和环境等因素；一般用排列图，因果图等工具。

第三步：找出主因，在上一步的基础上，找出主要影响因素和原因。需要运用的常用工具有排列图、因果图、相关图等工具。

第四步：制定计划，针对影响质量的主要原因，制定技术组织措施方案，并落实到具体执行者。

（2）执行阶段。实施计划阶段的内容和要求。

（3）检查阶段。根据计划与目标，检查计划的执行情况和实施效果，分清哪些对了，哪些错了，明确效果，找出问题。

（4）处理阶段。对检查结果进行处理，通过上一阶段查出来的问题，经过全面、深入的分析、找出原因，采取措施。经过一段时间的运作，对不发生异常的情况，则可以把标准稳定下来，予以标准化，或者制定作业指导手册，便于以后工作上遵循。它包括两个步骤：

第一步：总结经验教训，对原有制度和标准进行修正。标准化是维持企业治理现状不下滑，积累、沉淀经验的最好方法，也是企业治理水平不断提升的基础。可以这样说，标准化是企业治理系统的动力，没有标准化，企业就不会进步，甚至下滑。对已被证明的有成效的措施，要进行标准化，制定成工作标准，以便以后的执行和推广。

第二步：问题总结，处理遗留问题。所有问题不可能在一个PDCA循环中全部解决，遗留的问题会自动转入下一个PDCA循环，如此，周而复始，螺旋上升。对于方案效果不显著的或者实施过程中出现的问题，进行总结，为开展新一轮的PDCA循环提供依据。

全面质量管理要求质量改进工作应该是持续的。所以，PDCA循环会被不断地应用，每一次应用都是在前一次改进基础上的超越，产品质量将跃上一个更高的台阶，如图5-3所示，PDCA循环有以下几个明显的特点：

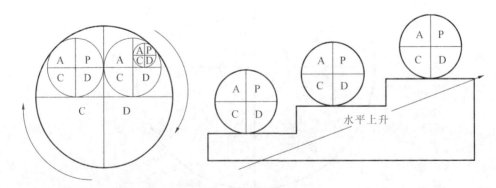

图5-3　PDCA循环的特点

① 大环套小环、小环保大环、推动大循环。

PDCA循环作为质量管理的基本方法，不仅适用于整个工程项目，也适应于整个企业和企业内的科室、工段、班组甚至个人。各级部门根据企业的方针目标，都有自己的PDCA循环，层层循环，形成大环套小环，小环里面又套更小的环。大环是小环的母体和依据,小环是大环的分解和保证。各级部门的小环都围绕着企业的总目标朝着同一方向转动。通过循环把企业上下或工程项目的各项工作有机地联系起来,彼此协同,互相促进。

② 不断前进、不断提高。

PDCA 循环就像爬楼梯一样,一个循环运转结束,生产的质量就会提高一步,然后再制定下一个循环,再运转、再提高,不断前进、不断提高。

③ PDCA 循环得以持续运转并不断提高的关键在于 A 阶段。

④ PDCA 是一个综合性的循环,每个阶段并非截然分开,各阶段存在交叉,实际是边计划边实施,边检验边总结边调整计划。

5.2 质量管理常用工具

5.2.1 分层法

分层法又称数据分层法、分类法、分组法、层别法。就是把性质相同的问题点和在同一条件下收集的数据归纳在一起,以便进行比较分析,分层法是统计分析方法之一。因为在实际生产过程中影响质量变动的因素很多,如果不把这些因素区别开来就难以得出变化的规律,分层可根据实际情况按多种方式进行。然而,分层的原则是一样的,即同一层次的数据波动(意见和观点差别)幅度尽可能小,而层与层之间的差别尽可能大。这样才能达到归类汇总的效果。现场处理数据往往按照以下标志分层。

人员:可按照部门别、车间别、班组别、男女别、工龄别、年龄别、岗位别、职务别、性格别等分层。

机器:可按照编号别、制造商别、新旧别、自动/手动别、调整/修理前后别、机种别、使用的夹具/工具别等分层。

材料:可按照品名别、型号别、规格别、产地别、品牌别、形状别、材质别、批次别、成分别、尺寸别等分层。

方法:可按照尺寸别、抽样别、场所别、用途别、工艺别、温度/电流/电压/速度等条件别进行分层。

测量:可按照测量设备别、测量方法别、测量人员、测量取样方法别、环境条件别等分层。

时间:可按照不同的班次别、日期别等分层。

环境:可按照噪音别、照明别、温度别、湿度别、气候别、季节性别等分层。

其他:可按照地区别、使用条件别、缺陷部位别、缺陷内容别等分层。

【例 5.1】 某自动焊接工序由于焊接缺陷造成漏气,从而影响产品质量。现场抽取 100 件产品,发现有 80 个焊点漏需要返修。DPU=0.8(单位产品的缺陷数),分析认为,造成缺陷的原因有两个:

(1) 焊环来自不同厂家,目前有 A,B,C 三个厂家。按焊环厂家分层,其分层结果如表 5-1 所示。

表 5-1　按焊环厂家分层

焊环	产品数	有缺陷	DPU
A	25	23	0.92
B	35	30	0.86
C	40	27	0.675
合计	100	80	0.8

（2）铜管有两种：光管和螺纹管按铜管类型分层，其分层结果如表 5-2 所示。

表 5-2　按铜管类型分层

铜管	产品数	有缺陷	DPU
光管	40	45	1.125
螺纹管	60	35	0.583
合计	100	80	0.8

通过单一分层似乎可以判定，应采用 C 厂家的焊环和螺纹铜管。但实际结果表明，这样做 DPU 反而增加，如表 5-3 所示。

表 5-3　同时按焊环厂家和铜管类型分层

焊环	铜管					
	光管			螺纹管		
	产品数	缺陷数	DPU	产品数	缺陷数	DPU
A	10	19	1.9	15	4	0.267
B	15	25	1.67	20	5	0.2
C	15	1	0.067	25	26	1.04
合计	40	45	1.125	60	35	

结论：对于螺纹管，采取 A 和 B 厂家的焊环；对于光管，采用 C 厂家的焊环。

5.2.2　调查表法

调查表（data-collection form）又称检查表、核对表、统计分析表，是通过收集被调查对象的各种有关资料进行分析、相互比较以了解其心理活动的方法。调查法的形式是多种多样的，访谈、调查有关材料及问卷等都属于调查法。在应用实践中，还可根据收集数据的目的和数据类型，自行设计所用的表格。在现场质量管理中，常用的调查表有不合格品分项调查表、缺陷位置调查表、频数分布表等。例如，要调查某产品的不合格项可按照其种类、原因、工序、部位或内容等情况进行分类记录，能简单、直观地反映出不合格品的分布情况，如表 5-4 所示。

表 5-4　不合格分项调查表

	检查表		
产品名称：_____		日期：_____	
制造阶段：最后检验		工段：_____	
次品类型：疤,不完整,裂缝,外观不良		检验员姓名：_____	
_____		批号：_____	
检验总数：1633		顺序号：_____	
备注：各项检验完毕			

类　型	登　记	小　计
表面有疤	XXXXXXXX	17
裂缝	XXXXXXXX	11
不完善	XXXX	26
外观不良	X	3
其他		5
共计：		62
返工件共计：		42

5.2.3　排列图

排列图又称为柏拉图,由此图的发明者 19 世纪意大利经济学家柏拉图(Pareto)而得名。柏拉图最早用排列图分析社会财富分布的状况,后来人们发现很多事物都服从这一规律,于是称之为 Pareto。美国品质管理专家朱兰博士运用柏拉图的统计图加以延伸,将其用于品质管制分析和寻找影响质量主要因素的一种工具,其形式用双直角坐标图表示,左边纵坐标表示频数(如件数金额等),右边纵坐标表示频率(如百分比表示)。横坐标表示影响质量的各项因素,按影响程度的大小(即出现频数多少)排列。折线图表示累计频数,通过对排列图的观察分析可抓住影响质量的主要因素,以下述例题说明排列图的具体画法。

【例 5.2】　为分析某厂加工曲轴报废上升的原因,对 222 件废品进行了分类统计,试找出主要影响因素,说明作图方法。

(1) 收集数据:收集加工曲轴报废数据。

(2) 按不合格产品频数由高到低顺序列表,"其他"例外,如表 5-5 所示。

表 5-5　不合格比率及累计不合格百分比

序号	原因	频数/件	累计频数	百分比	累计百分比
1	曲轴轴颈尺寸小	156	156	70.3	70.3
2	开档大	31	187	14	84.3
3	动平衡超差	19	206	8.6	92.9
4	轴向尺寸超差	5	211	2.2	95.1
5	曲拐半径小	3	214	1.3	96.4
6	轴颈表面伤痕	2	216	0.9	97.3
7	其他	6	222	2.7	100
总计		222		100	

(3) 计算不合格比率及累计不合格百分比,填入表 5-5 中。

(4) 作图:如图 5-4 所示,用一个横坐标,两个纵坐标表示,根据曲轴报废原因频数大小按高低顺序排列("其他"项除外),由长方形和一条累计百分比折线组成。其中,左边纵坐标表示报废原因的频数,右边纵坐标表示报废原因的百分比,横坐标表示统计到的所有报废原因,按影响程度的大小(即出现频数的多少),从左到右,由高到低排列,折线表示报废原因的累计百分比。

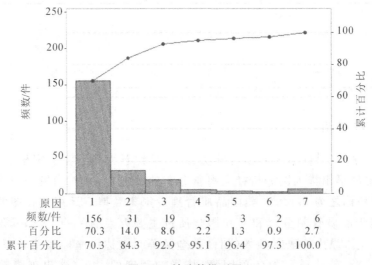

图 5-4　缺陷数排列图

(5) 确定关键的少数。

A 类因素(主要因素,关键的少数):0~80%,1~2,不超过 3。

B 类因素(次要因素):累计百分比 81%~90%。

C 类因素(一般因素):累计百分比 91%~100%,数量多,对质量的影响少。

由图可看出:曲轴轴颈尺寸小为 A 类因素;开档大是 B 类因素。

5.2.4 因果图

1. 定义

因果图(cause and effect diagram)又称鱼骨图(fishbone diagram),在质量工程中,根据发现的质量问题(如通过排列图确定的主要问题),确定所有可能的原因,并分析确定主要原因的一种质量工程方法。该方法由日本质量控制兼统计专家石川馨(Kaoru Ishikawa)教授发明。石川馨教授,任教于日本东京大学,他是日本杰出的质量工程大师,1943 年他首次运用鱼骨图帮助川崎钢铁厂的工程师们理解造成生产问题的各因素之间是如何关联的。因此,因果图往往还被称为石川图(Ishikawa Diagram)。

2. 方法流程

因果图方法工作流程如图 5-5 所示。

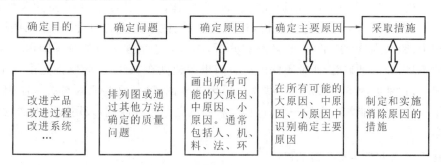

图 5-5 因果图方法工作流程

3. 鱼骨图绘制

绘制鱼骨图分两个步骤:首先分析问题的原因/结构,然后绘制鱼骨图。

1) 分析问题原因/结构

(1) 针对问题,确定大原因类别(如人、机、料、法、环等)。

(2) 按"头脑风暴法"(brainstorming,一种通过集思广益、发挥团队智慧,从各种不同角度找出问题所有原因或构成要素的一种研讨会。"头脑风暴"有四大原则:严禁批评、自由奔放、多多益善、搭便车),分别对各类因素进行分析,识别确定所有可能的原因。

(3) 将找出的各要素进行归类、整理,明确其从属关系。

(4) 分析选取重要因素。

(5) 检查各要素的描述方法,确保语法简明、意思明确。

分析要点:(a) 确定大原因(大骨)时,现场作业一般从"人、机、料、法、环"着手,管理类问题一般从"人、事、时、地、物"层别,应视具体情况决定;(b) 大原因必须用中性词描述(不说明好坏),中、小要因必须是可能导致问题出现的因素,必须使用价值判断(如操作工技术不稳定等);(c) "头脑风暴"时,应尽可能多而全地找出所有可能的原因,而不仅限于自己能完全掌控或正在执行的内容。特别是对人的原因,宜从行动而非思想态度面着手分析;(d) 小原因和中原因之间若有直接的"原因—问题"关系,对"原因—问题"的层层分析,应保证最后引出显而易见的对策;(e) 如果某种原因可同时归属于两种或两种以上因素,以相关性最强者为准;(f) 选取主要原因时,不要超过 7 项。

2) 绘图过程

(1) 填写鱼头(矩形框,描述问题要点),画出主骨。

(2) 画出大骨,填写大原因(大因素)。

(3) 画出中骨、小骨,填写中小原因。

(4) 用特殊符号标识主要因素。

要点:绘图时,应保证大骨与主骨成 60°夹角,中骨与主骨平行。鱼骨图画法如图 5-6 所示。

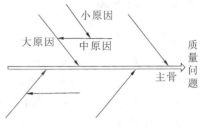

图 5-6 鱼骨图画法

4. 特点

因果图能够全面考虑造成问题的所有可能的原因,而不是只看那些显著的表面原因。通过结构性的工作方法,找出造成问题的主要原因。鼓励团队参与,运用集体智慧,关注因果分析,没有不相干的抱怨或争论,运用有序的、便于阅读的图表格式阐明因果关系。项目过程中,团队成员个人的学习、理解和分析,亦有利于增强组织的流程知识。能够发现工作中的不足,如信息缺乏、研究不深入等。因果图建立在"每一个问题都是由一定数量的原因造成的,这些原因本身又是由一些次级原因造成的;区别这些原因与次级原因,是解决问题的第一步,且是非常有用的一步"这样一种行为哲学上。因此,采用这种方法,必须首先信任科学。

5. 质量工程中两类重要因果图

1) 纠正型因果图:这种因果图可以对现实存在的问题进行分析,找到现实原因,采取纠正措施,防止再次发生此类质量问题。

2) 预防型因果图:这种因果图可以对潜在问题(将来可能会发生的问题)进行分析,找到潜在原因,采取预防措施,防止发生质量问题。

因此可以将因果图划分为纠正型因果图和预防型因果图。纠正型因果图是在出现问题后所采取的一种质量工程方法;而预防型因果图是在问题还处于萌芽状态时,消除问题萌发的温床,防止问题的出现。因此,预防型因果图更具有质量控制意义,应大力提倡。纠正型因果图和预防型因果图只是意义不同,在方法步骤上是一致的,但是在绘制因果图时,应该将"问题"更改为"潜在问题","原因"更改成"潜在原因"。

6. 因果图法应用要点

(1) 查找要解决的现实问题或潜在问题。

(2) 把问题写在鱼骨的头上。

(3) 召开头脑风暴会议,共同讨论导致问题出现的可能原因,尽可能多地找出问题。

(4) 把相同的问题分组,在鱼骨上标出。

(5) 根据不同问题征求大家的意见,总结出正确的原因。

(6) 对于任何一个问题,研究为什么会产生这样的问题。

(7) 针对问题的答案再问为什么,这样至少深入 5 个层次(连续问 5 个问题)。

(8) 当深入到第 5 个层次后,问题已经"水落石出"了,则列出这些问题的原因,然后列出至少 20 个解决问题的方法,择关键有效的方法采取行动。

7. 因果图法应用案例

在5.2.3节排列图的案例中列出了曲轴报废的主要问题是曲轴轴颈尺寸小,可以用因果图方法寻找导致主要问题的主要原因。如,对于"曲轴轴颈尺寸小"的问题,以"为什么曲轴轴颈尺寸小"为鱼头,按人、机、料、法、环类别逐层进行分析,得到如图5-7所示的因果图。

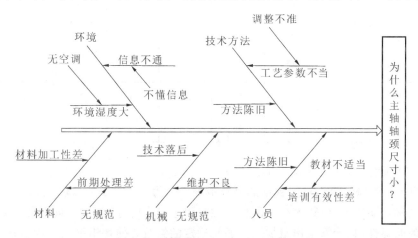

图5-7 主轴轴颈尺寸小问题的因果图

通过对分层法、调查表法、排列图法和因果图法的介绍,可以发现这几种方法具有紧密的依存关系,也有人把他们称为解决质量问题的一组程序。分层法是基础、可以科学合理地获取数据;调查法可以把质量数据进行归纳和运算,是排列图的基础;排列图可以发现主要问题,是因果图的基础;因果图利用排列图对问题排列的结果进行分析,为制定解决问题的对策提供依据。因此,一些质量工程方法需要联合运用。人们所说的"二图一表法"即排列图、因果图、措施表(对策表),排列图"列问题",因果图"找原因",对策表"定措施"。

5.2.5 直方图

直方图(histogram)是频数直方图的简称。一般用于加工阶段,它是把实际加工过程中测试得出的数据按一定的组距加以分组归类做出直方图,然后与设计规格的公差范围对比,判断生产过程是否稳定。其形式是用一系列宽度相等(表示数据范围的间隔),高度不等(表示在给定间隔内的数据数)的长方形表示。以下通过一个实例来说明直方图的绘制方法。

1. 直方图画法

【例5.3】 某工厂生产的产品,重量值是其质量特性之一,标准要求为1000±0.50(g)。用直方图分析产品的重量分布情况。

(1) 收集数据:收集生产稳定状态下的产品100个,测定其重量得到100个数据(或收集已经测定过的数据100个),列入表5-6中。

表5-6 产品重量数据表　　　　　　　　　　　　　　　　　　　　　单位:g

43	28	27	26	33	29	18	24	32	14
34	22	30	29	22	24	22	28	48	1
24	29	35	36	30	34	14	42	38	6

续表

28	32	22	25	36	39	24	18	28	16
38	36	21	20	26	20	18	8	12	37
40	28	28	12	30	31	30	26	28	47
42	32	34	20	28	34	20	24	27	24
29	18	21	46	14	10	21	22	34	22
28	28	20	38	12	32	19	30	28	19
30	20	24	35	20	28	24	24	32	40

(2) 计算极差(R):$R=X_{\max}-X_{\min}=48-1=47$。

(3) 确定组数(k):将收集的数据的分布范围划分为若干个(k)区间(组)。

组数的确定要适当,组数太少会因代表性差引起较大的计算误差;组数太多会影响数据分组规律的明显性,且计算工作量加大。通常确定的组数要使每组平均至少包括4~5个数据。一般以 10 个组为宜。

(4) 计算组距(h):$h=$极差/组数$=R/k=47/10=4.7\approx 5$。

(5) 组距一般取测量单位的整数倍以便于分组。在不违背分组原则的基础上,组距尽量取奇数,避免数据"踩线"(数据落在组的边界上),以便于组界的划分。

(6) 计算各组的界限值:为了避免出现数据值与组的边界值重合而造成频数计算困难的问题,组的界限值(边界值)单位应取最小测量单位的1/2,即比测量精度高一倍。

分组时应把数据表中的最大值和最小值都包括在内。

界限值单位$=1\times 1/2=0.5$

第一组下限值$=$最小值$-$界限值单位$=1-0.5=0.5$

第一组上限值$=$第一组下限值$+$组距$=0.5+5=5.5$

第二组下限值$=$第一组上限值$=5.5$

第二组上限值$=$第二组下限值$+$组距$=5.5+5=10.5$

以此类推算出各组的界限值。

一般公式表示为

$$\left.\begin{array}{l}x_{(i+1)L}=x_{iU}\\x_{(i+1)U}=x_{(i+1)L}+h\\x_{(i+1)}=(x_{(i+1)L}+x_{(i+1)U})/2\end{array}\right\} \quad (5\text{-}1)$$

以 x_i 表示组的代表值,以 x_{iL} 代表组的下限值,x_{iU} 代表组的上限值。

(7) 计算各组的组中值 X_i:各组的下限值与上限值的平均值称为该组的组中值。

(8) 统计频数 f_i:落在各组中的数据的个数称为频数。

(9) 编制频数分布表,如表 5-7 所示。

表 5-7 产品重量频数分布表

组号	组的界限值	组中值	频 数 记 录	频数统计
1	0.5~5.5		/	1
2	5.5~10.5		///	3
3	10.5~15.5		始始/	6
4	15.5~20.5		始始始始	14
5	20.5~25.5		始始始始始	19
6	25.5~30.5		始始始始始始始//	27
7	30.5~35.5		始始始始	14
8	35.5~40.5		始始	10
9	40.5~45.5		///	3
10	45.5~50.5		///	3
合　计				100

(10) 计算平均值、标准差。

$$平均值: X = (X_1 + X_2 + X_3 + \cdots + X_n)/n \tag{5-2}$$

$$标准差: s = \sqrt{\frac{\sum(x_i - x)^2}{n-1}} \tag{5-3}$$

(11) 绘制直方图。

① 以频数为纵坐标,以质量特性值为横坐标,画出坐标。

② 纵坐标最大点高度等于横轴长度的 0.5~2 倍。

③ 在横坐标上面画出公差线并标出公差范围(T),公差下限与原点间稍留一些距离,以方便看图。

④ 以组距为底,频数为高画出各组的长方形。横坐标上第一组的起点位置不必与原点重合,也不必按实际数值定,可在第一组的起点位置和原点之间采用打断符号,这样就不会因第一组起点位置数值较大时,使整个图形过于右偏,如图 5-8 所示。

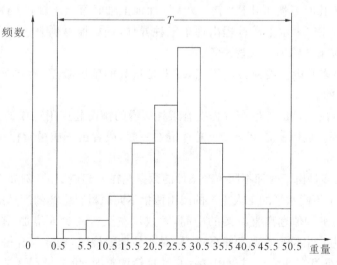

图 5-8　产品质量的直方图

2. 直方图分析

通过直方图的形状(见图5-8)判断生产过程是否有异常。对直方图有些参差不齐不必太注意,主要应着重于图形的整个形状。常见的直方图形状大体上有7种,如图5-9所示。

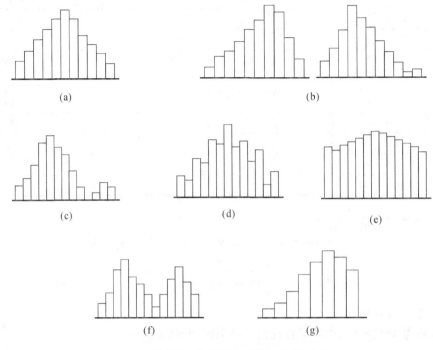

图 5-9　常见直方图的形状

(a) 对称型　(b) 偏态型　(c) 孤岛型　(d) 锯齿型　(e) 平顶型　(f) 双峰型　(g) 陡壁型

(1) 对称型:在正常生产条件下,许多质量指标呈现这种状态,图形呈中间高,两边低,左右对称。

(2) 偏态型:常见两种形状,一种是峰偏在左边,另一种是峰偏在右边。造成这种图形的原因是多方面的,有时是剔除了不合格品后所作的图形,也有的是因质量特性值的单侧控制造成的,如加工孔时习惯于孔径"宁小勿大",而加工轴时习惯于轴径"宁大勿小"。

(3) 孤岛型:往往表示生产过程出现了某种异样,例如原材料发生了明显变化,生产过程发生了变化,有不熟练的工人替班等。

(4) 锯齿型:多是因为测量方法不当,或者是量具的精度较差,也可能是因绘制直方图时分组过多引起的。

(5) 平顶型:往往是由于生产过程中有某种缓慢的倾向起作用造成的,如刀具的不断磨损、操作者疲劳等。也可能是由于多个总体混在一起,或者由于质量指标在某个区间内均匀分布造成的。

(6) 双峰型:多是由于两种不同生产条件的数据混在一起造成的,例如将两台不同精度的机床生产的或两个不同水平的工人生产的或由两批不同原材料生产的产品的数据混合所致。

(7) 陡壁型:平均值远离直方图的中间,频数从左至右减少或增加,图形不对称。当过程能力不足时,为找出符合产品要求的产品,对产品全数检验,剔除不合格产品,绘制出的直方图往往呈现陡壁型。在生产过程中存在自动反馈调整时,也常呈现这种形状。

通过对照规格要求进行分析,可以了解过程能力和过程所处的状态,并可以发现原因,以进一步采取改进措施。

3. 直方图与质量标准比较

在生产过程中,如果所得到的直方图不是正常形状,就要分析其原因,采取相应措施。如果所得到的是正常型直方图,但零件有公差要求,此时,应将公差上限 T_U 和公差下限 T_L 用两条线在直方图上表示出来,并与直方图的分布进行比较,如图 5-10 所示。

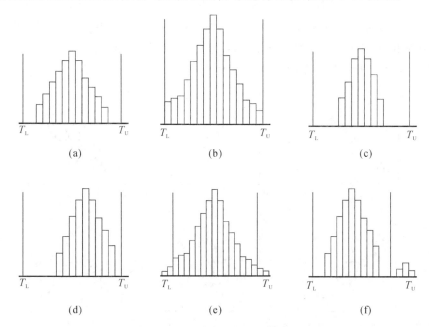

图 5-10　直方图与标准规格比较
(a) 直方图满足公差　(b) 直方图充满公差　(c) 直方图远离公差
(d) 直方图靠近上偏差　(e) 直方图双侧超差　(f) 直方图右侧超差

当直方图满足公差要求时:

(1) 现在的直方图充分满足公差要求,生产状况正常,不需要调整。

(2) 直方图能满足公差要求,但直方图的分布范围已充满整个规格界限。此时,存在更多出现不合格品的潜在危险,必须立即采取措施,以减少产品质量的波动。

当直方图不满足公差要求时:

(1) 必须采取措施,在保持产品质量波动的前提下,将质量特性分布中心调至接近公差规格的中心。

(2) 直方图的分布范围已超出规格界限,并已出现一定数量的不合格品。应立即采取措施,减小质量的波动,对产品实施全数检查,或适当放宽规格界限,以减小损失。

(3) 要同时采取(1)和(2)的措施,既要使平均值接近规格的中间值,又要减少产品质量的波动。

5.2.6　散布图

散布图法又叫相关图法、简易相关分析法。

在质量管理过程中,经常需要对一些重要因素进行分析和控制。这些因素大多错综复杂地交织在一起,它们既相互联系又相互制约,既可能存在很强的相关性,也可能不存在相关性。通过绘制散布图,因素之间繁杂的数据就变成了坐标图上的点,其相关关系就一目了然地呈现出来了。

在分析质量事故时,我们总是希望能够寻找到造成质量事故的主要原因,但影响产品质量的因素往往很多,有时我们只需要分析具体两个因素之间到底存在着什么关系。这时可将与这两种因素有关的数据列出来,并用一系列点标在直角坐标系上,制作成图形,以观察两种因素之间的关系,这种图就称为散布图,对它进行分析称为相关分析。

在散布图中,成对的数据形成点子云,研究点子云的分布状态,即可推出数据间的相关程度。研究相关关系必须包括相关性质(正相关、负相关)和相关程度(强相关、弱相关)两方面内容。成对的数据在平面直角坐标系形成点子云,点子云的形态可以表达出相关性质和相关程度。图 5-11 所示为散布图的典型图形。

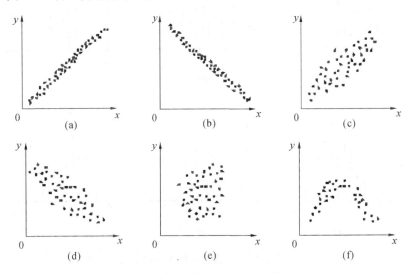

图 5-11　散布图的典型图形
(a) 强正相关　(b) 强负相关　(c) 弱正相关　(d) 弱负相关　(e) 不相关　(f) 非线性相关

5.3　质量管理七种新工具

质量管理的七种新工具是日本质量管理专家于 20 世纪 70 年代末提出的,主要运用于质量管理 PDCA 循环的 P(计划)阶段,用系统科学的理论和技术方法,整理和分析数据资料,进行质量管理。常用的质量控制方法主要运用于生产过程质量的控制和预防,七种新的质量控制工具与其相互补充。

5.3.1　系统图

1. 系统图的简要说明

当某一目的较难达成,一时又想不出较好的方法,或当某一结果令人失望,却又找不到根本原因时,建议应用质量管理七种新工具之一的系统图,通过系统图使复杂的问题简单化,问题也就迎刃而解了。

系统图就是为了达成目标或解决问题,以"目的—方法"或"结果—原因"层层展开分析,以寻找最恰当的方法和最根本的原因。系统图目前在企业界被广泛应用。系统图一般可分为两种,一种是对策型系统图(见图 5-12),另一种是原因型系统图(见图 5-13)。

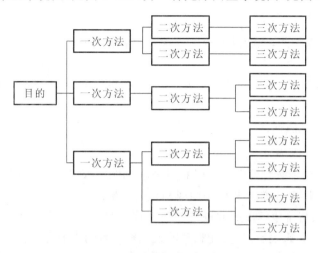

图 5-12　对策型系统图展开模式

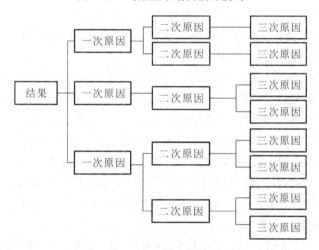

图 5-13　原因型系统图展开模式

2. 系统图的应用

在企业管理中或日常的学习生活中,我们都会碰到一些复杂的事情,这些复杂的事情可以透过系统图得到分析并解决。

系统图一般在以下情况下使用:

(1) 产品研制过程中设计质量的展开;

(2) 制定质量保证计划,对质量活动进行展开;

(3) 当作因果图使用;

(4) 目标、方针、实施事项的展开;

(5) 任何重大问题解决的展开;

(6) 明确各部门职能、管理职能;

(7) 对解决企业有关质量、成本、交货期等问题的创意进行展开。

在应用系统图时,应注意的事项:

(1) 下级使用的方法和工具应具体规定,并且提出实施对策和行动计划;

(2)针对改善对策需要进行有效评估,确保改善对策的有效性。

3. 系统图的特点

(1)对较为复杂一些,或涉及面较广的项目或目标,效果更易突出,很容易对事项进行展开。

(2)协调、归纳、统一成员的各种意见,把问题看得更全面,方法和工具可能选得更恰当有效。

(3)容易整理、观看时简洁、直观、明了。

4. 系统图法制作步骤

系统图是目前在企业内被广泛运用的图法,其制作步骤有以下9项:

(1)组成制作小组,选择有相同经验或知识的人员。

(2)决定主题:将希望解决的问题或想要达成的目标,以粗体字写在卡片上,必要的时候,以简洁精练的语句来表示,但要让相关的人能够了解句中的含义。

(3)记入所设定目标的限制条件,这样可使问题更明朗,而对策也更能依循此条件找出来,此限制条件可依据人、事、时、地、物、费用、方法等分开表示。

(4)第一次展开,讨论出要达成目的的方法,将其可能的方法写在卡片上,此方法如同对策型因果图中的大要因。

(5)第二次展开,把第一次展开所讨论出来的方法当作目的,为了达成目的,哪些方法可以使用呢?讨论后,将它写在卡片上,这些方法则称之为第二次方法展开。

(6)以同样的要领,将第二次方法当成目的,展开第三次方法,如此不断地往下展开,直到大家认为可以具体展开行动,而且可以在日常管理活动中加以考核。

(7)制作实施方法的评价表,经过全体人员讨论同意后,将最后一次展开的各种方法依其重要性、可行性、急迫性、经济性进行评价,评价结果最好用分数表示。

(8)将卡片与评价表贴在白板上,经过一段时间(1小时或1天)后,再集合小组成员检查一次,看是否有遗漏或需要修正。

(9)系统图制作完毕后,须填入完成时的年、月、日、地点、小组成员及其他必要的事项。

5.3.2 关联图

关联图法,是指用连线图来表示事物相互关系的一种方法,也叫关系图法。如图 5-14 所示,图中各种因素 A、B、C、D、E、F、G 之间有一定的因果关系。其中 B 受到因素 A、C、E 的影响,它本身又影响到因素 F,而因素 F 又影响因素 C 和 G……这样,找出因素之间的因果关系,便于统观全局、分析研究以及拟订出解决问题的措施和计划。

关联图的用途,归纳起来,至少可用于以下几个方面。

(1)制定方针、目标和计划等;

(2)不合格品原因分析;

(3)开发研究质量故障对策;

(4)规划过程和活动的开展;

(5)用户索赔对象的分析;

(6)其他适用的领域和方面。

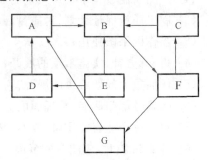

图 5-14 关联图

关联图是由基本几何元素连接而成的,如矩形框、箭头。关联图制作步骤如下。

(1) 确定与问题有关的因素;

(2) 用简明而确切的文字或语言对确定的因素予以描述;

(3) 把因素之间的因果关系,用箭头符号做出逻辑上的连接(不表示顺序关系,而是表示一种相互制约的逻辑关系);

(4) 根据图形讨论分析、复核和认可各种因素之间的逻辑关系;

(5) 确定重点,确定解决问题的着手点,并制定措施计划。

关联图中箭头的指向,通常应符合以下习惯。

(1) 对于原因-结果型关系的因素,箭头从原因指向结果(例如,原因→结果)。

(2) 对于目的-手段型关系的因素,箭头从手段指向目的(例如,手段→目的)。

关联图一般有以下四种结构形式。

(1) 中央集中型的结构特点是,最大限度地把重要项目、问题安排在图的中央位置,并将关系最密切的因素排在它的周围。

(2) 单向汇集型的关联图的结构特点是把重要项目、问题安排在右边或左边,并按因果关系将因素从左向右或从右向左排列。

(3) 关系表示型的关联图的结构特点是以各项目或各因素间的因果关系为主体的关联图。

(4) 应用型关联图,以上面三种图形为基础而形成关联图是应用型关联图。

日本科技联盟曾就公司开展全面质量管理应从何入手的问题进行调查,并根据获得的调查结果,确定了如下几个与开展全面质量管理有关系的因素。

(1) 确定方针、目标、计划。

(2) 思想上重视质量和质量管理。

(3) 开展质量管理教育。

(4) 定期监督检查质量与开展质量管理活动的情况。

(5) 明确管理项目和控制点。

(6) 明确领导的指导思想。

(7) 建立质量保证体系。

(8) 开展标准化工作。

(9) 明确评价标准尺度。

(10) 明确责任和权限。

(11) 加强信息工作。

(12) 全员参与。

(13) 研究质量管理的统计方法。

确定上述 13 项因素后,讨论分析确定了它们相互之间的因果关系,绘制出关联图(见图 5-15)。通过关联图分析,确定从第(1)项和第(6)项入手,解决进一步开展全面质量管理的问题。

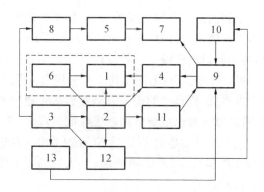

图 5-15 日本科技联盟关联图应用案例图

5.3.3 亲和图

1. 亲和图简要说明

亲和图法也称为 KJ 法(KJ method),由日本的川喜田二郎开发出的一种创造性问题解决方法,KJ 取自其姓氏的字头。KJ 法的做法是针对那些未来要解决的问题或未知、未接触过的领域的问题,收集与之有关的想法、意见等语言文字资料,并根据其内在的相互关系(亲和性)做成归类合并图,进而从中找出应解决的问题和明确问题的形态。KJ 法所使用的亲和图是按照头脑风暴法的思想设计的,并成为头脑风暴法的有效工具之一。

KJ 法具有与统计方法不同的鲜明特点,它属于问题发现型,而非假设检验型。该方法对收集到的语言文字资料侧重于综合分析和分层,主要用感情、灵感等来归纳问题,无须量化,这一点也是它与其他几种工具的区别之处。

2. 亲和图法的应用

一般来说,任何一个事件都有多种因素影响它、左右它,或多个事件有多个因素影响它、左右它,我们可以运用亲和图来理顺这些关系。以下情况都可以使用亲和图:

(1) 用于掌握各种问题重点,想出改善对策;

(2) 讨论未来问题时,希望获得整体性的架构(如本公司应如何导入 TQM);

(3) 讨论未曾经历之问题时,借此吸收全体人员看法,并获知全貌,例如:开发新产品时、做市场调查和预测时;

(4) 针对以往不太注意的问题,而从新的角度来重新评估时;

(5) 获取部属的心声,并教育部属,贯彻公司方针。

3. 亲和图的特点

(1) 从混淆的事件或状态中,采集各种资料,将其整合并理顺关系,以便发现问题的根源;

(2) 打破现状,让所有相关人员产生新的统一;

(3) 掌握问题本质,让有关人员明确认识;

(4) 团体活动,对每个人的意见都采纳,提高全员参与意识。

4. 亲和图法制作步骤

亲和图的制作较为简单,没有复杂的计算,个人亲和图主要与人员有很大关系,重点是列清所有项目,再加以整理;而团队亲和图则需要发动大家的积极性,把问题与内容全部列出,再共同讨论整理。一般按以下九个步骤进行:

(1) 确定主题,主题之选定可采用以下几点的任意一点:对没有掌握好的杂乱无章的事物以求掌握;将自己的想法或小组想法整理出来;对还没有理清的杂乱思想加以综合归纳整理;打破原有观念重新整理新想法或新观念;读书心得整理;小组观念沟通。

(2) 针对主题进行语言资料的收集,方法有:直接观察法(利用眼、耳、手等直接观察);文献调查法;面谈调查法;个人思考法(回忆法、自省法);团体思考法(头脑风暴法、小组讨论法)。

(3) 将收集到的信息记录在语言资料卡片上,语言文字尽可能简单、精练、明了。

(4) 将已记录好的卡片汇集后充分混合,再将其排列开来,务必一览无遗地摊开,接着由小组成员再次研读,找出最具亲和力的卡片,此时由主席引导效果更佳。

(5) 小组感受资料卡所想表达的意思,将内容恰当地予以表现出来,写在卡片上,我们称此卡为亲和卡。

(6) 亲和卡制作好之后,以颜色区分,用回形针固定,放回资料卡堆中,与其他资料卡一样当作是一张卡片来处理,继续进行卡片的汇集、分群。如此反复进行步骤5的作业。亲和卡的制作是将语言的表现一步步提高到它的抽象程度,在汇集卡片的初期,要尽可能地具体化,然后一点一点地提高抽象度。

(7) 将卡片进行配置排列,把一张张的亲和卡依次排在大张纸上,并将其粘贴、固定。

(8) 制作亲和图,将亲和卡和资料卡之间的相互关系,用框线连接起来。框线若改变粗细或用不同颜色描绘的话,会更加清楚。经过这8个步骤所完成的图,就是亲和图。当资料卡零散时会造成混淆,如果完成亲和图,便可清晰地理顺其关系。

(9) 亲和图完成后,所有的相关人员共同讨论,进一步理清其关系,统一大家的认识,并指定专人撰写报告。

【例5.4】 某公司老是发生交期不准事件,屡次受到外部顾客的抱怨。请利用亲和图法寻找原因出自何处?提示目前收集到以下语言资料:1.包装错误;2.锅炉故障;3.设备老旧;4.物料延误;5.产品色泽太深;6.经常停电;7.停水;8.机器保养不周;9.原料贮存变质;10.设备操作不当;11.人员疲劳;12.工作环境差;13.人员不足;14.人员流动高;15.订单日期太近;16.订单临时增加;17.通知生产太迟;18.产品重量不符,等等。如图5-16所示为亲和图完成后的效果。

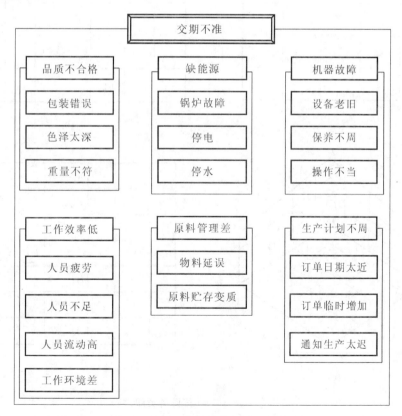

图 5-16 交期不准亲和图分析法

5.3.4 矩阵图

1. 矩阵图(matrix-diagram)的简要说明

从问题事项中,找出成对的因素群,分别排列成行和列,找出其间行与列的相关性或相关程度的大小的一种方法。在目的或结果都有两个以上,而要找出原因或对策时,用矩阵图比其他图方便。

矩阵图着眼于由属于行的要素与属于列的要素所构成的二元素的交点:
① 从二元的分配中探索问题的所在及问题的形态;
② 从二元的关系中探求解决问题的构想。

在行与列的展开要素中,要寻求交叉点时,如果能够取得数据,就应依定量方式求出;如果无法取得数据时,则应依经验转换成信息,再决定之,所以决策交叉点时,以全员讨论的方式进行,并能在矩阵图旁注上讨论的成员、时间、地点及数据取得的方式等,以便使用参考。

矩阵图凭借交点作为"构想重点"有效地解决问题。它依其所使用的形态可分类为:L型矩阵图、T型矩阵图、Y型矩阵图、X型矩阵图,如图5-17所示。

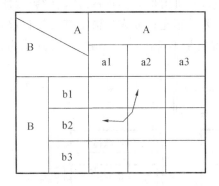

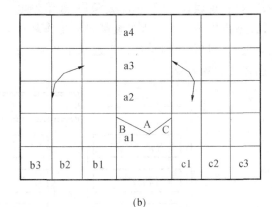

(a)　　　　　　　　　　　　(b)

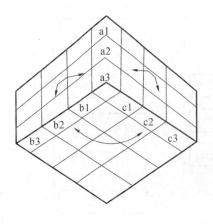

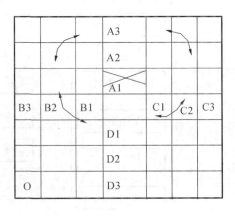

(c)　　　　　　　　　　　　(d)

图 5-17　矩阵种类图

(a) L型矩阵图　(b) T型矩阵图　(c) Y型矩阵图　(d) X型矩阵图

(1) L 型矩阵图。它是最基本也是最普遍的矩阵图。L 型矩阵图可用于表达目的与手段或对策之间的对应关系,也可用来表示结果与原因的关联性,是由 A 群要素与 B 群要素对应构成的。

(2) T 型矩阵图。它由两个 L 型矩阵图合并而得,其一是由 A 群要素与 B 群要素对应而成,其二是由 A 群要素与 C 群要素对应而成,两个 L 型矩阵图组合成 T 型状态,故称为 T 型矩阵图。

(3) Y 型矩阵图。Y 型矩阵图是由三个 L 型矩阵图组合而成,分别是 A、B 群要素对应,A、C 群要素对应与 B、C 群要素对应的 L 型矩阵图。它说明了在这三个 L 型矩阵图的三组要素 A、B、C 之间的相互对应情形,其做法、看法与 T 型矩阵图类似,但多了一组 B、C 群要素的对应关系,也因此由 T 型矩阵图的平面图形变成 Y 型矩阵图的立体图形。

(4) X 型矩阵图。它由 A 对应 B、B 对应 C、C 对应 D、D 对应 A 四个 L 型矩阵图组成。X 型矩阵图不常用。

2. 矩阵图的应用

矩阵图应用比较广泛,一般应用于以下几种情况:

(1) 竞争对手分析时;
(2) 新产品策划时;
(3) 探索新的课题时;
(4) 方针目标展开时;
(5) 明确事件关系时;
(6) 纠正措施排序时。

3. 矩阵图特点

(1) 透过矩阵图的制作与使用,可以累积众人的经验,在短时间内整理出问题的头绪或决策的重点;

(2) 各种要素之间的关系非常明确,能够使我们掌握到全体要素的关系;

(3) 矩阵图可根据多元方式的观察,将潜伏在内的各项因素显示出来。在系统图、关联图、亲和图等手法已分析至极限时使用;

(4) 矩阵图依据行和列的要素分析,可避免一边表现得太抽象,而另一边又太详细的情形发生。

4. 矩阵图制作步骤

以 L 型矩阵图为例,针对"工厂利润降低"的问题来制作矩阵图,如图 5-18 所示。

(1) 针对"工厂利润降低"的问题,运用系统图,找出一次、二次、三次原因,并就第三次原因制定对策;

(2) 将第三次原因及对策排入 L 型矩阵图中;

(3) 依相关程度(即此项对策与每项原因的关联性)设定对应评比分数;

(4) 各项对策分数加总后,取最高的三项,作为改善决策,并标出来,完成决策矩阵图。

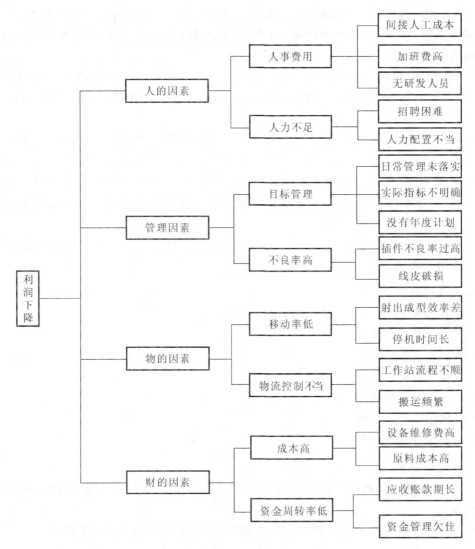

图 5-18 矩阵图示例

5.3.5 箭条图

箭条图法，又称矢线图法。它是计划评审法在质量管理中的具体运用，使质量管理的计划安排具有时间进度内容的一种方法。

箭条图法的工作步骤如下。

(1) 调查工作项目，把工作项目的先后次序，由小到大进行编号。

(2) 用箭条"→"代表某项作业过程，如⓪→①、①→②等。箭杆上方可标出该项作业过程所需的时间数，作业时间单位常以日或周表示。

可用经验估计法求出各项作业过程所需的时间。通常，作业时间按三种情况进行估计：乐观估计时间，用 a 表示；悲观估计时间，用 b 表示；正常估计时间，用 m 表示。则经验估计作业时间 $=(a+4m+b)/6$，这种经验估计法，又称三点估计法。

例如，对某一作业过程的时间估计 a 为 2 天，b 为 9 天，m 为 4 天。则用三点估计法求得的作业时间为 $(2+4\times4+9)/6=4.5$(天)。

(3) 画出箭条图。假定某一箭条图,如图 5-19 所示。

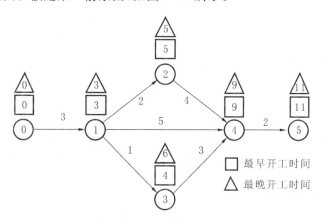

图 5-19 箭条图法示意图

(4) 计算每个结合点上的最早开工时间。某结合点上的最早开工时间,是指从始点开始顺箭头方向到该结合点的各条路线中,时间最长的一条路线的时间之和。例如,经过图 5-19 的结合点④,有 3 条路线,这 3 条路线的时间之和,分别为 9,8,7。所以,结合点④的最早开工时间为 9,通常可写在方框内表示。其他各结合点最早开工时间的计算同理可得。

(5) 计算每个结合点上的最晚开工时间。某结合点上的最晚开工时间,是指从终点逆箭头方向到该结合点的各条路线中时间差最小的时间,如图 5-19 中的结合点①,从终点到①有 3 条路线,这 3 条路线的时间差分别为 3,4,5。所以,结合点①的最晚开工时间为 3。通常可将此数写在三角形内表示。其他各结合点的最迟开工时间计算同理可得。

(6) 计算富余时间,找出关键线路。富余时间,是指在同一结合点上最早开工时间与最晚开工时间之间的时差。有富余时间的结合点,对工程的进度影响不大,属于非关键工序。无富余时间或富余时间最少的结合点,就是关键工序。把所有的关键工序按照工艺流程的顺序连接起来,就是这项工程的关键线路。在图 5-19 中,⓪→①→②→④→⑤就是关键路线。

5.3.6 PDPC 法

PDPC 法(process decision program chart)又称为过程决策程序图法。它是在制定研制计划阶段,对计划执行过程中可能出现的各种障碍及结果做出预测,并相应地提出多种应变计划的一种方法,如图 5-20 所示。

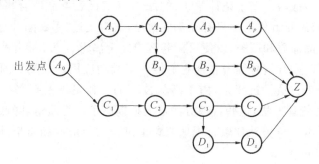

图 5-20 过程决策程序图

在图 5-20 中，为了将较高不合格品率 A_0 降低到可接受的范围 Z，计划采取两条途径实现目标，即 A_0—A_1—A_2—…—Z 和 A_0—C_1—C_2—…—Z。

由于技术或管理上的原因，要实现措施 A_3 有不少困难。于是，从 A_2 开始制定出应变计划（即第二方案）经 A_1—A_2—B_1—B_2—…—B_q 到达 Z 目标。在另一条路径中 C_r 的实现有困难，因此也策划了第二方案，即经 C_1—C_2—C_3—D_1—D_s 到达 Z 目标。这样，当前面的活动计划遇到问题，难以实现 Z 水平时，仍能及时采用后面的活动计划，达到 Z 的水平。

当在某点碰到事先没有预料到的问题时，就以此点为起点，根据新情况，重新考虑制定新的活动计划，并付诸实施，以求达到最终目标 Z。

5.3.7 矩阵数据分析法

这种方法与矩阵图法类似，区别在于矩阵数据分析法不是在矩阵图上填图形符号，而是填数据，形成一个数据分析矩阵。这种方法属于定量分析，而矩阵图往往属于定性分析（但如果图形符号代表数据，则是定量分析）。矩阵数据分析法往往需要借助电子计算机来求解。矩阵数据分析见表 5-8。

表 5-8 矩阵数据分析表

		R					
		R_1	R_2	…	R_i	…	R_m
L	L_1	5	9	…	14	…	18
	L_2	35	57	…	89	…	100
	⋮	⋮	⋮	…	⋮	…	⋮
	L_i	35	78	…	98	…	56
	⋮	⋮	⋮	…	⋮	…	⋮
	L_n	74	328	…	376	…	93

5.4 六西格玛系统改进方法

六西格玛（6σ）管理是由美国摩托罗拉公司在 1987 年创立的，是一种提升客户忠诚度并持续降低经营成本的综合管理体系、发展战略和管理方法，并借助于统计、IT、流程等技术与工具来实现其发展战略。基于统计学上的原理，"6σ"代表着品质合格率达 99.9997% 及以上。换句话说，每一百万件产品只有 3.4 件次品，非常接近"零缺陷"的要求。六西格玛计划要求不断改善产品品质和服务，以使目标和客户完全满意。三十余年来，六西格玛管理在摩托罗拉、通用电气、联合信号等著名企业中得到了成功应用。世界范围内，许多行业的组织都在应用这种管理方法。近年来，由于高新技术的飞速发展及新兴行业的需求，出现了 8σ、10σ，甚至 12σ 的管理方法，这些管理方法极大地提高了过程质量，降低了产品不合格率，但是增加了生产成本。6σ 方法比较合理地兼顾了过程的经济性和质量，所以得到了更广泛的应用。

5.4.1 六西格玛质量的含义

"σ"在统计学上用来表示数据的离散程度。对连续可计量的值,用"σ"量度质量特征总体上对目标值的偏离程度。"σ"前的系数在统计学中表示概率度,即 σ 水平。系数越小,过程质量特性的分布就越集中于目标值,此时过程输出质量特性落到上下控制界线以外的概率就越小,这就意味着出现缺陷的可能性越小。

六西格玛管理是通过对组织过程的持续改进、不断提高顾客的满意程度、降低经营成本来提升组织盈利能力和竞争力水平的。之所以将这种管理方式命名为"六西格玛管理",目的是要体现其核心理念,即以"最高的质量、最快的速度、最低的价格"向顾客或市场提供产品和服务。六西格玛质量水平是一个很高的标准。在六西格玛管理中,不断寻求提高过程能力的机会,通过过程改进使其不断优化,逐步提高过程输出结果与顾客要求和期望的接近程度,在提升顾客满意度的同时大量减少由于补救缺陷引起的浪费,使组织与顾客得到双赢。六西格玛管理与全面质量管理既有一些共同点,又有很多不同之处,两者的具体比较如表 5-9 所示。

表 5-9 六西格玛管理与全面质量管理的比较

六西格玛管理	全面质量管理
企业和客户的利益	企业利益
领导层的参与	领导层的领导
清晰且具挑战的目标	追求全面
跨职能流程管理	职能部门管理
瞄准核心流程	聚焦产品质量
绿带、黑带和黑带主管	全员
关注经济	关注技术

5.4.2 六西格玛质量的统计意义

理解六西格玛质量的统计定义似乎要比理解其含义困难一些,这需要一定的统计学知识。我们知道,产品或过程的规格界限(specification limits)实际上体现的是顾客的需求情况,它是指顾客对产品或过程的规格、性能所能容忍的波动范围。例如,快餐店公司为顾客提供送餐服务,顾客希望晚上 6:30 送到,但是顾客也会考虑到实际情况总会造成时间上出现一些误差,如送餐员送货任务的多少、交通便利情况等,因此双方协商达成了一个可以接受的时间区间,6:15 到 6:45 之间送到即可。在这项服务中,6:30 是顾客期望的标准规格,6:15 和 6:45 分别称为规格下限(lower specification limit,LSL)和规格上限(upper specification limit,USL)。送餐公司要采取相应的措施尽量保证可以准时将食物送到顾客手中,因为这样顾客感觉最为满意;然而在规格下限与上限的时间段内送到,顾客也能接受;但是如果送达时间落到了这个区间之外,我们可以说送餐公司产生了一次服务失误。

对顾客多次送餐的送达时间在统计图上呈现正态分布,如图 5-21 所示。

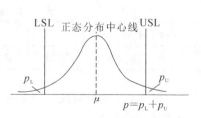

图 5-21 不合格品率

图中正态分布曲线的形状取决于该送餐公司的烹饪能力、设备、送餐人员能力等状况，反映的是送餐公司服务的整体水平。正态分布含有 μ 和 σ 两个参数，常记为 $N(\mu,\sigma^2)$。其中 μ 为正态均值，是正态曲线的中心，通常认为它正好与 LSL 和 USL 的均值重合。所度量的质量特性值在 μ 附近取值的机会最大。σ 表示测量值距离正态中心的距离单位，是过程变异在统计上的度量，也属于有关过程能力的技术范畴。而 LSL 和 USL 是人为制定的参数，因此它们与图形无关。产品的规范界限都是以文件的形式对产品和过程的特性所作的规定，这些规定可能是顾客要求、行业公认的标准、或是企业下达的任务书。无论哪种情况下，所测量的质量特性超出规范界限以外的都称为不合格。根据统计学知识，产品质量特性的不合格品率为

$$p = p_L + p_U \tag{5-4}$$

其中，P_L 为质量特性值 x 低于规格下限的概率，P_U 为质量特性值 x 高于规格上限的概率，即

$$p_L = p\{x < \text{LSL}\} = \phi(\frac{\text{LSL} - \mu}{\sigma})$$

$$p_U = p\{x > \text{USL}\} = 1 - \phi(\frac{\text{USL} - \mu}{\sigma}) \tag{5-5}$$

所以产品或过程的合格品率就为 $1-p$。

不合格品率通常用百分比（%）和千分比（‰）来表示。由这个结果来看，3σ 质量的合格率便达到 99.73% 的水平，不合格率只有 0.27%，又或者解释为每一千件产品只有 2.7 件为次品，很多人可能会认为产品或服务质量水平达到这样的水平已经非常令人满意。可是，根据埃文斯（Evans）和林赛（Lindsay）曾做的统计，如果产品达到 99.73% 合格率的话，以下事件便会继续在美国发生：

——每年有超过 15000 名婴儿出生时会被抛落在地上。
——每年平均有 9 h 没有水、电、暖气供应。
——每小时有 2000 封信邮寄错误。

这样的事情是我们所无法容忍的。对于每年要生产数以千万件产品，或提供上百万次服务的大企业来说，这样的合格率也不会让顾客和公司股东满意。对于高质量的产品生产和过程来说，用百分点这样表示的合格率还嫌单位过大，因此开始使用百万分点（10^{-6}）来表示每一百万个产品中的不合格品数量，记为 ppm。例如 3σ 质量过程的不合格品率可以表示为

$$p = p_L + p_U = 0.0027 = 2700 \text{ ppm}$$

表 5-10 给出了考虑过程漂移（正态分布中心与规格中心相距 1.5σ 时）后各个等级 σ 质量水平与不合格品率的对应关系。

表 5-10 σ 质量水平与不合格品率的对应关系

σ 质量水平	1σ	2σ	3σ	4σ	5σ	6σ
不合格品率/ppm	697700	308733	66803	6210	233	3.4

σ 质量水平也可以使用过程能力指数 C_p 和 C_{pk} 来衡量，它们之间的对应关系可以用下列基本等式来转换：

$$C_p = \frac{\text{USL} - \text{LSL}}{6\sigma} \tag{5-6}$$

$$C_{pk} = \min(\frac{\text{USL}-\mu}{3\sigma}, \frac{\mu-\text{LSL}}{3\sigma}) \tag{5-7}$$

一个 6σ 质量水平的过程转化为过程能力指数 C_p 和 C_{pk} 来衡量的话,分别是 2.0 和 1.5。

5.4.3 六西格玛管理的基本原则

1. 对顾客真正的关注

在西格玛管理中,以关注顾客最为重要。例如,对六西格玛管理绩效的评估首先就从顾客开始,六西格玛改进的程度是用其对顾客满意度所产生的影响来确定的,如果企业不是真正地关注顾客,就无法推行六西格玛管理。

2. 基于事实的管理

六西格玛管理从识别影响经营业绩的关键指标开始,收集数据并分析关键变量,可以更加有效地发现、分析和解决问题,使基于事实的管理更具可操作性。

3. 对流程的关注、管理和改进

无论是产品和服务的设计、业绩的测量、效率和顾客满意度的提高,还是在业务经营上,六西格玛管理都把业务流程作为成功的关键载体。六西格玛活动的最显著突破之一是使领导们和管理者确信"过程是构建向顾客传递价值的途径"。

4. 主动管理

六西格玛管理主张注重预防而不是忙于救火。在六西格玛管理中,主动性的管理意味着制定明确的目标,并经常进行评审,设定明确的优先次序,重视问题的预防而非事后补救,探求做事的理由而不是因为惯例就盲目地遵循。六西格玛管理将综合利用一系列工具和实践经验,以动态、积极、主动的管理方式取代被动应付的管理习惯。

5. 无边界合作

推行六西格玛管理,需要组织内部横向和纵向的合作,并与供应商、顾客密切合作,达到共同为顾客创造价值的目的。这就要求组织打破部门间的界限甚至组织间的界限,实现无边界合作,避免由于组织内部彼此间的隔阂和部门间的竞争而造成的损失。

6. 追求完美,容忍失败

任何将六西格玛管理法作为目标的组织都要朝着更好的方向持续努力,同时也要愿意接受并应对偶然发生的挫折。组织不断追求卓越的业绩,勇于设定六西格玛的质量目标,并在运营中全力实践。但在追求完美的过程中,难免有失败,这就要求组织有鼓励创新、容忍失败的氛围。

六西格玛管理是一个渐进过程,它从设立远景开始,逐步接近完美的产品和服务以及很高的顾客满意度目标,它建立在许多以往最先进的管理理念和实践基础上,为 21 世纪的企业管理树立了典范。

5.4.4 六西格玛管理的组织与培训

实施六西格玛管理,需要组织体系的保证和各管理职能的大力推动。因此,导入六西格玛管理时应建立健全组织结构,将经过系统培训的专业人员安排在六西格玛管理活动的相应岗位上,规定并赋予明确的职责和权限,从而构建高效的组织体系,为六西格玛管理的实施提供基本条件和必备资源。

1. 六西格玛管理的组织形式

六西格玛管理的组织系统一般分为 3 个层次,即领导层、指导层和执行层。领导层通常由倡导者(一般由企业高层领导担任)、主管质量的经理和财务主管组成六西格玛管理领导集团或委员会;指导层由本组织的技术指导或从组织外聘请的咨询师组成;执行层由执行改进项目的黑带和绿带组成。

各层次的管理活动可归纳如下:

(1) 领导层负责执行六西格玛管理的战略计划活动,内容包括制定六西格玛管理规划,提供资源,审核结果。

(2) 指导层负责执行六西格玛管理的战术活动,内容包括组织培训、指导项目、检查进度。

(3) 执行层负责执行六西格玛管理的作业活动,内容包括按 DMAIC(define 定义—measure 测量—analyze 分析—improve 改进—control 控制)方法开展项目改进活动。六西格玛管理的组织结构如图 5-22 所示。

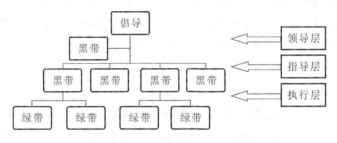

图 5-22 六西格玛管理的组织结构图

2. 六西格玛管理组织结构中的各职位描述

(1) 倡导者。倡导者一般由组织高级管理层组成,大多数为兼职,通常由分管质量的副总经理担任。倡导者的工作通常是战略性的,全面负责整个组织内六西格玛管理的组织和推行,其主要职责是部署六西格玛管理的实施战略,选择具体项目,分配资源,对六西格玛管理的实施过程进行监控,确认并支持六西格玛管理的全面推行。

(2) 绿带。绿带为兼职人员,通常由组织中各基层部门的骨干或负责人担任,他们在六西格玛管理中负责组织推行基层改进项目,侧重于将六西格玛管理应用于每天的工作中。

(3) 黑带。企业全面推行六西格玛管理的中坚力量就是专职的实施人员,即黑带。他们是六西格玛项目的小组领导人,负责六西格玛改进项目的具体执行和推广,为员工提供六西格玛管理工具和技术培训,对改进项目提供一对一的技术支持。

(4) 黑带大师。"黑带(black belt)"是指那些具有精湛技艺和本领的人,绿带、黑带、黑带大师分别代表不同的级别,标志着受训程度和专业水准。20 世纪 90 年代,摩托罗拉公司将其引入六西格玛管理培训中,并几乎专指制造业里与产品改进相关的技术人才,延续至今,黑带的界定已经相当广泛了。黑带大师熟练掌握统计技术和工具及其他相关技术,是六西格玛项目的教练,在六西格玛管理运行中提供技术支持。其主要职责是选择、批准六西格玛项目,组织、协调项目的实施,挑选、培训和指导黑带。

黑带的职责在不同组织中有不同规定。有的强调管理和监督作用;有的主要负责日程变更、项目领导。这两种模式都非常有效。

黑带大师要通过正式的认定,而且必须通过一个严格的能力发展确认过程,一般平均为15个月,在此过程中,黑带大师要接受与六西格玛管理工具相关的更深层次的统计技术培训,接受推进技能及领导艺术方面的培训,并要求至少完成一个100万美元以上的项目。

有关资料表明,在六西格玛团队中,每100名员工需配备1名黑带,每10名黑带需配备1名黑带大师。

3. 六西格玛管理培训

六西格玛管理团队是一个学习型团队。贯穿始终的培训是六西格玛管理法获得成功的关键因素。培训类型包括黑带培训和团队培训。黑带培训主要是针对进行六西格玛管理活动的培训。

六西格玛管理中要求黑带的核心能力包括整合并应用各种统计技术和工具,熟练地分析和解决问题,具备指导并训练六西格玛项目团队成员以及领导团队的能力。黑带培训关键就是打造其核心能力。黑带的培训一般由专门的培训机构承担,其课程的时间安排(以周为单位)基本对应于定义、测量、分析、改进和控制等5个阶段,大约需要160个小时,如果是定期进行的集中培训,一般需要4周左右的时间,时间跨度为4个月,每月培训1周。表5-11是六西格玛管理法培训课程表的一个范例。

表5-11 六西格玛管理培训课程方案

培训项目	核心内容	受训者	课时
六西格玛管理导论	六西格玛管理基本原则;评估业务需求;简明操作和模拟;评估职责和期望值	所有成员	1~2天
六西格玛管理的领导和发起	领导小组成员和发起人的职责要求和技巧;项目选择与评估	业务领导;执行领导	1~2天
领导所需要的六西格玛管理操作步骤和工具	经缩减改编的关于六西格玛管理评估、分析流程及工具	业务领导;执行领导	3~5天
领导变革	设定方向的概念及实施方法;促进和领导组织的变革	业务领导;执行领导;黑带大师;黑带	2~5天
六西格玛改进活动的基本技巧	程序改进;设计/再设计;核心评估和改进工具	黑带;绿带;小组成员;发起人	6~10天
协作和小组领导技巧	取得一致意见;领导讨论;开会;处理分歧的技巧和方法	业务领导;黑带大师;黑带;绿带;小组成员	2~5天
六西格玛管理活动中期的评估和分析工作	解决更多难题的技术性技巧;样本选取和数据收集;统计过程控制;显著性检验;相关分析和回归分析;试验的基本设计	黑带大师;黑带	2~6天
高级六西格玛管理工具	专用技巧和工具的组件;质量功能分解;高级统计分析;高级试验设计;田口方法等	黑带大师;内部顾问	课程随专题变化
程序管理的原则和技巧	设定一个核心或支持程序;分析关键结果、要求和评估措施;监测反馈方案	过程总负责人;业务领导;职能经理	2~5天

团队培训是六西格玛项目团队组建后开始的培训,一般由黑带大师或黑带承担,培训的对象为团队成员,特别是绿带。团队培训比专职推行人员培训在内容和范围上将缩小,在难度和要求上将降低。在培训过程中,要求受训人员不仅接受常规的课堂培训,还特别强调将本项目的实施活动纳入培训内容,使项目团队成员在实际参与项目的过程中,理论水平和实践经验都得到提高。

5.4.5 质量改进方法

由表 5-10 所示的 σ 质量水平与对应的不合格品率数据可以看出,各个等级 σ 质量水平之间并非呈线性关系。从 3σ 质量水平上升到 4σ 质量水平要求产品的缺陷数成 10 倍数量级减少,而从 4σ 质量水平到 5σ 质量水平缺陷数却成 30 倍减少。这就暗示着六西格玛的质量方法是一种突破性的质量改进方法。六西格玛理论认为,组织的任何活动都可以看作一个过程,这个过程存在一些特定的输入(x)和输出(y)。其中 x 代表影响过程输出的一切因素,例如传统的料(原料)、机(设备)、人(人员)、法(操作方法)、环(环境)等类因素;y 代表组织过程的输出结果,主要是用来满足顾客的产品和服务等。

六西格玛的一个基本原则就是过程输出 y 依赖于过程输入 x,用数学语言表示出来就是 $y=f(x_1+x_2+\cdots+x_n)$。它完全将过程的输入和输出"数字化"了,深刻揭示了结果和原因的量化关系,为实施六西格玛的其他工具和技术提供了量化的基础。六西格玛突破性质量改进工作就是在使顾客完全满意的立场上,寻找并确定对顾客影响严重的关键质量问题(y'_s),分析它的影响因素(x'_s),消除产生缺陷的过程输入,实施新的控制,保证同样的 x'_s 和 y'_s 都不再出现。实施六西格玛质量改进首先要根据一定的原则选择改进项目,组建涉及组织业务过程各方面人员的改进团队。团队要让不同的成员在一起合作完成项目使命,关键是要有一个共同的方法和程序。这个共同的程序用六西格玛语言来描述就是 DMAIC 解决问题模型:界定(define)、测量(measure)、分析(analyze)、改进(improve)和控制(control)。DMAIC 是基于戴明环拓展而来的,它的每个阶段都包括了许多活动和一系列解决问题的工具和技术,如表 5-12 所示。

表 5-12 DMAIC 阶段过程主要工作及常用工具

阶段	主要工作	常用的工具和技术
D(界定阶段)	确定顾客的关键需求,在此基础上识别需要改进的产品或过程;将改进项目界定在合理的范围内	头脑风暴法、亲和图、树形图、流程图、排列图、QFD、FMEA、CT分解
M(测量阶段)	通过对现有过程的测量,确定过程的基线以及期望的改进效果;确定该过程输出的影响因素 x'_s,并对过程测量的有效性作出评价	运行图、分层法、散布图、直方图、过程能力分析、FMEA、标杆分析法
A(分析阶段)	通过数据分析,找到影响过程输出的关键影响因素 x'_s	因果图、回归分析、方差分析、帕累托图
I(改进阶段)	寻找优化过程输出的途径,开发消除或减小 y'_s 的关键影响因素 x'_s,使过程的变异情况和缺陷降低	试验设计、过程能力分析、田口方法、响应面法、过程仿真
C(控制阶段)	使改进后的过程程序化,建立有效的监控措施保持过程改进的效果	SPC 控制图等

1. 界定阶段(define)

项目的界定阶段首先要确定进行改进的项目范围,一般需要考虑以下几个方面的内容。

(1) 需要获取顾客的心声(voice of customer, VOC),发掘顾客认定的关键质量特性。六西格玛质量管理是一种以客户要求为驱动的决策方法,满足顾客的需求是组织所有过程的根本目标。顾客包括内部顾客和外部顾客。这些顾客对产品和过程的性能、外观、操作等方面的要求或潜在要求就是顾客的心声。顾客只有证明他们的需求得到充分的理解并在产品或过程中得以体现后,才会形成满意度和忠诚度。

(2) 参考过程能力指标。在确定顾客心声、关键质量特性和核心过程时,经常使用的工具是SIPOC(供应商—输入—过程—输出—顾客)分析图。SIPOC是高层级的流程图,不仅可以描述当前的流程,而且可以确定过程改进的思路和方向,并可以为测量阶段的数据采集指明方向。

(3) 考虑质量成本指标。劣质质量浪费成本(cost of poor quality, COPQ)是六西格玛使用财务的语言来描述过程现状和改进后绩效的一种有效方法。将过程业绩转化为财务指标来表示有助于改进项目的选择。

(4) 考虑过程的增值能力指标。在生产或服务过程的最终检验之前,都会存在返工情况,但是最终的合格率并不能反映出这种返工情况。我们这些返工是"隐蔽的工厂",通过流通合格率(rolled throughput yield, RTY)的计算可以找出过程中返工的地点和数量,对改进的过程是否增值作出判断。若过程有 n 个子过程,而子过程的合格率分别是 $y_1, y_2, \cdots, y_n$,则

$$\text{RTY} = \prod_{i=1}^{n} y_i \quad (i = 1, \cdots, n) \tag{5-8}$$

根据上述分析,理想的改进项目应该是顾客非常关心、涉及关键过程输出变量的改进,在浪费成本削减和过程增值能力方面比较显著的项目。在选定改进项目后,要编写项目任务书申述来界定项目的范围和改进内容,组建专业的六西格玛团队展开工作。项目任务书是关于项目或问题的书面文件,一般包括改进项目的理由、目标、计划、团队的职责和配置的资源情况等。

2. 测量阶段(measure)

测量阶段的主要任务是测量和分析目标过程的输出现状(y'_s),得到初始的"σ"测量值作为改进的基准线。主要有两方面的工作要做。

第一,针对目标过程收集数据,在此基础上分析问题症状,并进行量化度量。测量工作主要从过程的三个方面展开:

(1) 过程输出(y'_s)。它包括测量过程的直接输出结果(产品性能、缺陷、顾客抱怨等)和长期后果(顾客满意、收益等)。

(2) 过程中可以控制、测量的因素。这些测量通常有助于团队监控工作流程,并且能够精确地查找问题原因。

(3) 输入。测量进入流程并转化为输入的因素,这将有助于确认问题可能的原因。

明确了数据来源,项目团队还要掌握科学的数据收集方法,以及如何对数据进行分析等方法。通过计算过程能力指数确定过程的现状以及存在的问题,这些指数包括过程能力指数、过程性能指数。计算出过程流通合格率(RTY)和百万机会缺陷数(DPMO),通过查阅

DPMO 与西格玛质量水平对应表可以确定过程目前的西格玛质量值。

第二,整理数据,为下阶段查找问题原因提供线索。

3. 分析阶段(analyze)

一旦测定了项目的绩效基线并确定真正存在一个改进机会后,团队就应该进入对目标过程执行分析阶段了。在本阶段,六西格玛团队通过研究测量阶段得到的相关数据,加强对目标过程和症状的理解,在此基础上寻找问题的根本原因。在上面提到的过程函数 $y=f(x_1+x_2+\cdots+x_n)$ 中,本阶段的工作就是确定各种可能的 x'_s。有些情况下,团队对目标过程的各种影响因素和过程的运作非常清楚,在相关数据的支持下,可以迅速找到产生问题的关键原因;但是大多数情况下,团队按照习惯的传统思路来审视过程,却无法发现所期望的有价值的观点。这时,团队应该采用各种不同角度的观点来分析,并努力使用可行的各种分析工具来得到正确的分析结果。

分析问题时除了要考虑传统的人、机、料、法、环等方面的因素外,采用合适的分析方法很重要。团队一般采取循环的分析方法对原因进行分析,在上阶段数据测量的基础上,结合过程分析,形成对原因的初始推测,或者只是根据经验提出假设;团队然后关注更多的数据和其他数据来验证这些推测的正确性。六西格玛改进团队一般采用以下两种关键的分析方法来研究问题的根源:一是利用数据分析方法。利用过程特性的测量值及其他相关数据来分析问题的模式、趋势或其他影响因素,包括那些推测出来的因素。二是深入研究并分析过程是如何运行的,从而发现可能产生问题的新领域,判断验证假设又需要哪些数据,从哪里获得这些数据。经过这样的循环分析,不断地提出推测并验证,将所有影响过程输出的 x'_s 都列举出来。

根据帕累托原理可以知道,少数关键的原因是造成问题产生的主要原因。如果对于所有原因都不加区别地去分析研究,不但会消耗团队的太多精力和资源,而且会因为没有把握住重要的影响因素而效果不佳。因此在分析阶段必须要做的还包括确定这些"关键的少数"输入变量(KPIV),调查并证实根本原因假设,确信团队没有发现额外的新问题,以及没有遗漏关键的输入变量,为下一步的改进阶段做好准备。

4. 改进阶段(improve)

在改进阶段提出和实施改进措施以前,首先需要对分析阶段得到的少数关键因素作进一步研究,验证它们是否对过程输出确实有影响。如果影响关系确实存在的话,这些输入变量取什么值可以使输出得以改善,达到预想的改进效果。对 KPIV 与过程输出关系的验证主要采取正交试验和回归设计的方法,得到的数据一般采用方差分析和回归法来分析。

在确定这些关键的输入变量(KPIV)和过程输出的对应关系的基础上,团队可以设计质量改进措施,改变输入变量的状态以实现过程输入的改善。在推行改善方案时必须要谨慎进行,应先在小规模范围内试行该方案,以判断可能会出现何种错误并加以预防。试行阶段注意收集数据,以验证是否获得了期望的结果。根据方案的试行结果修正改进方案,使之程序化、文件化,以便于实际实施。

5. 控制阶段(control)

在为项目的改进做出不懈努力并取得相应的效果以后,团队的每一位成员都希望能将改进的结果保持下来,使产品或过程的性能得到彻底的改善。但是许多改进工作往往因为没有很好地保持控制措施,而重新返回原来的状态,使六西格玛团队的改进工作付之东流,所以控制阶段是一个非常重要的阶段。当然,六西格玛团队不能一直围绕着一个改进项目而工作，在DAMIC流程结束后团队和成员即将开始其他的工作。因此，在改进团队将改进的成果移交给日常工作人员前，要在控制阶段制定好严格的控制计划帮助他们保持成果，这其中包括：提出对改进成果进行测量的方法；建立过程控制计划和应急处理计划；完成项目报告和项目移交工作等。

至此一个完整的六西格玛质量改进的DMAIC过程就结束了。需要再次强调的是，六西格玛项目的范围并不局限在制造领域，也不仅是对产品来说的，它包括了服务以及工作过程。如果是对现有的过程进行改进，都可以使用DMAIC方法来进行质量水平改进，只要对具体的分析方法进行选择即可。

5.4.6 质量设计

长期实施六西格玛质量改进的组织可能会产生这样的困惑：他们在六西格玛改进项目上投入大量的资源和关注，严格按照DMAIC过程步骤对组织现有的流程进行改善，但是实证数据却显示改进后的质量水平始终无法达到6σ质量。通过六西格玛质量改进活动，组织的质量水平可以成功地提升至3σ、4σ水平，但是会在5σ附近停滞不前，似乎再多的努力也很难跨越这个障碍，我们称之为5σ"撞墙"（five sigma wall）。因为DMAIC的重点放在如何改进过程，旨在消除导致质量下降的过程输入因素，并节省成本，使生产和服务流程更有效率。可以说DMAIC时常在组织中扮演着"救火"的角色，作为一种渐进式过程改进方法，它只能解决过程中产生的质量问题。但是如果这些问题是因为设计上的缺陷而形成的，过程即使能控制得完美也无法彻底消除质量症状。真正要能达到组织质量水平的完美表现，需要一种高质量的设计方法使得产品或流程从根源上有一个近乎完美的开端。所以，六西格玛设计（design for six sigma，DFSS）应运而生，希望作为DMAIC方法的有效补充来突破上述的"撞墙"，帮助组织持续地朝6σ质量水平迈进。

相对于六西格玛改进的"救火"功能，六西格玛设计则是完美的预防机制。它通常是组织专业设计团队作为开端，运用科学的方法、按照合理的流程来准确理解和评估顾客需求；再进行机能分析、概念发展，并逐步开发详细的产品或流程设计方案，以及配套的生产和控制计划。在上述步骤中，所有可能发生的问题或破绽都被预先考虑进去，对新产品或新流程进行稳健性设计，使产品或流程本身具有抵抗各种干扰的能力。六西格玛设计可以使组织能够在开始阶段便瞄准六西格玛质量水平，开发出满足顾客需求的产品或服务；六西格玛设计有助于在提高产品质量和可靠性的同时降低成本和缩短研制周期，具有很高的实用价值。有一个比喻很恰当，如果将六西格玛看做是指导农民耕种粮食的方法，那么六西格玛改进DMAIC方法就是告诉农民如何精耕细作，应该何时施肥何时浇水的操作规范，而如果当初选种的粮食种子质量不良或是不适合当地土质，则无论怎样优化耕种过程，最终的粮食质量和产量也不会达到预期的效果。而六西格玛设计则是指导农民如何根据土质选择品种、精选种子质量的方法，只有优良的种子加上科学的培育过程才能实现预想的质量效果。

为了与六西格玛改进配合得更加紧密，很多组织采用了一种类似的六西格玛设计方法DMADV，即定义（define）、测量（measure）、分析（analyze）、设计（design）、验证（verify）。DMADV过程可以将产品和过程设计中的方法、工具和程序进行系统化的整合，在顾客的需求和期望的基础上重新设计产品或过程。这种方法保留了DMAIC模型的部分内容，但是实践结果表明，这种方法除了在已经成功实施DMAIC的组织外并没有得到推广。除此之外，六西格玛设计还有其他多种实施模式，其中应用较多的包括 PIDOV，包括策划（plan）、识别（identify）、设计（design）、优化（optimize）、验证（verify）等步骤。这两种主要的六西格玛设计模式对比如表 5-13 所示。

表 5-13　六西格玛设计的 DMADV 与 PIDOV 模式内容对比

DMADV	PIDOV
定义阶段（define） ● 清晰界定项目范围 ● 制定项目设计的相关计划	策划阶段（plan） ● 制定项目特许任务书 ● 设立项目目标
测量阶段（measure） ● 获取顾客需求 ● 将顾客心声转化为关键质量特性 ● 识别少数重要的关键质量特性	识别阶段（identify） ● 选择最佳的产品和服务概念 ● 识别顾客认为重要的关键质量因素 ● 分析实现关键质量因素对过程和技术性能指标的要求
分析阶段（analyze） ● 在相关约束条件下选择最合适的关键质量特性	设计阶段（design） ● 形成设计概念 ● 识别作用与处理关键质量因素
设计阶段（design） ● 制定详细的设计方案 ● 对设计方案进行测试 ● 对实施进行准备	优化阶段（optimize） ● 在质量、成本和其他约束条件中寻找平衡点 ● 实施优化
验证阶段（verify） ● 验证设计性能，实施试点测试 ● 根据试点测试结果修正设计方案 ● 实施设计方案	验证阶段（verify） ● 进行设计有效性验证，证明该产品或过程的确可以满足顾客需求 ● 计算过程能力，评估过程可靠性 ● 实施设计方案

具体选择何种模式予以实施，要视组织的质量现状即相应的资源配置情况而定。但实施六西格玛质量管理方法对于组织有一定的能力要求，例如，组织的数据收集分析能力、现有的质量管理水平、员工的质量文化意识等。根据美国质量协会（ASQ）研究结果，六西格玛要求企业质量管理运作达到一个相当高的层次，假如一个企业产品质量合格率只有 85%，就不必用六西格玛管理。此时可用比六西格玛管理更简单的办法，将 85% 提高到 95% 即可。例如推行 ISO 9000 质量体系认证、顾客满意度管理等。另外，六西格玛管理对企业员工的素质提出了较高的要求，需要员工参与测量、分析、改进和控制各种项目，要自我管理而不像 ISO 9000 那样需要人督促。如果组织和员工的质量管理能力和意识已经达到一定的高度，质量水平也将达到一定的水准，这时采用六西格玛质量管理方法会比较顺利，也相对容易取得成功。

习　题

1. 测得一组质量数据，绘得的直方图如图 5-23 所示。
(1) 这种直方图属于(　　)。
A. 平顶型　　　　B. 孤岛型　　　　C. 双峰型　　　　D. 锯齿型

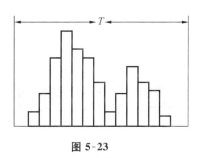

图 5-23

(2) 分析产生的原因是（　　）。
A. 心理因素的影响　　　　　　B. 过程中某种要素缓慢变化
C. 混入其他不同组的数据　　　D. 混入另一分布的少量数据
(3) 可以考虑的对策有（　　）。
A. 提高检测的精度
B. 减少原材料的质量差异
C. 对新工人进行培训，缩小与老工人之间的差别
D. 调节室温，减少白班与夜班的温差

2. 某场对活塞环槽侧壁不合格的 500 件产品进行缺陷分类统计，其结果是：精磨外圆不合格 229 件；精镗销孔不合格 56 件；磨削偏差不合格 14 件；精切环槽不合格 136 件；垂直摆差不合格 42 件；斜油孔不合格 15 件；其他不合格 8 件。利用排列图找出造成不合格品的主要原因是哪几个？

3. 应用箭条图分析一种活动的关键路线。

4. 什么是六西格玛质量管理？六西格玛质量管理的基本原则有哪些？

5. 简述六西格玛质量改进 DMAIC 模型各阶段的主要工作。

第6章 质量检验

6.1 质量检验概述

6.1.1 质量检验的定义

借助于某种手段和方法,对产品和质量特性进行测定,并将测得的结果同规定的产品质量标准进行比较,从而判断产品合格或不合格。

6.1.2 检验的质量职能

1. 把关职能(质量保证职能)

2. 预防职能

(1) 通过工序能力的测定和控制图的使用起到预防作用。

(2) 通过工序生产中的首检与巡检起到预防作用。

3. 报告职能(信息反馈)

(1) 原材料、外购件、外协件进厂验收检验的情况和合格率指标。

(2) 成品出厂检验的合格率、返修率、报废率、降级率以及相应的金额损失。

(3) 按车间和分小组的平均合格率、返修率、报废率、相应的金额损失及排列图分析。

(4) 产品报废原因的排列图分析。

(5) 不合格品的处理情况报告。

(6) 重大质量问题的调查、分析和处理报告。

(7) 改进质量的建议报告。

(8) 检察人员工作情况报告。

4. 改进职能(检验部门参与管理)

5. 监督验证职能

(1) 自我监督 对原材料和外购件进行把关性的质量监督;对产品设计质量的监督;对产品形成过程的质量监督;对产品进入流通领域的质量监督。

(2) 用户监督。

(3) 社会监督(民间团体组织)。

(4) 法律监督(企业、消费者)。

(5) 国家监督(授权机构为国家商检部门)。

6.2.3 质量检验的工作程序

明确监察对象的质量要求,然后按下述步骤进行检验。

测试:用规定的手段按规定的方法测试产品的质量特性。

比较:将测得的质量特性值同质量要求比较,确定是否符合质量要求。

判断:根据比较结果,对产品质量的合格与否做出判断。

处理:对合格品或不合格品做出相应的标记,对不合格品根据规定予以隔离。根据抽样规定对批产品决定接受、拒收或其他处理方式。对质量检验的结果、信息及时上报给有关部门。

6.2.4 质量检验的分类

按检验阶段分:进货检验、过程(工序)检验、最终检验。

按检验数量分:全数检验和抽样检验。

按数据性质分:计量值检验和计数值检验。

按检验手段分:器具检验和感官检验。

按检验后果的性质分:破坏性检验(炮弹等军工产品、产品的寿命试验、材料强度试验)和非破坏性检验。

按检验地点分:固定检验和流动检验。

按检验性质分:验收检验和生产检验。

按检验人员分:自检、互检和专检。

6.2 抽样检验的基本原理

6.2.1 批质量的判定

抽样检验的目的是通过抽样检验判定批是否符合质量要求。如果在验收检验的情况下,一般对符合质量要求的批要整批接收,对不符合质量要求的批要整批拒收。因此,有必要预先规定对批的质量要求(如用质量指标 p_0 表示)。当批的实际质量 $p \leqslant p_0$ 时,认为批质量是符合质量要求的,应当接收;当 $p > p_0$ 时,认为批质量是不符合质量要求的,应当拒收。质量指标 p_0 的数值大小与使用方的要求、产品的用途、性质、价值及检验工作的难易程度等有关。

然而,在抽样检验的场合,我们对 p 的数值是无法确定的。因此,只能根据样本的质量推断批的质量。由于样本对批具有一定的代表性,所以可以认为,在样本量 n 确定时,样本中的不合格(品)数 d 越小,则批的质量越好(即 p 越小)。因此,我们有理由规定两个合适的正整数 $A_c(A_c < n)$、$R_e(R_e < n)$:当 $d \leqslant A_c$ 时,认为 $p \leqslant p_0$,批接收;当 $d > A_c$(或 $d \geqslant R_e$)时,认为 $p > p_0$,批拒收。正整数 A_c 被称为接收数;R_e 被称为拒收数。A_c 和 R_e 的组合被称为判定数组。判定数组连同样本量 n 构成了一次计数抽样检验方案。

由于随机抽样的不确定性,可能会从符合质量要求的批中抽到质量差的样本,也可能会从不符合质量要求的批中抽到质量好的样本,从而对批质量做出错误的判定。抽样检验方案设计的任务就是确定适宜的 n 和 A_c、R_e 的数值,将犯这两类错误的可能性控制在允许范围以内,在保证产品质量和降低成本的统一方面达到最优。

6.2.2 抽样检验的判定程序

1. 一次抽样检验

一次抽样检验由一个样本和判定数组成,简记为 $(n/A_c, R_e)$。

其判定程序为:从批中随机抽取 n 个单位产品组成样本,对样本中的样品逐个进行检验,若样本中的不合格(品)数 d 小于等于 A_c,则批接收;若样本中的不合格(品)数大于 A_c(或大于等于 A_c),则批拒收。其检验判定程序如图 6-1 所示。

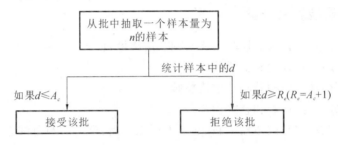

图 6-1 一次抽样检验判定程序图

2. 二次抽样检验

二次抽样检验由两个样本和判定数组成,简记为 z。其判定程序为:首先从检验批中随机抽取 n_1 件单位产品作为第一个样本。经逐个检验后,发现第一个样本中的不合格(品)数为 d_1。若 $d_1 \leqslant A_{c1}$,则接收该批;若 $d_1 \geqslant R_{e1}$,则拒收该批;若 $A_{c1} < d_1 < R_{e1}$,则必须抽取第二个样本。再随机从检验批中抽取 n_2 件单位产品作为第二个样本。经逐个检验后,发现第二个样本中的不合格(品)数为 d_2。若 $d_1 + d_2 \leqslant A_{c2}$,则接收该批;若 $d_1 + d_2 \geqslant A_{c2}$,则拒收该批。

其检验判定程序如图 6-2 所示。

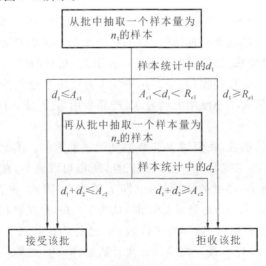

图 6-2 二次抽样检验判定程序图

6.3 计数抽样检验

6.3.1 计数标准型抽样检验

1. 计数标准型抽样检验的原理

标准型抽样方式是最基本的抽样检验方式,它同时严格控制生产者和使用者的风险。其设计原理是:希望不合格品率为 p_1 的批尽量不接收,其接收概率 $L(p_1)=\beta$;希望不合格品率为 p_0 的批尽量接收,其不接收概率 $1-L(p_0)=\alpha$,一般规定 $\alpha=0.05$, $\beta=0.10$。其 OC 曲线如图 6-3 所示。

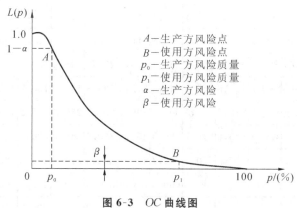

图 6-3 OC 曲线图

2. 计数标准型抽样方案的特点

(1) 通过选取相应于 p_0、p_1 的 α、β 值,同时满足供需双方的要求,对双方提供保护。

(2) 适用于来源不明、不了解以往的质量情况的孤立批的检验,如企业外购、外协件的检验和从流通领域购入产品的检验。由于同时对双方实施保护,在同等质量要求的前提下,所需抽取的样本量较大,故特别适用于大批量的检验。同时适用于破坏性检验和非破坏性检验。

3. 计数标准型抽样标准

计数标准型抽样标准见 GB/T 13262—2008《不合格品百分数的计数标准型一次抽样检验程序及抽样表》,该标准规定了生产方风险 $\alpha=0.05$,使用方风险 $\beta=0.10$ 的一次抽样检验程序,在抽样表中给出了用 p_0、p_1 检索的一次抽样方案(见表 6-1)。p_0 的值从 0.095% 至 10.5% 共 42 个;p_1 的值从 0.75% 至 34% 共 34 个,在 p_0、p_1 相交栏内给出了抽样方案。栏内左侧数值为样本量 n,右侧数值为接收数 A_c。

表 6-1 不合格品百分数的计数标准型一次抽样方案(GB/T 13262—2008)(节选)

p_1(%) p_0(%)	0.95	1.05	1.20	1.30	1.50	1.70	1.90	2.10	2.40	2.60	3.00	3.40	3.80	p_0 范围
0.095	395,1	370,1	345,1	315,1	280,1	250,1	225,1	210,1	185,1	160,1	68,0	64,0	58,0	0.091~0.100
0.105	380,1	355,1	330,1	310,1	275,1	250,1	225,1	200,1	185,1	160,1	150,1	60,0	56,0	0.101~0.112
0.120	595,2	340,1	320,1	295,1	275,1	245,1	220,1	200,1	180,1	160,1	150,1	130,1	54,0	0.113~0.125

续表

$p_0(\%)$ \ $p_1(\%)$	0.95	1.05	1.20	1.30	1.50	1.70	1.90	2.10	2.40	2.60	3.00	3.40	3.80	p_1 范围
0.130	580,2	535,2	305,1	285,1	260,1	240,1	220,1	200,1	180,1	160,1	150,1	130,1	115,1	0.126~0.140
0.150	545,2	520,2	475,2	270,1	250,1	230,1	215,1	195,1	175,1	160,1	140,1	130,1	115,1	0.141~0.160
0.170	740,3	495,2	470,2	430,2	240,1	220,1	205,1	190,1	175,1	160,1	140,1	125,1	115,1	0.161~0.180
0.190	710,3	665,3	440,2	415,2	370,2	210,1	200,1	185,1	170,1	155,1	140,1	125,1	115,1	0.181~0.200
0.210	875,4	635,3	595,3	395,2	365,2	330,2	190,1	175,1	165,1	155,1	140,1	125,1	115,1	0.201~0.224
0.240	1015,5	785,4	570,3	525,3	350,2	325,2	300,2	170,1	160,1	145,1	135,1	125,1	115,1	0.225~0.250
0.260	1165,6	910,5	705,4	510,3	465,3	310,2	290,2	265,2	150,1	140,1	130,1	120,1	110,1	0.251~0.280
0.300	1275,7	1025,6	810,5	625,4	450,3	410,3	275,2	260,2	240,2	135,1	125,1	115,1	110,1	0.281~0.315
0.340	1385,8	1145,7	920,6	725,5	555,4	400,3	365,3	250,2	230,2	210,2	120,1	110,1	105,1	0.316~0.355
0.380	1630,10	1235,8	1025,7	820,6	640,5	490,4	355,3	330,3	220,2	205,2	190,2	110,1	100,1	0.356~0.400
0.420		1450,10	1100,8	910,7	725,6	565,5	440,4	315,3	295,3	195,2	180,2	165,2	95,1	0.401~0.450
0.480			1300,10	985,8	810,7	545,5	505,5	390,4	285,3	260,3	175,2	165,2	150,2	0.451~0.500
0.530				1165,10	875,8	715,7	495,5	454,5	350,4	255,3	230,3	155,2	145,2	0.501~0.560
0.600					1035,10	770,8	640,7	435,5	405,5	310,4	225,3	205,3	140,2	0.561~0.630
0.670						910,10	690,8	570,7	390,5	360,5	275,4	200,3	185,3	0.631~0.710
0.750							815,10	620,8	510,7	350,5	320,5	250,4	180,3	0.711~0.800
0.850								725,10	550,8	455,7	310,5	285,5	220,4	0.801~0.900
0.950									650,10	490,8	405,7	275,5	255,5	0.901~1.00
1.05										580,10	435,8	360,7	245,5	1.01~1.12
1.20											715,13	515,10	390,8	280,6	1.13~1.25
1.30												635,13	465,10	350,8	1.26~1.40
1.50													825,18	565,13	410,10	1.41~1.60
1.70														745,18	505,13	1.61~1.80
1.90															660,18	1.81~2.00
p_1 范围	0.91~1.00	1.01~1.12	1.13~1.25	1.26~1.40	1.41~1.60	1.61~1.80	1.81~2.00	2.01~2.24	2.25~2.50	2.51~2.80	2.81~3.15	3.16~3.55	3.56~4.00	

4. 计数标准型抽样方案的实施步骤

(1) 规定单位产品的质量特性。在技术标准或合同中，必须对单位产品规定需抽检的质量特性以及该质量特性合格与否的判定准则。

(2) 规定质量特性不合格的分类。一般将产品质量特性的不合格划分为 A 类、B 类及 C 类。

(3) 规定 p_0、p_1。p_0、p_1 的值需由生产方和接收方协商确定，应综合考虑生产能力、制造成本、质量要求以及检验费用等因素。一般来说，A 类不合格的 p_0 值要比 B 类小，B 类不

合格的 p_0 值要比 C 类小。

（4）组成检验批。检验批应由同一种类、同一规格型号、同一质量等级、工艺条件和生产时间基本相同的单位产品组成。批量要适当，批量大虽检验成本低，但出现错判时，造成的损失也大。因此，批的组成、批量大小等，应由生产方与使用方协商确定。

（5）检索抽样方案。根据规定的 p_0、p_1 值，查表 6-1，从相交处读取抽样方案，可得到样本大小 n 及接收数 A_c。如果样本大小超过批量，应进行全数检验，A_c 值不变。当批量不超过 250，且样本大小与批量的比值大于 10% 时，由 GB/T 13262—2008 检索的抽样方案是近似的，应慎重使用。这时也可按 GB/T 13262—2008《不合格品百分数的计数标准型一次抽样检验程序及抽样表》确定抽样方案。

（6）随机抽取样本。抽样检验是从样本推断总体，这就要求从被检验批中抽取的样本是无偏的，故应采取随机抽样的方法。

（7）检验样本。按技术标准或合同等有关文件规定的检验方法，对样本中的每个单位产品进行检验，判断是否合格，统计出样本中的不合格品数。

（8）判断批接收或不接收。根据样本检验结果，如果样本的不合格品数小于或等于接收数，则接收该批；如果样本的不合格品数大于接收数，则不接收该批。

（9）检验批的处置。判为接收的批，使用方应整批接收；判为拒收的批，应退回供货方，未经有效处理不得再次提交检验。

【例 6.1】 规定 p_0 为 0.67%，p_1 为 2.40% 时，求抽样方案。

【解】 查表 6-1，p_0 为 0.67% 所在行与 p_1 为 2.40% 所在列的相交栏查到（390,5），即样本大小为 390，接收数为 5。

6.3.2 计数挑选型抽样检验

1. 计数挑选型抽样检验的概念

挑选型抽样检验采用保证平均质量（多数批）与保证单批质量两种质量保证方式。对平均质量保证方式，规定了平均检出质量上限 AOQL，并按 AOQL 设计抽样方案；对单批质量保证方式，规定了极限质量 LQ 与使用方风险 β。这种抽样检验方法同时规定，经抽样检验合格批接收，不合格批必须经全数检验，将其中的不合格品换成合格品（包括修复为合格品）后再被检验接收。

GB/T 13546—1992《挑选型计数抽样检查程序及抽样表》规定了以平均检出质量上限 AOQL 和以批极限质量 LQ 为质量指标的挑选型计数一次抽样方案及实施程序。

1）术语

（1）平均检出质量 AOQ，是指以平均不合格品率表示经过抽样检验后产品的平均质量。

（2）平均检出质量上限 AOQL，是指平均检出质量的最大值。

（3）平均质量保证方式，是指采用 AOQL 抽样方案，保证多数批平均质量的一种质量保证方式，在较长时间内，使平均检出质量 AOQ 的数值不大于规定的 AOQL 的值。

（4）单批质量保证方式，是指保证每个被检验接收的批的质量的保证方式。采用极限质量 LQ 抽样方案，是批的不合格品率大于或等于规定的 LQ 值的批只以不大于 β（规定 $\beta = 0.1$）的概率被接受的质量保证方式。

（5）平均检验总数 ATI，是指根据接收批样本量 n 和拒收批的批量 N 计算出的平均每批要检验的单位产品数。

2) GB/T 13546 的适用范围

(1) 半成品检验,是指企业工序间、协作厂交付的半成品检验。

(2) 成品入库检验。

(3) 连续向用户供货检验。

(4) 其他连续交货场合。如急于占领产品市场,但加工难度大,选择的供货方质量不太稳定时,采用本标准,既能保证质量,又能及时占领市场。

(5) 检验是非破坏性的。使用本标准检验必须是非破坏性的,否则无法进行全数挑选。

(6) 检验费用低。检验费用低时,全数检验才得以实行。

3) 抽样表

GB/T 13546 给出了 21 个抽样表。其中用于平均质量保证方式的 AOQL 抽样方案表 11 个(AOQL 值从 0.12%~12.5%,见表 6-2);用于单批质量保证方式的 LQ 抽样方案表 10 个(LQ 值从 0.50%~31.50%,见表 6-3)。

表 6-2 挑选型抽样方案表(平均质量保证方式)(节选)

平均检出质量上限 AOQL=2.0%

过程平均 $\bar{p}/(\%)$	0~0.15	0.151~0.25	0.251~0.40	0.401~0.60	0.601~1.00	1.001~1.50
批量范围 N	n A_c LQ/(%)	n A_c LQ/(%)	n A_c LQ/(%)	n A_c LQ/(%)	n A_c LQ/(%)	n A_c LQ/(%)
1~16	全检	全检	全检	全检	全检	全检
17~25	11 0 15.115	11 0 15.115	11 0 15.115	11 0 15.115	11 0 15.115	11 0 15.115
26~50	14 0 13.199	14 0 13.199	14 0 13.199	14 0 13.199	14 0 13.199	14 0 13.199
51~90	15 0 13.128	15 0 13.128	15 0 13.128	15 0 13.128	15 0 13.128	15 0 13.128
91~150	16 0 12.738	16 0 12.738	16 0 12.738	16 0 12.738	16 0 12.738	16 0 12.738
151~280	17 0 12.310	17 0 12.310	17 0 12.310	17 0 12.310	37 0 9.641	37 0 9.641
281~500	18 0 11.807	18 0 11.807	39 1 9.348	39 1 9.348	39 1 9.348	39 1 9.348

续表

过程平均 $\bar{p}/(\%)$	0~0.15	0.151~0.25	0.251~0.40	0.401~0.60	0.601~1.00	1.001~1.50
批量范围 N	n A_c LQ/(%)	n A_c LQ/(%)	n A_c LQ/(%)	n A_c LQ/(%)	n A_c LQ/(%)	n A_c LQ/(%)
501~1200	18 0 11.926	41 1 9.050	41 1 9.050	41 1 9.050	65 2 7.853	65 2 7.853
1201~3200	42 1 8.909	42 1 8.909	42 1 8.909	67 2 7.702	95 3 6.844	123 4 6.336
3201~10000	42 1 8.937	68 2 7.623	68 2 7.623	97 3 6.741	126 4 6.226	188 6 5.514
10001~35000	42 1 8.947	69 2 7.527	97 3 6.754	127 4 6.191	191 6 5.443	325 10 4.694
35001~150000	69 2 7.530	98 3 6.690	128 4 6.147	159 5 5.755	258 8 4.987	470 14 4.253
150001~500000	69 2 7.531	98 3 6.691	128 4 6.148	192 6 5.421	293 9 4.805	658 19 3.915

表 6-3 挑选型抽样方案表(单批质量保证方式)(节选)
极限质量 LQ=20.00%

过程平均 $\bar{p}/(\%)$	0~1.00	1.001~1.50	1.501~2.50	2.501~4.00	4.001~6.00	6.001~10.00
批量范围 N	n A_c AOQL/(%)	n A_c AOQL/(%)	n A_c AOQL/(%)	n A_c AOQL/(%)	n A_c AOQL/(%)	n A_c AOQL/(%)
1~16	全检	全检	全检	全检	全检	全检
17~25	9 0 2.479	9 0 2.479	9 0 2.479	9 0 2.479	9 0 2.479	14 1 2.586
26~50	10 0 2.804	10 0 2.804	10 0 2.804	16 1 3.505	16 1 3.505	16 1 3.505
51~90	10 0 3.115	17 1 3.939	17 1 3.939	17 1 3.939	23 2 4.416	29 3 4.548

续表

过程平均 $\bar{p}$/(%) 批量范围 N	0~1.00 n A_c AOQL/(%)	1.001~1.50 n A_c AOQL/(%)	1.501~2.50 n A_c AOQL/(%)	2.501~4.00 n A_c AOQL/(%)	4.001~6.00 n A_c AOQL/(%)	6.001~10.00 n A_c AOQL/(%)
91~150	10 0 3.271	18 1 4.039	18 1 4.039	24 2 4.776	30 3 5.189	36 4 5.042
151~280	18 1 4.295	18 1 4.295	25 2 4.972	31 3 5.579	37 4 6.001	49 6 6.486
281~500	18 1 4.425	25 2 5.186	25 2 5.186	31 3 5.884	44 5 6.622	67 9 7.642
501~1200	18 1 4.521	25 2 5.345	32 3 5.918	38 4 6.518	56 7 7.703	85 12 8.822
1201~3200	25 2 5.417	32 3 6.019	38 4 6.651	51 6 7.43	68 8 8.108	103 15 9.676
3201~10000	25 2 5.446	32 3 6.061	38 4 6.706	57 7 7.891	80 11 9.102	126 19 10.461
10001~35000	32 3 6.071	38 4 6.724	51 6 7.539	63 8 8.256	86 12 9.359	154 24 11.161
35001~150000	32 3 6.079	45 5 7.096	57 7 7.933	75 10 8.822	104 15 9.893	182 29 11.668
150001~500000	38 4 6.731	51 6 7.549	63 8 8.270	81 11 9.059	115 17 10.269	204 33 12.008

2.计数挑选型抽样检验的应用程序

(1)规定产品质量标准。在产品技术标准与订货合同中,规定产品合格与不合格的标准。

(2)确定质量保证方式。标准给出了两种质量保证方式:

① 平均质量保证方式。在下列场合,平均质量保证方式用于保证多数批的平均质量。

- 工序间连续交接半成品。
- 成品连续入库。
- 连续向固定用户供货。
- 其他用户同意保证多批平均质量的场合。

② 单批质量保证方式。在下列场合,平均质量保证方式用于保证每批质量。
- 批极限质量都有要求的场合。
- 生产方的产品质量不稳定的场合。

(3) AOQL 或 LQ 值的选择。AOQL 或 LQ 值应根据用户的使用要求和生产方的技术水平,由生产方和使用方协商确定。在标准抽样表中未给出过程平均不合格品率 $\bar{p} \geqslant$ AOQL 和 $\bar{p} \geqslant \frac{1}{2}$LQ 的抽样方案,因为这时抽样检验将达到 40% 以上,对 40% 以上的拒收批进行百分之百的挑选,费用太大,因此,应选用合适的 AOQL 和 LQ 值,在保证产品质量和节省检验费用之间寻求一种平衡。

(4) 估算过程平均不合格品率。如果生产方已知当前的过程平均不合格品率,则可作为抽样检验的过程平均不合格品率 $\bar{p}$。如果 $\bar{p}$ 值未知,可按 GB/T 4891—2008《为估计批(或过程)平均质量选择样本量的方法》估算 $\bar{p}$ 值。

(5) 组成检验批。按检验批的组成原则尽量将同一生产条件下相近时间内生产的产品组成检验批。

(6) 检索抽样方案。

① 采用平均质量保证方式。从抽样表中找到与选定的 AOQL 值对应的表,从批量 N 范围所在行与 $\bar{p}$ 的范围所在列的相交栏读出样本量 n 和合格判定数 A_c。

② 采用单批质量保证方式。从抽样表中找到与选定的 LQ 值对应的表,从批量 N 范围所在行与 $\bar{p}$ 的范围所在列的相交栏读出样本量 n 和合格判定数 A_c。

(7) 随机抽取样本。按照确定的样本量 n 随机抽取样本。

(8) 检验样本。按产品技术质量标准检验样本,记录样本中检出的不合格品数。

(9) 判断批接收或不接收。样本中不合格品数 $d \leqslant A_c$,则判定批接收;$d > A_c$,则判定批拒收。

(10) 抽样检验后处理。合格批接收,但样本中的不合格品用合格品替换;不合格批退回生产方,由生产方进行百分之百挑选,用合格品替换批中的所有不合格品后再交验。

【例 6.2】 某厂在工序间交接某半成品,批量 $N=1000$,采用 AOQL 方案,已知半成品的过程平均不合格率 $\bar{p}=0.2\%$,AOQL $=2.0\%$,确定抽样方案。

【解】 由所给条件,该例应采用平均质量保证方式确定抽样方案。首先找到 AOQL $=2.0\%$ 的表(见表 6-2),在批量 $N=1000$ 的行与 $\bar{p}=0.2\%$ 的列的相交栏读取 $n=41$,$A_c=1$,则抽样方案为样本量 n 为 41,接收数 A_c 为 1。

6.3.3 计数调整型抽样检验

1. 计数调整型抽样检验的概念与特点

在计数抽样检验中,应用最广泛的是调整型抽样检验。计数调整型抽样检验是指根据已检验过的批质量信息,随时调整检验的宽严程度,以促使生产方提供合格产品的一种抽样检验方法。因此,调整型抽样检验是由正常、加严、放宽3种宽严程度不同的检验方案和一套转移规则组成的抽样体系。当生产方提供的产品质量正常时,采用正常检验方案进行检验;当产品质量下降或不稳定时,采用加严检验方案进行检验,以免使用方风险β变大;当产品质量较为理想且生产稳定时,采用放宽检验方案进行检验,以免生产方风险α变大。

调整型抽样检验较多地利用了抽样检验历史数据提供的质量信息,在对检验批质量提供同等鉴别能力的情况下,所需抽取的样本量要小于标准型抽样检验,且能较好地协调供需双方所承担的抽样风险,适用于连续多批的产品检验,包括成品、部件和原材料等。最早的调整型抽样检验标准,当属美国军用标准 MIL-STD-105D。1974 年,国际标准化组织的统计方法应用技术委员会 ISO/TC 69 对此美国军用标准作了一些编辑上的修改后,正式推荐其为 ISO 标准,并命名为 ISO 2859。日本花了 10 年时间,对美国军用标准 MIL-STD-105D 进行研究,结合本国特点制定了日本工业标准JIS-Z-9015。

我国在消化吸收了 ISO 2859,MIL-STD-105D,JIS-Z-9015 的基础上,于 1987 年发布了GB/T 2828—1987《逐批检查计数抽样程序及抽样表(适用于连续批的检查)》。

但随着科学技术的进步,为适应国际贸易和技术交流的需要,ISO/TC 69 对 ISO 2859 的研究和修改工作一直没有中断,从 1985 年到 1999 年共对此标准进行了 5 次修订。因此,它与GB/T 2828—1987 相比较已发生了很大的变化。为了适应科学技术的进步、质量管理水平的提高和加入 WTO 后国际贸易与技术交流的需要,我国对 GB/T 2828—1987 进行了修订,于 2003 年 9 月 15 日发布了等同采用 ISO 2859-1∶1999 新的国家标准 GB/T 2828.1—2003《计数抽样检验程序第 1 部分:按接收质量限(AQL)检索的逐批检验抽样计划》,并于 2004 年 3 月 1日起正式实施。

2. 接收质量限(acceptable quality limit,AQL)

1) 接收质量限的含义

接收质量限 AQL 是当一个连续系列批提交验收抽样时,可允许的最差过程平均质量水平,以不合格品百分数或每百单位产品不合格数表示。接收质量限是调整型抽检方案的基本参数,也是选择方案时依据的质量标准。当实际的过程平均$\bar{p} \leqslant$AQL 时,应使用正常方案进行检验;当$\bar{p} >$AQL 时,使用加严方案,以降低使用方风险;当$\bar{p} \ll$AQL,使用放宽检验,以带来良好的经济性。

2) 接收质量限的确定

(1) 按用户要求的质量确定。当用户根据使用要求和经济条件提出必须保证的质量水平时,则应将其质量要求定为 AQL 值。但 AQL 值并不是可以任意取的,在计数调整型抽样方案中,AQL(%)只能采用 0.01,0.015,…,1000,共 26 档。

(2) 按不合格类别确定。对于不同不合格类别的产品,分别规定不同的 AQL 值。越是重要的检验项目,验收后的不合格品造成的损失越大,AQL 值应更严格。此种方法多用于多品种、小批量生产及产品质量信息不多的场合。

(3) 根据检验项目数确定。同一类检验项目有多个时,AQL 值可取稍大些。表 6-4 是美国陆军对严重缺陷按检验项目数来规定的 AQL 值。

表 6-4 美国陆军对严重缺陷按检验项目数来规定的 AQL 值

检验项目数	AQL/(%)	检验项目数	AQL/(%)
1～2	0.25	12～19	1.5
3～4	0.40	20～48	2.5
5～7	0.65	≥49	4.0
8～11	1.0		

(4) 根据过程平均确定。根据生产方近期提交的初检批的样本检验结果，对过程平均的上限加以估计，与此值相等或稍大的标称值如果能被使用方接受，则可作为 AQL 值。此种方法多用于单一品种大批量生产且质量信息充分的场合。

(5) 与生产方协商确定。为了使使用方要求的质量与生产方的生产能力协调，双方可协商确定 AQL 值，这样可减少双方的纠纷。此种方法多用于新产品检验等质量信息少的场合。

3. 检验水平

检验水平标志着检验 J-T，它是反映批量 N 与样本量 n 之间关系的等级。对于批量大的检验批来说，一旦错判，将造成较大的经济损失，所以，必须增大 n，增加样本对总体的代表性，以提高抽样方案的鉴别能力。N 与 n 呈正比关系，但 n/N 并非常数。

在 GB/T 2828.1—2003 中规定了 7 种检验水平。对于一般的使用，给出了 3 个检验水平Ⅰ、Ⅱ、Ⅲ。除非另有规定，应使用水平Ⅱ。当要求鉴别能力较低时可使用水平Ⅰ，当要求鉴别能力较强时可使用水平Ⅲ。另外，还给出了 4 个特殊检验水平 S-1,S-2,S-3 和 S-4，可用于样本量必须相对小而且能允许较大抽样风险的情形。

在 3 个一般检验水平中，当批量给定后，样本大小随检验水平而变化。一般地，检验水平Ⅰ、Ⅱ、Ⅲ样本大小的比例为 0.4∶1∶1.6。

检验水平的选择应考虑以下几个方面：

(1) 产品的复杂程度与价格。构造简单、价格低廉的产品检验水平应低些，检验费用高的产品应选用低检验水平。

(2) 过程的稳定性。过程的稳定性差或新产品应选高检验水平，否则，选低检验水平。

(3) 是否破坏性检验。破坏性检验宜选低检验水平或特殊检验水平。

(4) 保证使用方的利益。如果想让大于 AQL 的劣质批尽量不接收，应选高检验水平。

(5) 各批之间的质量差异程度。批间的质量差异小且检验总是合格，宜选低检验水平。

(6) 批内质量波动幅度大小。批内质量波动比标准规定的幅度小，可采用低检验水平。

4. 样本量字码

样本量由样本量字码确定。对特定的批量和规定的检验水平，使用表 6-5 查找适用的字码。

表 6-5 样本量字码(选自 GB/T 2828.1—2003)

批量	特殊检验水平				一般检验水平		
	S-1	S-2	S-3	S-4	Ⅰ	Ⅱ	Ⅲ
2～8	A	A	A	A	A	A	B
9～15	A	A	A	A	A	B	C
16～25	A	A	B	B	B	C	D
26～50	A	B	B	C	C	D	E
51～90	B	B	C	C	C	E	F
91～150	B	B	C	D	D	F	G
151～280	B	C	D	E	E	G	H
281～500	B	C	D	E	F	H	J
501～1200	C	C	E	F	G	J	K
1201～3200	C	D	E	G	H	K	L
3201～10000	C	D	F	G	J	L	M
10001～35000	C	D	F	H	K	M	N
35001～150000	D	E	G	J	L	N	P
150001～500000	D	E	G	J	M	P	Q
500001 及其以上	D	E	H	K	N	Q	R

5. 宽严程度的转移规则

在 GB/T 2828.1—2003 中规定有 3 种不同严格程度的检验方案:正常检验、加严检验和放宽检验。

1) 正常检验

当过程平均优于接受质量限 AQL 时抽样方案的一种使用方法。此时抽样方案以高概率接收检验批,保护生产方利益。

2) 加严检验

具有比正常检验抽样方案接收准则更严厉的接收准则的抽样方案的一种使用方法。当预先规定的连续批的检验结果表明过程平均比接受质量限低劣时,采用加严检验,保护使用方的利益。

3) 放宽检验

具有样本量比正常检验抽样方案小,接收准则和正常抽样检验方案的接收准则相差不大的抽样方案的一种使用方法。当预先规定的连续批的检验结果表明过程平均明显优于接受质量限时,可进行放宽检验。放宽检验的样本虽一般为正常检验样本量的 40%,可以节省检验成本。

GB/T 2828.1—2003 规定 3 种检验方案之间的转移规则如下:

(1) 从正常检验转到加严检验。当正在采用正常检验时,只要初次检验中连续 5 批或少于 5 批中有 2 批是不可接收的,当正在采用正常检验时,应转移到加严检验。这里不考虑再提交批。

(2) 从加严检验转到正常检验。当正在进行加严检验时,如果初次检验的连续 5 批已被认为是可接收的,应恢复正常检验。

(3) 从正常检验转到放宽检验。当正在进行正常检验时,如果下列各条件均满足,应转移到放宽检验:① 当前的转移得分至少是 30 分;② 生产稳定;③ 负责部门认为放宽检验可取。

其中对一次抽样方案转移得分的计算方法如下:

除非负责部门另有规定,在正常检验一开始就应计算转移得分。在正常检验开始时,应将转移得分设定为 0,而在检验完每个批以后应更新转移得分。

① 当接收数等于或大于 2 时,如果当 AQL 加严一级后该批被接收,则给转移得分加 3 分;否则将转移得分重新设定为 0。

② 当接收数为 0 或 1 时,如果该批被接收,则给转移得分加 2 分;否则将转移得分重新设定为 0。

(4) 从放宽检验转到正常检验。当正在进行放宽检验时,如果初次检验出现下列任一情况,应恢复正常检验:① 一个批未被接收;② 生产不稳定或延迟;③ 认为应恢复正常检验的其他情况。

(5) 暂停检验。进行加严检验时,如果不接收批累计达到 5 批,应暂时停止检验,只有在供方采取了改进产品质量的措施,并经负责部门同意后,才可恢复检验。恢复检验应从加严检验开始。

计数调整型抽样方案的转移规则如图 6-4 所示。

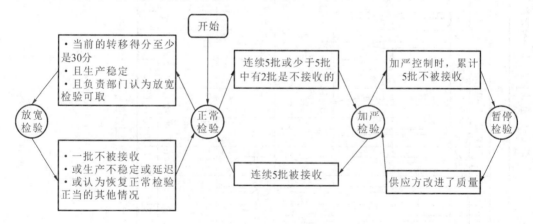

图 6-4 转移规则简图

6. 抽样表的构成

GB/T 2828.1—2003 的抽样表中,给出了正常、加严、放宽检验的 1 次、2 次、5 次抽样方案(正常、加严、放宽检验的 1 次抽样方案分别见表 6-6 至表 6-8。按样本量字码,给出了 1 次抽样方案的图和表。本书给出了样本量字码 J 的抽样方案(见表 6-9),其他字码的抽样方案见相应国标。本书还给出了供选择的分数接收数 1 次抽样方案,给出了不考虑暂停检验影响的抽样计划的设计值抽检特性曲线。同时,为方便使用者更好地使用这些抽样方案,又给出了正常、加严、放宽检验的生产方风险与使用方风险质量,给出了正常、加严检验平均检出质量上限与平均样本量曲线。

表 6-6 正常检验1次抽样方案（主表）（选自GB/T 2828.1—2003）

样本量字码	样本量	接收质量限(AQL)																									
		0.010	0.015	0.025	0.040	0.065	0.10	0.15	0.25	0.40	0.65	1.0	1.5	2.5	4.0	6.5	10	15	25	40	65	100	150	250	400	650	1000
		$A_c\ R_e$	$A_c\ R_e$	$A_c\ R_e$	$A_c\ R_e$	$A_c\ R_e$	$A_c\ R_e$	$A_c\ R_e$	$A_c\ R_e$	$A_c\ R_e$	$A_c\ R_e$	$A_c\ R_e$	$A_c\ R_e$	$A_c\ R_e$	$A_c\ R_e$	$A_c\ R_e$	$A_c\ R_e$	$A_c\ R_e$	$A_c\ R_e$	$A_c\ R_e$	$A_c\ R_e$	$A_c\ R_e$	$A_c\ R_e$	$A_c\ R_e$	$A_c\ R_e$	$A_c\ R_e$	$A_c\ R_e$
A	2													↓				0 1	↓		1 2	2 3	3 4	5 6	7 8	10 11	14 15	21 22
B	3												↓				0 1	↓	1 2	2 3	3 4	5 6	7 8	10 11	14 15	21 22	30 31	44 45
C	5											↓				0 1	↓	1 2	2 3	3 4	5 6	7 8	10 11	14 15	21 22	30 31	44 45	
D	8										↓				0 1	↓	1 2	2 3	3 4	5 6	7 8	10 11	14 15	21 22	30 31	44 45		
E	13									↓				0 1	↓	1 2	2 3	3 4	5 6	7 8	10 11	14 15	21 22	30 31	44 45			
F	20								↓				0 1	↓	1 2	2 3	3 4	5 6	7 8	10 11	14 15	21 22	↑					
G	32							↓				0 1	↓	1 2	2 3	3 4	5 6	7 8	10 11	14 15	21 22	↑						
H	50						↓				0 1	↓	1 2	2 3	3 4	5 6	7 8	10 11	14 15	21 22	↑							
J	80					↓				0 1	↓	1 2	2 3	3 4	5 6	7 8	10 11	14 15	21 22	↑								
K	125				↓				0 1	↓	1 2	2 3	3 4	5 6	7 8	10 11	14 15	21 22	↑									
L	200			↓				0 1	↓	1 2	2 3	3 4	5 6	7 8	10 11	14 15	21 22	↑										
M	315		↓				0 1	↓	1 2	2 3	3 4	5 6	7 8	10 11	14 15	21 22	↑											
N	500	↓				0 1	↓	1 2	2 3	3 4	5 6	7 8	10 11	14 15	21 22	↑												
P	800				0 1	↓	1 2	2 3	3 4	5 6	7 8	10 11	14 15	21 22	↑													
Q	1250	0 1	↓	↑	1 2	2 3	3 4	5 6	7 8	10 11	14 15	21 22	↑															
R	2000	↑		1 2	2 3	3 4	5 6	7 8	10 11	14 15	21 22	↑																

注：
↓——使用箭头下面的第一个抽样方案，如果样本量等于或超过批量，则执行100%检验。
↑——使用箭头上面的第一个抽样方案。
A_c——接收数。
R_e——拒收数。

表 6-7 加严检验1次抽样方案(主表)(选自GB/T 2828.1—2003)

表 6-8 放宽检验 1 次抽样方案（主表）（选自 GB/T 2828.1—2003）

样本量字码	样本量	接收质量限 (AQL)																									
		0.010	0.015	0.025	0.040	0.065	0.10	0.15	0.25	0.40	0.65	1.0	1.5	2.5	4.0	6.5	10	15	25	40	65	100	150	250	400	650	1000
		$A_c\ R_e$	$A_c\ R_e$	$A_c\ R_e$	$A_c\ R_e$	$A_c\ R_e$	$A_c\ R_e$	$A_c\ R_e$	$A_c\ R_e$	$A_c\ R_e$	$A_c\ R_e$	$A_c\ R_e$	$A_c\ R_e$	$A_c\ R_e$	$A_c\ R_e$	$A_c\ R_e$	$A_c\ R_e$	$A_c\ R_e$	$A_c\ R_e$	$A_c\ R_e$	$A_c\ R_e$	$A_c\ R_e$	$A_c\ R_e$	$A_c\ R_e$	$A_c\ R_e$	$A_c\ R_e$	$A_c\ R_e$
A	2	↓													0 1	→			1 2	2 3	3 4	4 5	6 7	8 9	10 11	14 15	21 22	30 31
B	2													0 1	↑	↓		1 2	2 3	3 4	4 5	6 7	8 9	10 11	14 15	21 22	30 31	
C	2												0 1	↑	↓	1 2	2 3	3 4	4 5	6 7	8 9	10 11	14 15	21 22				
D	3										0 1	↑	↓	1 2	2 3	3 4	4 5	6 7	8 9	10 11	14 15	21 22						
E	5									0 1	↑	↓	1 2	2 3	3 4	4 5	6 7	8 9	10 11	14 15	21 22							
F	8								0 1	↑	↓	1 2	2 3	3 4	4 5	6 7	8 9	10 11										
G	13							0 1	↑	↓	1 2	2 3	3 4	4 5	6 7	8 9	10 11	↑										
H	20						0 1	↑	↓	1 2	2 3	3 4	4 5	6 7	8 9	10 11	↑											
J	32					0 1	↑	↓	1 2	2 3	3 4	4 5	6 7	8 9	10 11	↑												
K	50				0 1	↑	↓	1 2	2 3	3 4	4 5	6 7	8 9	10 11	↑													
L	80			0 1	↑	↓	1 2	2 3	3 4	4 5	6 7	8 9	10 11	↑														
M	125		0 1	↑	↓	1 2	2 3	3 4	4 5	6 7	8 9	10 11	↑															
N	200	0 1	↑	↓	1 2	2 3	3 4	4 5	6 7	8 9	10 11	↑																
P	315	↑	↓	1 2	2 3	3 4	4 5	6 7	8 9	10 11	↑																	
Q	500	↓	1 2	2 3	3 4	4 5	6 7	8 9	10 11	↑																		
R	800	1 2	2 3	3 4	4 5	6 7	8 9	10 11																				

注：⇩ ——使用箭头下面的第一个抽样方案，如果样本量等于或超过批量，则执行100%检验。
⇧ ——使用箭头上面的第一个抽样方案。
A_c ——接收数。
R_e ——拒收数。

表 6-9 关于样本量字码 J 的抽样方案（选自 GB/T 2828.1—2003）

正常检验接受质量限（以不合格品百分数和每百单位产品不合格数表示）

抽样方案类型	累计样本量	<0.15	0.15	0.25	0.40	0.65	1.0	1.5	2.5	4.0	6.5	10	15	>15
		$A_c\ R_e$	$A_c\ R_e$	$A_c\ R_e$	$A_c\ R_e$	$A_c\ R_e$	$A_c\ R_e$	$A_c\ R_e$	$A_c\ R_e$	$A_c\ R_e$	$A_c\ R_e$	$A_c\ R_e$	$A_c\ R_e$	$A_c\ R_e$
一次	80	↓	0 1	使用字码 H	使用字码 K	1 2	2 3	3 4	5 6	7 8	10 11	14 15	21 22	↑
二次	50	↓	*	使用字码 H	使用字码 K	0 2	0 3	1 3	2 5	3 6	5 9	7 11	11 16	↑
	100					1 2	3 4	4 5	6 7	9 10	12 13	18 19	26 27	
多次	20	↓	*	使用字码 H	使用字码 K	# 2	# 2	# 3	# 4	0 4	0 5	1 7	2 9	↑
	40					0 2	0 3	0 3	1 5	1 6	3 8	4 10	6 12	
	60					0 2	1 3	1 4	2 6	3 8	6 10	8 13	11 17	
	80					1 2	2 5	2 5	4 7	5 9	9 12	12 17	16 22	
	100						3 4	4 5	6 7	9 10	11 15	15 16	18 19	20 25
													15	
		<0.25	0.25	0.40	0.65	1.0	1.5	2.5	4.0	6.5	10	15	>15	

加严检验接受质量限（以不合格品百分数和每百单位产品不合格数表示）

注：
↑——使用上面紧的接收数与拒收数可用的样本量字码。
↓——使用下面的接收数与拒收数可用的样本量字码。
A_c——接收数。
R_e——拒收数。
*——使用上面的一次抽样方案（或者使用字码 M）。
#——此样本盘不允许接收。

7. GB/T 2828.1—2003 的使用程序

(1) 规定单位产品的质量特性。

(2) 规定不合格的分类。

(3) 规定接收质量限 AQL。

(4) 规定检验水平。

(5) 组成检验批。

(6) 确定抽样方案的类型。标准给出了 1 次抽样、2 次抽样、多次抽样三种类型的抽样方案。对于给定的 AQL 和样本量字码,如果有几种不同的抽样方案,可以使用其中的任一种。它们对产品质量的鉴别能力是一样的。

以下情况宜选用 1 次抽样:① 检验费用低的产品;② 复杂产品,检验项目多的产品;③ 检测周期长的产品;④ 抽样困难的产品;⑤ 管理费用大或不适应 2 次或多次抽样的产品。

以下情况宜选用 2 次与多次抽样:① 检验费用高的产品;② 简单且检验项目少的产品。

(7) 检索抽样方法。① 根据批量与检验水平从表 6-5 中查得样本量字码。② 根据 AQL、样本量字码、抽样类型及检验的宽严程度从相应的抽样表中检索抽样方案 (n, A_c)。

【例 6.3】 某产品采用计数调整型抽样方案检验,批量为 800,AQL=4,检验水平为 Ⅱ,求正常检验 1 次的抽样方案。

【解】 从表 6-5 中,在 $N=800$ 和检验水平的相交栏查得字码 J,再根据 J、AQL 的值从表 6-6(正常检验 1 次抽样方案)中检索出 1 次抽样方案为 $n=80, A_c=7, R_e=8$,即从 800 个产品中随机抽取 80 个进行检验,如果不合格品数 $d \leqslant 7$,则 800 台产品全部接收。如果 $d \geqslant 8$,则 800 台产品全部不接收。

【例 6.4】 如果对例 6.3 产品进行的是加严检验,则由表 6-7 可查得加严检验的抽样方案为 $n=80, A_c=5, R_e=6$。即从 800 个产品中,随机抽取 80 个进行检验,如果不合格品数 $d \leqslant 5$,则 800 台产品全部接收;如果 $d \geqslant 6$,则 800 台产品全部不接收。

(8) 随机抽取样本。

(9) 对样本进行检验。

(10) 判断批接收与否。

(11) 抽样检验后的处置。

① 对合格批的处置。经抽样检验后判为合格的批,可交付(或储存等待)使用方使用,但样本中发现的不合格品需进行修复或更换成合格品。

② 对不合格批的处置。a. 报废。产品极重要特性不合格,已丧失使用价值或检验是破坏性的无法挑选,并且无法修复或修复费用太高。b. 百分之百挑选。将不合格批退回供货方,将不合格品用合格品替换或修复成合格品。这是处理不合格批最常用的方法。但要挑净不合格品,需要挑 2~3 遍。再次提交检验时,采取正常检验还是加严检验,是只检验不合格的项目还是所有项目全检,由负责部门确定。c. 用于其他适用场合(但需重新评定)。

6.4 计量抽样检验

计量抽样检验可以从不同的角度加以分类,这里只介绍不合格品率的计量标准型一次抽样检验。GB/T 8054—2008 规定了以批不合格品率为质量指标的计量标准型一次抽样检验的程序与实施方法，适用于产品质量特征以计量值表示且服从或近似服从正态分布的检验。该标准规定生产方风险 $\alpha=0.05$，使用方风险 $\beta=0.10$，被检批的可接收质量 $p_0 \leqslant 10\%$。

6.4.1 术语

(1) 计量质量特性。是指被检的单位产品特性能用连续尺度进行度量的品质特征。

(2) 计量抽样检验。是指按规定的抽样方案从批中抽取一定数量的单位产品。用测量、试验或其他方法取得它们的质量特征值，与质量要求进行对比，并判断该批产品能否接收的检验过程。

(3) σ 法。是指批标准差已知时，利用样本平均值与批标准差来判断能否接收的方法。

(4) s 法。是指批标准差未知时，利用样本平均值与样本标准差来判断能否接收的方法。

(5) 上规格限 U。是指对单位产品或服务规定的合格产品所允许的质量特征最大界限值。

(6) 下规格限 L。是指对单位产品或服务规定的合格产品所允许的质量特征最小界限值。

(7) 质量统计量 Q。是指由规格限、样本均值和标准差构成的函数，通过比较 Q 和接收常数 k 来判断批的可接收性。

(8) 接收常数 k。它是用于判断批能否接收的常数。

6.4.2 符号

标准规定的符号及意义见表 6-10。

表 6-10　标准规定的符号及意义

符号及意义	符号及意义
U：上规格限	n：样本量
L：下规格限	s：样本质量特性值的标准差 $s=\sqrt{\dfrac{1}{n-1}\sum_{i=1}^{n}(x_i-\bar{x})^2}$
p_0：以批不合格品率为质量标准时的合格质量水平	σ：批质量特性的标准差 Q_U：上规格限的质量统计量 σ 法：$Q_U=\dfrac{U-\bar{x}}{\sigma}$；$s$ 法：$Q_U=\dfrac{U-\bar{x}}{s}$
p_1：以批不合格品率为质量标准时的极限质量水平	
$\bar{x}$：样本质量特性值的平均值 $\bar{x}=\dfrac{1}{n}\sum_{i=1}^{n}X_i$	Q_L：下规格限的质量统计量 σ 法：$Q_L=\dfrac{\bar{x}-L}{\sigma}$；$s$ 法：$Q_L=\dfrac{\bar{x}-L}{s}$
k：接收常数	p_a：检验批的接收概率

6.4.3 抽样表

在 GB/T 8054—2008 中，给出的抽样表有：

(1) σ 法单侧限抽样方案表（见表 6-11）。

(2) σ 法双侧限抽样方案表（见表 6-12）。

(3) s 法单侧限抽样方案表（见表 6-13）。

表 6-11 σ 法单侧限抽样方案表（选自 GB/T 8054—2008）（节选）

$p_1/(\%)$ 代表值	0.80	1.00	1.25	1.60	2.00	2.50	3.15	4.00	5.00	6.30	8.00	10.00	12.50	16.00	20.00	25.00	31.50
范围	0.71~0.9	0.91~1.12	1.13~1.40	1.41~1.80	1.81~2.24	2.25~2.80	2.81~3.55	3.56~4.50	4.51~5.60	5.61~7.10	7.11~9.00	9.01~11.2	11.30~14.0	14.10~18.0	18.10~22.4	22.50~28.0	28.10~35.5
$p_0/(\%)$ 代表值 / 范围																	
0.100 / 0.090~0.112	18; 2.71	15; 2.66	12; 2.61	10; 2.56	8; 2.51	7; 2.46	6; 2.40	5; 2.34	4; 2.27	4; 2.23	3; 2.14	3; 2.10	2; 2.00	2; 1.92	2; 1.87	2; 1.81	2; 1.74
0.125 / 0.113~0.140	23; 2.68	18; 2.63	14; 2.58	11; 2.53	9; 2.48	8; 2.43	6; 2.36	5; 2.30	5; 2.26	4; 2.19	3; 2.10	3; 2.06	2; 1.97	2; 1.88	2; 1.82	2; 1.77	2; 1.70
0.160 / 0.141~0.180	29; 2.64	22; 2.60	17; 2.55	13; 2.50	11; 2.45	9; 2.39	7; 2.33	6; 2.28	5; 2.21	5; 2.19	4; 2.10	3; 2.01	2; 1.94	2; 1.85	2; 1.77	2; 1.72	2; 1.64
0.200 / 0.181~0.224	39; 2.61	28; 2.57	21; 2.52	16; 2.47	13; 2.42	10; 2.36	8; 2.30	7; 2.25	6; 2.19	5; 2.14	4; 2.08	3; 1.98	3; 1.92	2; 1.82	2; 1.73	2; 1.68	2; 1.60
0.250 / 0.225~0.280	*	37; 2.54	27; 2.49	20; 2.44	15; 2.38	12; 2.33	10; 2.28	8; 2.22	6; 2.15	5; 2.12	4; 2.05	4; 1.96	3; 1.87	3; 1.79	3; 1.70	2; 1.62	2; 1.56
0.315 / 0.281~0.355	*	*	36; 2.46	25; 2.40	19; 2.35	14; 2.30	11; 2.24	9; 2.18	7; 2.12	6; 2.06	5; 1.99	4; 1.91	3; 1.84	3; 1.77	3; 1.67	2; 1.57	2; 1.50
0.400 / 0.356~0.450	*	*	*	33; 2.37	24; 2.32	18; 2.26	14; 2.21	11; 2.15	8; 2.09	7; 2.02	6; 1.95	5; 1.89	4; 1.81	3; 1.72	3; 1.63	2; 1.53	2; 1.45
0.500 / 0.451~0.560	*	*	*	46; 2.33	31; 2.28	23; 2.23	17; 2.17	13; 2.11	10; 2.05	8; 1.99	6; 1.92	5; 1.85	4; 1.77	4; 1.68	3; 1.60	2; 1.51	2; 1.40
0.630 / 0.561~0.710	*	*	*	*	44; 2.25	30; 2.19	21; 2.14	15; 2.07	12; 2.02	9; 1.95	7; 1.88	6; 1.82	5; 1.75	4; 1.66	3; 1.57	3; 1.47	2; 1.36
0.80 / 0.711~0.900	*	*	*	*	*	40; 2.16	28; 2.10	20; 2.04	15; 1.98	11; 1.91	8; 1.84	7; 1.78	6; 1.70	5; 1.61	4; 1.52	3; 1.44	2; 1.33
1.00 / 0.901~1.12	*	*	*	*	*	*	39; 2.06	26; 2.00	18; 1.94	11; 1.88	10; 1.81	8; 1.74	6; 1.66	5; 1.58	4; 1.50	3; 1.39	3; 1.30
1.25 / 1.130~1.40	*	*	*	*	*	*	*	36; 1.97	24; 1.91	17; 1.84	12; 1.77	9; 1.70	7; 1.62	6; 1.54	4; 1.44	3; 1.36	2; 1.25

续表

$p_0/(\%)$ 代表值	范围 \ $p_1/(\%)$ 代表值	0.80	1.00	1.25	1.60	2.00	2.50	3.15	4.00	5.00	6.30	8.00	10.00	12.50	16.00	20.00	25.00	31.50
	范围	0.71~0.9	0.91~1.12	1.13~1.40	1.41~1.80	1.81~2.24	2.25~2.80	2.81~3.55	3.56~4.50	4.51~5.60	5.61~7.10	7.11~9.00	9.01~11.2	11.30~14.0	14.10~18.0	18.10~22.4	22.50~28.0	28.10~35.5
1.60	1.410~1.80					*	*	*	*	31 / 1.86	23 / 1.80	16 / 1.73	12 / 1.66	9 / 1.59	7 / 1.49	5 / 1.41	4 / 1.32	3 / 1.20
2.00	1.810~2.24						*	*	*	*	31 / 1.76	20 / 1.69	14 / 1.62	10 / 1.54	8 / 1.16	6 / 1.37	5 / 1.28	3 / 1.17
2.50	2.250~2.80							*	*	*	46 / 1.72	28 / 1.65	19 / 1.58	13 / 1.50	9 / 1.41	7 / 1.33	5 / 1.25	4 / 1.13
3.15	2.810~3.55								*	*	*	41 / 1.60	26 / 1.53	17 / 1.46	11 / 1.37	8 / 1.28	6 / 1.19	5 / 1.08
4.00	3.560~4.50									*	*	*	39 / 1.19	24 / 1.41	15 / 1.33	10 / 1.24	7 / 1.14	5 / 1.05
5.00	4.510~5.60										*	*	*	36 / 1.37	20 / 1.28	14 / 1.19	10 / 1.10	6 / 0.99
6.30	5.610~7.10											*	*	*	30 / 1.23	19 / 1.14	12 / 1.05	8 / 0.94
8.00	7.110~9.00												*	*	*	27 / 1.09	17 / 0.99	10 / 0.89
10.00	9.010~11.2													*	*	15 / 1.03	24 / 0.94	11 / 0.83

表 6-12 σ 法双侧限抽样方案表（选自 GB/T 8054—2008）（节选）

$p_0/(\%)$ 代表值				0.100				0.125				0.160			
$p_0/(\%)$ 范围				0.090~0.112				0.113~0.140				0.141~0.180			
$p_1/(\%)$ 代表值	$p_1/(\%)$ 范围		$\dfrac{U-L}{\sigma}$ 计算值												
			6.64及以下		6.65~6.90		6.91及以上		6.51及以下		6.52~6.80		6.81及以上		6.37及以下		6.38~6.69		6.70及以上	
0.80	0.71~0.90		14	2.75	16	2.73	18	2.71	16	2.73	18	2.71	23	2.68	20	2.70	24	2.67	29	2.65
1.00	0.91~1.12		12	2.7	13	2.68	14	2.67	13	2.68	15	2.66	18	2.63	16	2.65	18	2.63	22	2.60
1.25	1.13~1.40		10	2.65	11	2.63	12	2.62	11	2.63	12	2.61	14	2.58	13	2.60	15	2.58	17	2.55
1.60	1.41~1.80		8	2.59	9	2.58	10	2.57	9	2.57	10	2.56	11	2.53	10	2.54	12	2.52	13	2.50
2.00	1.81~2.24		7	2.54	7	2.53	8	2.51	8	2.51	8	2.50	9	2.48	9	2.49	10	2.47	11	2.45
2.50	2.25~2.80		6	2.48	6	2.47	7	2.46	7	2.46	7	2.45	8	2.43	8	2.43	8	2.42	9	2.40
3.15	2.81~3.55		5	2.42	5	2.41	6	2.0	6	2.40	6	2.39	6	2.37	6	2.37	7	2.36	7	2.34
4.00	3.56~4.50		5	2.36	5	2.35	5	2.34	5	2.33	5	2.32	5	2.31	5	2.31	6	2.29	6	2.28
5.00	4.51~5.60		4	2.30	4	2.29	4	2.28	4	2.27	4	2.26	5	2.25	5	2.24	5	2.23	5	2.22
6.30	5.61~7.10		4	2.23	4	2.23	4	2.23	4	2.21	4	2.20	4	2.19	4	2.17	4	2.17	4	2.15
8.00	7.11~9.00		3	2.15	3	2.15	3	2.15	3	2.13	3	2.12	3	2.12	3	2.10	4	2.09	4	2.08

第6章 质量检验

续表

$p_0/(\%)$代表值		0.100			0.125			0.160		
$p_0/(\%)$范围		0.090~0.112			0.113~0.140			0.141~0.180		
$p_1/(\%)$代表值	$p_1/(\%)$范围	\multicolumn{9}{c}{$\dfrac{U-L}{\sigma}$计算值}
		6.64及以下	6.65~6.90	6.91及以上	6.51及以下	6.52~6.80	6.81及以上	6.37及以下	6.38~6.69	6.70及以上
10.00	9.01~11.2	3 2.10	3 2.10	3 2.10	3 2.08	3 2.07	3 2.06	3 2.02	3 2.02	3 2.01
12.5	11.3~14.0	2 2.00	2 2.00	2 2.00	2 1.97	2 1.97	2 1.97	2 1.94	2 1.94	2 1.94
16.0	14.1~18.0	2 1.92	2 1.92	2 1.92	2 1.88	2 1.88	2 1.88	2 1.85	2 1.85	2 1.85
20.0	18.1~22.4	2 1.87	2 1.87	2 1.87	2 1.82	2 1.82	2 1.82	2 1.77	2 1.77	2 1.77
25.0	22.5~28.0	2 1.81	2 1.81	2 1.81	2 1.76	2 1.76	2 1.76	2 1.71	2 1.71	2 1.71
31.5	28.1~35.5	2 1.74	2 1.74	2 1.74	2 1.69	2 1.69	2 1.69	2 1.64	2 1.64	2 1.64

表 6-13 s 法单侧限抽样方案表（选自 GB/T 8054—2008）（节选）

$p_1/(\%)$ 代表值 范围		$p_0/(\%)$ 代表值	0.80 0.71 ~0.9	1.00 0.91 ~1.12	1.25 1.13 ~1.40	1.60 1.41 ~1.80	2.00 1.81 ~2.24	2.50 2.25 ~2.80	3.15 2.81 ~3.55	4.00 3.56 ~4.50	5.00 4.51 ~5.60	6.30 5.61 ~7.10	8.00 7.11 ~9.00	10.00 9.01 ~11.2	12.50 11.30 ~14.0	16.00 14.10 ~18.0	20.00 18.10 ~22.4	25.00 22.50 ~28.0	31.50 28.10 ~35.5
0.090 ~0.112		0.100	87 2.71	68 2.67	54 2.62	42 2.57	34 2.52	28 2.47	23 2.42	19 2.36	19 2.31	13 2.24	11 2.19	9 2.11	8 2.07	6 1.97	5 1.89	5 1.84	4 1.74
0.113 ~0.140		0.125	*	80 2.64	62 2.59	48 2.54	38 2.49	31 2.44	25 2.39	20 2.32	17 2.28	14 2.21	12 2.16	10 2.10	8 2.02	7 1.95	6 1.88	5 1.80	4 1.70
0.141 ~0.080		0.160	*	98 2.60	74 2.56	56 2.50	44 2.46	35 2.40	28 2.35	23 2.30	18 2.23	15 2.18	12 2.10	10 2.04	9 2.00	7 1.91	6 1.84	5 1.75	4 1.66
0.181 ~0.224		0.200	*	*	90 2.56	66 2.50	51 2.42	40 2.37	31 2.32	25 2.26	20 2.20	16 2.14	13 2.08	11 2.02	9 1.95	7 1.87	6 1.80	5 1.72	4 1.62
0.225 ~0.280		0.250	*	*	*	79 2.47	59 2.39	46 2.34	35 2.28	28 2.23	22 2.17	18 2.12	14 2.04	12 1.99	10 1.93	8 1.84	6 1.76	5 1.67	4 1.58
0.281 ~0.355		0.315	*	*	*	98 2.44	71 2.36	54 2.31	41 2.25	31 2.19	25 2.14	19 2.07	15 2.00	12 1.94	10 1.88	8 1.80	7 1.73	5 1.64	4 1.54
0.356 ~0.450		0.400	*	*	*	*	89 2.32	65 2.27	48 2.22	36 2.16	28 2.10	22 2.04	17 1.98	14 1.92	11 1.85	9 1.77	7 1.69	6 1.62	4 1.50
0.451 ~0.560		0.500	*	*	*	*	*	82 2.18	57 2.18	42 2.12	32 2.07	24 2.00	19 1.94	15 1.88	12 1.81	9 1.72	7 1.64	6 1.57	5 1.47
0.561 ~0.710		0.630	*	*	*	*	*	*	71 2.14	50 2.08	37 2.03	28 1.97	21 1.90	16 1.83	13 1.77	10 1.69	8 1.62	6 1.52	5 1.43
0.711 ~0.900		0.800	*	*	*	*	*	*	92 2.10	62 2.05	44 1.99	32 1.92	24 1.86	18 1.79	14 1.72	11 1.66	8 1.56	7 1.49	5 1.39
0.901 ~1.12		1.00	*	*	*	*	*	*	*	79 2.01	54 1.95	38 1.89	28 1.83	21 1.76	16 1.69	12 1.62	9 1.53	7 1.45	5 1.34
1.13 ~1.40		1.25	*	*	*	*	*	*	*	*	69 1.91	47 1.85	32 1.78	24 1.72	18 1.65	13 1.57	10 1.50	7 1.39	6 1.31

续表

$p_1/(\%)$ 代表值		0.80	1.00	1.25	1.60	2.00	2.50	3.15	4.00	5.00	6.30	8.00	10.00	12.50	16.00	20.00	25.00	31.50
	范围	0.71~0.9	0.91~1.12	1.13~1.40	1.41~1.80	1.81~2.24	2.25~2.80	2.81~3.55	3.56~4.50	4.51~5.60	5.61~7.10	7.11~9.00	9.01~11.2	11.30~14.0	14.10~18.0	18.10~22.4	22.50~28.0	28.10~35.5
$p_0/(\%)$ 代表值	范围																	
1.60	1.41~1.80					*	*	*	*	95 / 1.87	60 / 1.80	40 / 1.74	28 / 1.67	20 / 1.60	15 / 1.53	11 / 1.45	8 / 1.35	6 / 1.26
2.00	1.81~2.24						*	*	*	*	81 / 1.76	50 / 1.69	34 / 1.63	24 / 1.56	17 / 1.48	12 / 1.40	9 / 1.32	6 / 1.21
2.50	2.25~2.80							*	*	*	*	67 / 1.65	43 / 1.59	29 / 1.52	19 / 1.43	14 / 1.36	10 / 1.27	7 / 1.17
3.15	2.81~3.55								*	*	*	*	57 / 1.54	36 / 1.47	23 / 1.39	16 / 1.31	11 / 1.22	8 / 1.13
4.00	3.56~4.50									*	*	*	83 / 1.49	48 / 1.42	29 / 1.34	19 / 1.25	13 / 1.17	9 / 1.08
5.00	4.51~5.60										*	*	*	69 / 1.37	38 / 1.29	23 / 1.20	15 / 1.11	10 / 1.02
6.30	5.61~7.10											*	*	*	53 / 1.23	30 / 1.15	19 / 1.07	12 / 0.97
8.00	7.11~9.00												*	*	87 / 1.18	44 / 1.10	24 / 1.00	14 / 0.89
10.00	9.01~11.2													*	*	68 / 1.04	34 / 0.95	18 / 0.84

注：* 样本量大于 100，不予推荐。

6.4.4 抽样检验的程序

GB/T 8054—2008 规定的抽样检验程序如下：
(1) 选择抽样检验类型。
(2) 确定抽样检验方式。
(3) 规定合格质量与极限质量。
(4) 确定抽样方案。
(5) 构成批与抽取样本。
(6) 检验样本与计算结果。
(7) 判断批能否接收。
(8) 处理检验批。

6.4.5 抽样检验的实施

1. 抽样检验类型的选择

GB/T 8054—2008 规定了两种抽样检验类型：σ 法和 s 法。

产品质量稳定，并有近期质量管理或抽样检验的数据能预先确定批标准差时，可选用 σ 法；如无近期数据，或即使有近期数据，但质量不稳定时，应选用 s 法。产品质量稳定与否的检验方法参见 GB/T 8054—2008 的附录 A。

当生产方与使用方有较长供货期间时，无论采用 σ 法或 s 法，都要以控制图方式记录样本均值与样本标准差。若在应用 s 法过程中，控制图显示标准差已处于统计控制状态，允许由 s 法转换为 σ 法。若在应用 σ 法的过程中，控制图显示样本标准差不处于统计控制状态，应立即由 σ 法转换为 s 法。如果控制图虽未显示失去统计控制状态，但表明批标准差变小或变大时，应随时更新所采用的批标准差值。

2. 抽样检验方式的确定

GB/T 8054—2008 规定了 3 种抽样检验方式。
(1) 上规格限。指被检质量特性在技术标准中规定的最大值，愈小愈好。
(2) 下规格限。指被检质量特性在技术标准中规定的最小值，愈大愈好。
(3) 双侧规格限。指被检质量特性在技术标准中规定的最大值与最小值，限定质量特性值在最大值和最小值之间。

采用双侧规格限 s 法，必须满足下列两个条件，才能应用 s 法单侧限抽样方案表。

$$\frac{U-L}{\sigma} > 2.89 u_{1-p_0} - 0.89 u_{1-p_1} \tag{6-1}$$

$$\frac{U-L}{\sigma} > 2 u_{1-0.2p_0} \tag{6-2}$$

式中：u_{1-p_0}、u_{1-p_1} 和 $u_{1-0.2p_0}$ 表示标准正态分布的上侧概率 p_0、p_1 与 $0.2 p_0$ 时的分位数。从表 6-14 常用不合格品率的分位数值表可查取分位数。如规定 $p_0=1.00, p_1=5.00$ 时，从表 6-14 中查得

$$p_0 = 1.00 \text{ 时}, u_{1-p_0} = 2.32635$$
$$p_1 = 5.00 \text{ 时}, u_{1-p_1} = 1.64485$$
$$p = 0.2 p_0 = 0.2 \text{ 时}, u_{1-0.2p_0} = 2.87816$$

表 6-14　不合格品率的分位数值 u_{1-p}

p/(%)		u_{1-p}
p_0	p_1	
0.100	—	3.09023
0.125	—	3.02334
0.160	—	2.94784
0.200	—	2.87816
0.250	—	2.80703
0.315	—	2.73174
0.400	—	2.65207
0.500	—	2.57583
0.630	—	2.49488
0.800	0.80	2.40892
1.00	1.00	2.32635
1.25	1.25	2.24140
1.60	1.60	2.14441
2.00	2.00	2.05375
2.50	2.50	1.95996
3.15	3.15	1.85919
4.00	4.00	1.75069
5.00	5.00	1.64485
6.30	6.30	1.53007
8.00	8.00	1.40507
10.0	10.0	1.28155
—	12.5	1.15035
—	16.0	0.99446
—	20.0	0.84162
—	25.0	0.67449
—	31.5	0.48173

3. 合格质量与极限质量的确定

合格质量 p_0 与极限质量 p_1 的选择，应综合考虑质量要求、加工能力、检验费用等因素，由生产方与使用方协商确定。

4. 检索抽样方案

(1) σ 法。按表 6-15 列步骤确定抽样方案。

表 6-15 σ 法的抽样方案

工作步骤	工作内容	检验方式		
		上规格限	下规格限	双侧规格限
(1)	规定质量要求	U, p_0, p_1	L, p_0, p_1	U, L, p_0, p_1
(2)	确定 σ 值	由生产厂近期数据，按 GB/T 8054—2008 中附录 B 的方法估计		
(3)	检索抽样方案	由 p_0, p_1 值与表 6-11 检出 n, k 值	同左	由 p_0, p_1 及 $\frac{U-L}{\sigma}$ 值与表 6-12 检出 n, k 值

(2) s 法。按表 6-16 列步骤确定抽样方案。

表 6-16 s 的抽样方案

工作步骤	工作内容	检验方式		
		上规格限	下规格限	双侧规格限
(1)	规定质量要求	U, p_0, p_1	L, p_0	U, L, p_0, p_1
(2)	检索抽样方案	由 p_0, p_1 值于表 6-13 检出 n, k 值	同左	同左（所给条件满足双侧规格限使用条件时）

5. 批的构成与样本的抽取

提交检验的产品必须以批的形式提交。提交的批应由同一规格型号、同一质量等级以及由同一材质原料在同一工艺条件下生产的单位产品构成。批量大小按销售情况和实际生产条件由生产方和使用方商定。所需样本应从整批中随机抽取，可在批构成之后或在批的构成过程中进行。

6. 样本的检验与计算

对样本中每件单位产品按产品标准或订货合同的规定进行检验，检验结果应完整准确地记录，并计算出样本的均值与标准差。

7. 批能否接收的判断

1) σ 法判断规则

① 给定上规格限，则有

$$Q_U = \frac{U - \bar{x}}{\sigma} \tag{6-3}$$

若 $Q_U \geq k$，批接收；$Q_U < k$，批拒收。

② 给定下规格限，则有

$$Q_L = \frac{\bar{x} - L}{\sigma} \tag{6-4}$$

若 $Q_L \geq k$，批接收；$Q_L < k$，批拒收。

③ 给定双侧规格限时，则有

$$Q_U = \frac{U - \bar{x}}{\sigma}, \quad Q_L = \frac{\bar{x} - L}{\sigma} \tag{6-5}$$

若 $Q_U \geq k$ 并且 $Q_L \geq k$，批接收；$Q_U < k$ 或 $Q_L < k$，批拒收。

2) s 法判断规则

① 给定上规格限，则有

$$Q_U = \frac{U - \bar{x}}{s} \tag{6-6}$$

若 $Q_U \geq k$，批接收；$Q_U < k$，批拒收。

② 给定下规格限，则有

$$Q_L = \frac{\bar{x} - L}{s} \tag{6-7}$$

若 $Q_L \geq k$，批接收；$Q_L < k$，批拒收。

③ 给定双侧规格限时，则有

$$Q_U = \frac{U - \bar{x}}{s}, \quad Q_L = \frac{\bar{x} - L}{s} \tag{6-8}$$

若 $Q_U \geq k$ 并且 $Q_L \geq k$，批接收；$Q_U < k$ 或 $Q_L < k$，批拒收。

8. 批的处理

凡判为接收的批，使用方应整批接收。判为拒收的批，生产方不得未经任何处理再次提交检验，应按照预先签订的合同规定予以处理。

【例 6.5】 某产品质量特性值不超过 200 时为合格。已知 $\sigma = 6$，规定 $p_0 = 1.00\%$，$p_1 = 8.00\%$，确定抽样方案。

【解】 已知 $U = 200, \sigma = 6, p_0 = 1.00\%, p_1 = 8.00\%$

根据 p_0、p_1，由表 6-11 查得抽样方案为 $n = 10, k = 1.81$。

习　题

1. 什么是抽样特性曲线？抽样检验的两类风险是什么？
2. 在计数标准型抽样检验中，规定 p_0 为 0.53%，p_1 为 1.5% 时，求抽样方案。
3. 某半成品交接采用技术挑选型抽样方案进行检验，批量 $N = 2000$，采用 AOQL 方案，已知半成品的过程平均不合格品率 $\bar{p} = 0.5\%$，AOQL $= 2.0\%$，确定抽样方案。
4. 某产品采用计数调整型抽样方案检验，批量 $N = 1000$，AQL $= 2.5\%$，检验水平为 Ⅱ，求正常检验一次的抽样方案。
5. 某产品质量特性值不超过 200 时为合格。已知 $\sigma = 6$，规定 $p_0 = 0.8\%$，$p_1 = 2.5\%$，确定抽样方案。

第 7 章 质量经济性

7.1 质量经济性概述

7.1.1 质量经济分析的基本概念

质量与经济是密不可分的。早在 20 世纪 60 年代初,美国质量管理专家费根堡姆在他的《全面质量管理》一书中就特别提出了要重视质量经济性的观点,在质量管理学中引入经济性分析使质量管理发展到一个新的阶段。到目前,质量经济性研究已成为质量管理学科的一个重要组成部分。

所谓质量经济分析,就是通过分析企业的质量与投入(成本)和产出(收益)之间的关系,寻求最适宜的质量水平,从而使企业的经济效益和社会效益达到最佳化。可以说,质量经济分析贯穿于产品质量的产生、形成和实现的全过程之中。

对于制造企业而言,从事质量经济分析的目的是以最小的投入生产出能满足用户质量要求的产品。

对于用户而言,从事质量经济分析的目的是寻找既满足使用要求,又使购置费用和使用费用最小的产品。

对于社会而言,从事质量经济分析的目的是使产品给社会带来最大的经济效益,而使产品生产、使用和报废处理带来的损失最小化。

由此可见,质量经济分析就是研究产品出厂前的设计制造费用、出厂后用户的使用费用、报废后的处理费用,以及用户发挥产品功能中对生产者、使用者和社会带来的效益以及引起的损失的综合结果。因此,在进行质量经济分析时,必须从生产者、使用者和社会三者的角度来综合考虑。

7.1.2 质量经济效益的构成

从广义上讲,开展质量活动的总收益由以下三项内容组成。

(1) 生产者从事质量管理活动带来的总效益,包括由于降低质量成本带来的收益和扩大市场份额带来的效益。

(2) 使用者购买和使用高质量的产品带来的总效益,包括由于节约开支带来的效益,可以从事高效率、高质量生产带来的效益,购买和使用性能价格比高的产品带来的效益。

(3) 社会效益包括减少报废处理费用的效益,废物利用的效益,减少资源和能源消耗的效益,减少各种事故损失带来的效益等。

从产品寿命周期的角度看,质量活动总支出是从事质量活动而必须支出的一切费用,包括一切损失费用。

对制造企业而言,开展质量管理活动产生的经济效益一般定义为质量活动的总收益与总支出之差,即

$$质量经济效益＝质量活动总收益－质量活动总支出$$

从事质量经济分析的目的就在于提高质量经济效益。提高质量经济效益可以有以下三种途径：

(1) 在总支出不变的条件下,提高总收益。

(2) 在总收益不变的条件下,减少总支出。

(3) 在提高总收益的同时,减少总支出。

显然,第三种途径是最佳途径。

质量活动总收益和总支出可以参考一般技术经济学的方法进行计算,此处从略。

7.2 质量成本分析

质量成本分析是质量经济分析的主要内容之一。传统企业的质量成本要占到销售收入的25%～40%,仅质量损失就占到销售收入的10%以上。因此,质量成本的高低极大地影响着企业的经济效益。可以说,企业的质量成本只要控制得当,企业的经济效益就会得到很大的提高。因此,朱兰博士把质量损失比作"企业的一座未被发掘的金矿",企业潜在的经济效益可以通过质量成本控制挖掘出来。

7.2.1 质量成本的概念

质量对企业经济效益的影响是非常显著的,据统计,采用3σ原理控制质量的企业,其质量成本要占到销售收入的25%～40%。很显然,如果企业能够提高产品和服务的质量,必然会增加产品的销售量,从而提高企业的收益。但提高产品质量往往是以投入作为代价的,企业在质量上的投入能否借助于销售量的增加带来的好处呢？这就涉及如何度量质量的经济性问题,质量成本分析正是这样一种工具。

我国对质量成本的定义为：质量成本是为了确保满意的质量而发生的费用以及没有得到满意质量而造成的损失。

标准中对该定义的注解是：

(1) 组织应根据各自的情况对质量成本进行分类。

(2) 某些损失可能难以量化但很重要,如丧失声誉而造成的销量下降等。

根据上述定义,对质量成本,我们可以从以下几个方面来理解。

(1) 质量是要花钱的。顾客要求的是高质量的产品和优质的服务,但要保证和提高产品质量,必须有相应的投入。因此,质量是要花钱的。标准中"为了确保和保证满意的质量而发生的费用"指的就是这部分费用。但这部分费用包括哪些内容？究竟值不值得花？应该花在什么地方？这部分费用究竟应该占质量成本多大的比例？这是质量成本分析应该解决的问题。

(2) 用户不满意的质量是有损失的。很显然,在商品经济时代,商品非常丰富,用户选

择的余地很大,再加上产品功能的雷同,质量就更成为用户选择产品时考虑的主要因素。如果用户对企业的产品质量不满意或对质量保证能力没有信心,他就不会购买该产品。企业失去用户,就不可能发展,这一损失是巨大的、显而易见的。另一方面,如果用户购买了某一产品,但由于产品质量和服务出了问题,用户也会产生抱怨,他就不会继续购买同一厂家的产品了。

(3) 潜在损失。更可怕的是,不满意的用户还会向他的朋友、同事和亲戚传播这种不满,根据营销理论,一个不满意的用户会使企业失去20个潜在的用户,这一损失尽管有时无法衡量,但无疑是巨大的。定义中"没有得到满意质量而造成的损失"指的就是这部分损失。

(4) 质量成本是"劣质"质量问题的经济表现。获得质量需要花钱,但它又可以为企业带来较大的经济效益。"劣质"则不仅花钱,而且还会带来负效益。尽管质量成本是花费和损失两者的综合,但质量成本更多的(或者说)是对"劣质"带来的损失的描述。因此人们通常认为,质量成本仅与不良质量、劣质产品、质量缺陷和质量问题有关,质量成本是对获得不良质量的成本及不良质量造成的收益损失的综合概括。如果存在一个理想的生产系统,不会产生任何质量问题,所有的劣质品都不存在,一切质量问题都消失,质量成本就不会发生。所以,质量成本不同于企业成本,后者是从事生产活动必须发生的成本,包括材料费、工时费、场地费、设备费等;而前者则只与不合格品有关,如果将质量成本与企业成本混为一谈,不利于评价质量改进的经济效果。因而,只有与不合格质量有关的费用才能归入质量成本,制造合格品本身的费用、获得合格质量本身的费用都不是质量成本所描述的对象。因此,美国质量管理专家朱兰博士认为,质量成本是归因于劣等质量的成本,而质量管理专家哈林顿则建议将质量成本改称为"不合格质量成本"。

(5) 质量成本属于管理成本,而非财务成本。质量成本由以下三种不同的经济成分构成:

① 质量缺陷所造成的无效损耗。如制造过程产生的废品、次品、返修等的劳动消耗。

② 由于质量缺陷所导致的企业收益的减少额。如质量问题引起的退货损失和销售额降低等。

③ 为了防止质量缺陷所进行的有意识的投入。如开展质量管理的费用、检验费用等。

在上述三点中,①和③是企业的实际劳动消耗,是企业实际支付的费用,通过销售收入可以得到补偿,能够反映在企业的财务账目中;②是减少的劳动成果,即减少的收益,是一种负效益,不是实际发生的金额,不需要也不可能从销售收入中得到补偿,也不能在账目中得到反映。正因为如此,质量成本不是传统意义上的成本,而是其概念的扩大、引申和借鉴。或者说,质量成本不属于财务成本范畴,而是一种管理成本。财务成本是对已经发生或将要发生的劳动消耗进行考查和描述,而管理成本则可将负收益作为一种成本来对待,以供分析和决策之用。正是由于质量成本含有的这部分成本需要进行估算,使得质量成本不能像生产成本、销售成本等传统成本那样精确计算。

7.2.2 质量成本的组成

不同的国家、不同的企业,对质量成本有不同的划分方法。我国的企业在进行质量成本管理时,常将质量成本划分为两大类:运行质量成本和外部质量保证成本,如图7-1所示。

1. 预防成本

预防成本是指用于不合格品或发生故障所需的各项费用。它包括以下几项:

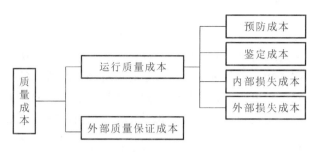

图 7-1 质量成本的组成

（1）质量控制管理费。它包括制定质量计划、检验计划、产品可靠性计划、编写质量手册、制定质量管理等所发生的一切费用。

（2）质量培训费。它是指为达到质量要求或改进产品质量为目的而对企业各类人员进行的各种培训所发生的一切费用，包括培训计划制定费和实施培训的费用。

（3）质量评审费。它是指为实施产品质量设计、进行产品设计评审、制定实验计划等而发生的费用。

（4）工序质量控制费。它是指为在工艺过程中进行质量控制所发生的一切费用。

（5）质量信息费。它是指为收集、整理、分析质量资料，识别质量问题，发布质量信息等而发生的一切费用。

（6）质量改进费。它是指为制定和实施质量改进计划、进行工序能力研究、进行产品质量创优升级等所发生的一切费用。

（7）质量审核费。它是指对质量体系、工作质量、产品质量和对供应单位的质量保证能力进行质量评审所支付的一切费用。

（8）专业质量管理人员的工资、各种奖励及附加费。

2. 鉴定成本

鉴定成本是指为评定产品是否符合质量要求而需要的一切费用。它包括以下几项：

（1）进货检验费。它是指对供应单位提供的原材料、配套件的进厂验收费用。驻协作厂人员的监督检查费用也包括在内。

（2）工序检验费。它是指产品在制造过程中进行检验所需的费用。

（3）成品检验费。它是指对完工产品鉴别其是否符合质量要求而进行的检验和实验费用。

（4）检测设备维护、校准费。它是指对检验设备的日常保管、维护、校准所需的费用。

（5）存货检验费。产品在库存过程中要定期进行检查，所花费的费用为存货检验费。

（6）实验材料及劳务费。它是指破坏性实验件的成本以及耗用的材料和劳务费用。

（7）检测设备折旧费。它是指各种检测设备在使用过程中每年都要提取的一定折旧费。

（8）办公费和专职检验人员、计量人员的工资及奖金等。

3. 内部损失成本

内部损失成本是指产品出厂前，因不满足规定的质量要求而花费的一切费用。它包括以下几项：

（1）废品损失。它是指产品存在无法修复的缺陷，或在经济上不值得修复而报废所造成的损失。

(2) 返修费用。它是指为修复不合格品而发生的一切费用。

(3) 交检费用。它是指对返工修复的产品进行检验所发生的一切费用。

(4) 停工损失。它是指由于各种缺陷而引起的设备停工所造成的损失。

(5) 减产损失。它是指由于存在质量问题而使产量降低带来的损失。

(6) 故障处理费用。它是指由于处理内部故障而发生的费用,包括抽样检查不合格而进行的筛选费用。

(7) 质量降等、降级损失。它是指产品质量达不到原有质量要求降级使用所造成的损失。

4. 外部损失成本

外部损失成本是指产品出厂后,因不满足规定的质量要求而支付的有关费用。它包括以下几项:

(1) 用户索赔受理费。它是指由于产品质量缺陷经用户提出申诉,而进行索赔处理所支付的费用。

(2) 退货损失。它是指由于产品缺陷造成用户退货、换货而支付的一切费用。

(3) 保修费用。它是指在保修期内或根据合同规定对用户提供修理服务的一切费用。

(4) 折价损失。它是指产品质量低于标准,经与用户协商同意折价出售而造成的损失。

(5) 诉讼费。它是用户向有关执法单位提出产品质量的诉讼请求,并进行处理所发生的有关费用。

5. 外部质量保证成本

外部质量保证成本是指在合同环境条件下,根据用户的要求而提供客观证据所支付的费用。它包括以下几项:

(1) 为提供特殊的附加质量保证措施、程序、数据等所支付的费用。

(2) 产品验证、实验和评定费用。

(3) 为满足用户要求,进行质量体系认证所支付的费用。

7.2.3 质量成本分析

质量成本分析是综合运用质量成本核算资料和指标,结合有关质量信息,对质量成本形成的原因和效果进行分析。质量成本分析的目的是找出影响产品质量的主要缺陷和质量管理的薄弱环节,为降低生产成本,调整质量成本的构成比例,寻求最佳质量水平提供依据。质量成本分析是质量成本管理中最重要而又最富于创造性的管理环节。

1. 质量成本曲线

如前所述,产品的运行成本是由预防成本、鉴定成本、内部损失成本和外部损失成本组成的,经实践证明,上述这四种质量成本是相互关联的,它们之间的关系如图 7-2 所示。

企业为了提高产品的质量水平,降低产品的不合格品率 p,使不合格品不流入市场,就需要对产品质量进行控制,严格把关,严格检验,从而增加了企业的预防和鉴定成本。如图 7-2 所示,当质量水平很低时,预防和鉴定成本花费很少,但内、外部损失成本很高,随着

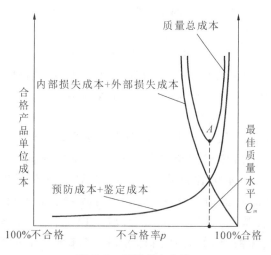

图 7-2 质量成本曲线

质量水平的提高,预防和鉴定成本逐渐增大,但内、外部损失成本却逐渐下降,直至为零。当产品质量达到某一质量水平后,随着质量水平的提高,预防和鉴定成本就会急剧增加。如果将预防和鉴定成本曲线与内、外部损失成本曲线叠加,可以得到呈"碗"状的质量总成本曲线。该曲线最低点 A 所对应的质量水平就是我们进行质量管理和控制所追求的最佳质量水平 Q_m。如图 7-2 所示,当质量水平高于或低于 Q_m 时,运行质量总成本都比较高,只有在 Q_m 点或 Q_m 点的邻近区域,质量成本才是最低和较低的,我们把此时的质量成本称为最适宜的质量成本。

为了方便分析,可以将质量总成本曲线在最低点 A 的局部区域进行放大,如图 7-3 所示。可以将质量总成本曲线的最佳区域分为以下三个部分。

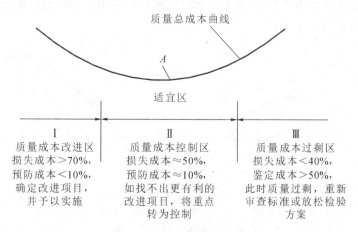

图 7-3 质量成本的最佳区域

(1)质量成本改进区。图 7-3 中的第 I 区域为质量成本改进区。该区域的质量成本偏高主要是由于质量管理水平低造成的,其特点是质量损失成本在质量总成本中占的比重很大,可能达到 70% 以上,而预防成本则一般低于 10%。这时,因预防措施不力导致产品质量水平较低,内部废次品损失等质量事故发生频繁,外部修理、退货、索赔费用较高。在这种情况下,应加强质量管理工作和检验工作,结合 PDCA 循环确定和实施改进项目,采取积极的预防措施,提高质量水平,以减少损失,使质量总成本趋于下降。

(2) 质量成本控制区。图 7-3 中的第Ⅱ区域为质量成本控制区。该区域是质量总成本处于最低水平的区域。其特点是内、外部损失成本占总质量成本的比例趋向于 50%，此时预防成本趋向于 10%。产品为用户提供的使用价值适宜，质量成本费用相对较低。在这种情况下，如果没有技术上的突破性进展，仅靠通常的管理与控制措施已难以再进一步降低质量成本。因此，这一区域又常称为质量适宜区或质量控制区，应把工作重点转入维持和控制现有的制造质量水平。

(3) 质量成本过剩区。图 7-3 中的第Ⅲ区域为质量成本过剩区。企业为了追求产品质量的尽善尽美，对产品形成的全过程采取更严格的预防、检验和管理措施。其特点是损失成本占质量总成本的比例小于 40%，而鉴定成本大于 50%，鉴定成本超过内、外部损失成本。此时产品质量水平很高，产品所提供的使用价值超过了用户的实际需要，出现了"过剩质量"。在这种情况下，应采取抽样方法，减少检验层次，降低鉴定成本，结合用户的实际需要，修订产品标准，适当降低产品的质量水平，减少由于提供不必要的质量而增加的质量成本。

2. 质量成本分析的内容和方法

质量成本分析的目的是找出影响产品质量的主要缺陷和质量管理的薄弱环节，为降低生产成本，调整质量成本的构成比例，寻求最佳质量成本提供依据。质量成本分析的内容包括以下几个方面：

(1) 总额分析。首先求出某一时间内的质量成本总额，再将该数据与前期数据进行对比，以发现目前质量成本管理方面存在的问题，并找出原因。在对总额数据进行对比时，还应同时考虑质量改进状况。

(2) 趋势分析。将一段时间内的质量成本数据描绘在坐标图上，以观察质量成本的变化趋势。趋势分析既可用于报警，也可用来研究质量成本不佳的原因。某公司 2002 年质量成本的变化趋势如图 7-4 所示。

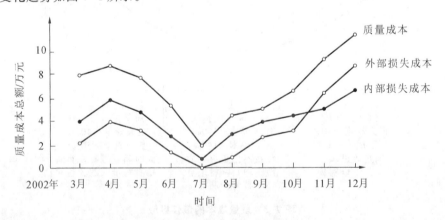

图 7-4　质量成本趋势图

从图 7-4 可以看出，该公司 2002 年 7 月份的质量成本最低，此后却逐月上升。出现了这种问题，就需要认真分析原因，再结合质量水平的变化和企业的销售业绩进行综合评价。

(3) 比较基数分析。将质量成本与既定的比较基数（如销售额、产值、利润等）进行比较，可掌握质量的经济特性。表 7-1 所示是比较基数分析法中常用的计算公式及其特点。

表 7-1 比较基数分析法中常用的计算公式及其特点

序号	名称	计算公式	特 点
1	百元销售额故障损失率	$\dfrac{\text{内部损失成本}+\text{外部损失成本}}{\text{销售收入总额}} \times 100\%$	反映了由于质量不佳造成的经济损失对销售收入的影响,是考核企业质量经济性的重要指标
2	百元销售额外部损失率	$\dfrac{\text{外部损失成本}}{\text{销售收入总额}} \times 100\%$	反映了由于质量不佳造成的外部损失占销售收入的比例,是体现社会经济效益的重要考核标准也是企业质量经济性的重要指标
3	百元销售额质量成本率	$\dfrac{\text{质量成本总额}}{\text{销售收入总额}} \times 100\%$	反映了销售收入中质量成本所占的比率
4	百元产值故障损失率	$\dfrac{\text{内部损失成本}+\text{外部损失成本}}{\text{总产值}} \times 100\%$	反映了每百元产值因故障造成的损失,可作为企业内部制定质量成本计划的重要指标
5	百元产值内部损失率	$\dfrac{\text{内部损失成本}}{\text{总产值}} \times 100\%$	反映了由于企业内部质量管理不善造成的经济损失,是考核企业内部质量效益的主要指标
6	百元产值质量成本率	$\dfrac{\text{质量成本总额}}{\text{总产值}} \times 100\%$	反映了质量成本占总产值的比率
7	百元质量成本率	$\dfrac{\text{质量成本总额}}{\text{总利润}} \times 100\%$	反映了质量成本对企业经济效益的影响,可以考核质量成本的增加或减少对企业总效益的影响
8	百元利润故障损失率	$\dfrac{\text{内部损失成本}+\text{外部损失成本}}{\text{总利润}} \times 100\%$	反映了由于质量不佳造成的经济损失对企业利润的影响

通常情况下,质量成本占企业的总销售额也有个最佳比例,例如:

对于实施 3σ 质量管理的企业,质量成本占销售收入的 $25\%\sim40\%$;

对于实施 4σ 质量管理的企业,质量成本占销售收入的 $15\%\sim25\%$;

对于实施 5σ 质量管理的企业,质量成本占销售收入的 $5\%\sim15\%$;

对于实施 6σ 质量管理的企业,质量成本占销售收入的比例不到 1%。

(4) 构成比分析。可以设想,在确定的条件下,产品不检验或少检验,则鉴定成本下降,内部损失也下降,但外部损失必然会增加,这样会使质量总成本上升。相反,如果加强检验工作,则鉴定成本和内部损失上升,但外部损失减少;如果增加预防成本,则其他三项质量成本均可下降,质量总成本一般情况下也会下降。在正常情况下,运行质量成本的四个组成部分与总质量成本存在着某种适宜的比例关系,研究这种比例关系的变化,就可以找出提高质量、降低成本的潜力所在。

实践经验表明,以上四个组成部分占质量成本总额的比例一般为:内部质量损失占 $25\%\sim40\%$;外部质量损失占 $20\%\sim40\%$;鉴定成本占 $10\%\sim50\%$;预防成本占 $0.5\%\sim10\%$。

通常,当质量成本各组成部分之间的比例关系发生较大变化时,必须采取相应的措施使质量成本各部分之间的比例恢复到正常状态。例如:

① 当内、外部损失成本占质量总成本的比例超过60%,且预防成本大大小于10%时,质量工作的重点应放在加强质量预防控制和提高质量措施的研究上;

② 当内、外部损失成本占质量总成本的比例大约为50%,预防成本大约为10%时,质量工作的重点应放在维持现有质量水平上;

③ 当内、外部损失成本占质量总成本的比例小于40%,且鉴定成本大于50%时,质量工作的重点应放在降低鉴定成本上。

(5) 灵敏度分析。灵敏度分析法是指把质量成本四大项目(预防、鉴定及内部损失、外部损失)的投入与生产在一定时间内的变化效果或特定的质量改进效果,用灵敏度 α 表示如下:

$$\alpha = \frac{报告期内外部损失成本与基准期相应的差值}{报告期预防与鉴定成本之和与基准期相应的差值} \tag{7-1}$$

此外,还可采用质量成本趋势分析法,以了解质量成本在一定时间内的变化趋势;也可用质量成本特性曲线分析,找出产品不合格率的适宜水平或质量成本的适宜区域。

7.2.4 质量成本的预测与控制

1. 质量成本预测

1) 质量成本预测的概念和目的

质量成本预测就是根据历史资料和有关经济信息,分析研究影响质量成本的因素与质量成本的依存关系,结合质量成本目标,利用大量的观测数据和一定的预测方法,对未来质量成本的变动趋势作出定量描述和逻辑判断。

通过对企业的质量成本进行预测,可以达到以下两个目的:

(1) 为提高企业的产品质量,挖掘降低质量成本的潜力指明方向,同时为企业在计划期编制质量成本计划提供可靠依据。

(2) 指明企业内部各单位努力降低产品质量成本的方向和途径,为编制增产节约计划和拟定产品质量改进措施计划提供可靠依据。

2) 质量成本预测的工作程序

在编制质量成本计划之前,首先要对未来的质量成本进行预测,目的是为企业提高产品质量,降低质量成本指明方向,为企业编制质量成本改进计划提供可靠依据。质量成本预测的工作程序可分成以下三步:

(1) 调查和收集资料。主要应掌握以下资料:市场资料,即用户对质量的要求;同行业的质量水平资料;有关质量的政策法规和标准;新产品、新技术、新工艺的发展和应用;设备修理和更新状况;材料、外协件、工装、检测手段和检测标准对产品质量的影响程度;质量成本的历史资料;其他相关资料等。

(2) 对资料进行整理分析。对资料进行整理,并在此基础上对资料进行系统的分析和研究,以便作出符合客观规律的判断。

(3) 提出质量成本改进的计划和措施。根据整理分析后的资料,提出质量成本的改进计划和措施,对预测期内的质量成本结构和水平等作出估计,为编制质量成本计划打好基础。

3) 质量成本预测的方法

一般来说,企业的质量成本预测都是根据质量成本明细项目逐项进行的,对于不同性质的项目,可以根据企业的实际状况而选用不同的预测方法。具体来说,质量成本预测方法有如下几种:

(1) 经验判断法。企业组织与质量管理有关的工程技术、财务、计划等方面经验丰富的人员,根据所掌握的准确、可靠的信息资料,对预测期内与质量成本有关的项目进行预计和推测。在长期质量成本预测中经常采用这种方法。

(2) 计算分析法。根据质量成本的历史资料对未来时期各有关因素变化可能引起的质量成本升降的程度,采用一定的数学分析方法,对质量成本进行计算和分析预测。这种方法一般用于短期质量成本预测。

(3) 比例测算法。根据质量成本的历史资料,预测其占产值、销售收入利润等的比例来预测质量成本。

上述三种方法都有其各自的特点,企业在进行质量成本预测时,应注意将三种方法有机地结合起来运用。

2. 质量成本控制

1) 质量成本控制的概念

质量成本控制是指通过各种措施和手段来达到质量成本目标的一系列管理活动。它是企业成本控制的一个组成部分,也是企业质量成本管理的一项重要内容。

质量成本控制具有以下三层含义:

(1) 对质量成本目标本身的控制。质量成本控制首先应表现为对质量成本目标本身的控制。质量成本目标的制定应符合效益性原则,即应以最少的投入取得最大的效益。一旦质量成本目标与此原则相悖,质量成本控制则具有重新审定和修正质量成本目标的积极作用,使其始终保持先进水平。

(2) 对质量成本目标完成过程的控制。目标一经制定,重要的就是执行。质量成本目标完成的过程,也是质量成本的形成过程。在此过程中,企业应采取一系列措施和手段,对生产经营活动中发生的各种质量费用实施有效控制,一旦发现偏差便及时采取纠正措施,从而保证质量成本目标的实现。

(3) 着眼于未来的工作改进和质量成本降低。质量成本控制不仅局限于对当前质量成本的控制,还着眼于未来,不断改进以后的工作,降低质量成本,促进和提高产品质量,寻找更加切实有效的措施。

2) 质量成本控制的工作程序

质量成本控制的一般程序可分为三个步骤,即事前控制、事中控制和事后处理。

(1) 事前确定质量成本控制的标准。企业质量成本控制标准通常可分为以下几种:

① 理想标准。它是以企业的生产技术与经营管理处于最理想条件下所确定的质量成本标准。

② 基本标准。它是指一定时期内的实际质量成本的平均值。

③ 正常标准。它是根据企业自身现有的生产技术水平和有效经营条件为基础而制定的质量成本标准,这种标准已将生产经营中不可避免的损失估计在内。

在实际工作中一般采用正常标准,以免标准过高或过低,难以实施有效的控制。企业根据质量成本计划所定的目标,为各项费用开支和资源消耗确定其数量界限,形成质量成本费用指标计划,作为目标质量成本控制的主要标准,以便对费用开支进行检查和评价。

(2) 事中控制、监督质量成本的形成过程。这是质量成本控制的重点。对于日常发生的各种费用都要按照事先确定的标准进行监督和控制,力求做到所有直接费用都不突破定额,各项间接费用都不超过预算。

(3) 事后处理、查明实际质量成本脱离目标质量成本的原因。在此基础上提出切实可行的措施予以纠正,最终达到降低质量成本的目的。

3) 质量成本控制方法

质量成本控制的方法,主要是根据质量波动情况进行控制的,它与工序质量控制、不合格品管理、质量责任制等有密切的联系。常见的质量成本控制方法如下所述。

(1) 限额控制。质量成本控制的重点对象一般是内部损失。根据生产的实际情况,损失可能来自废次品或返工等不同情况。因此,要结合工序质量控制,加强废次品和不合格品的管理和控制。要分清正常和不正常损耗,可以分机床、分班组设立台账,作出投入、产出比较。可以按具体对象采用不同的成本控制目标,进行限额控制,如限额废品损失、限额材料、辅料发放、限额工具消耗、限额加班夜班费、限额车间经费等。实行报废补料补工具的经济处理办法,提出均衡生产要求,制品超过盈亏指标进行罚款等措施来控制费用的开支,使职工提高质量意识,遵守工艺规程,加强效益观念,以提高质量、降低成本。搞好限额控制是控制质量费用的重要环节,由此对质量异常波动也进行了间接控制。如果限额项目能够针对质量波动和质量损失的主要问题,并且数量界限适度,那么对于质量损失和费用的下降就能起到较大的作用。

(2) 质量改进。当质量成本处于改进区域时,控制的重点在于对质量成本进行优化,通过对质量成本的分析,找出影响质量成本的主要因素,这些影响因素往往由于已被归入允许的损失范围之内,因而解决起来难度较大,需要组织力量进行正常波动范围内的质量突破活动,这就叫做质量改进。在质量改进中,运用相对控制的方法,即把企业的产销量、质量成本和质量收入三者结合起来进行控制,以取得质量水平与质量成本的最佳匹配,最终达到增加盈利的目的。

7.2.5 质量成本数据的收集和计算

1. 质量成本数据的来源

因为质量成本涉及的项目比较多,所以数据的收集工作比较复杂,工作量非常大。因此,数据的收集和整理工作是质量成本控制的关键环节。质量成本数据的收集要保证收集的数据完整、准确、及时和全面,要对收集到的数据正确地分类和存储。因此,只有对成本核算科目进行认真分析,在实践中不断探索,才能将质量成本数据收集完整。一般情况下,质量成本数据主要来源于各种凭证和台账。

(1) 会计分离凭证。它包括:质量成本废品计算通知单,质量成本内部损失费用转账单、质量成本内部损失费用按产品类别分配单,质量成本鉴定费用分配单,质量成本预防费用分配单等。

(2) 统计记录凭证。它包括:外部损失费用月度统计表,鉴定费用月度统计表,预防费用月度统计表,返修损失月度统计表,质量成本月度统计表等。

(3) 质量统计凭单。它包括:废品通知单,铸件、锻件质量分析月报,机械加工质量分析月报等。

(4) 质量成本台账。它包括:质量成本总分类台账,预防费用明细账,鉴定费用明细账,内部损失费用明细账,外部损失费用明细账等。

除了上述各种有明显数值反映的质量成本数据外,还有一些只能靠估计的费用,如由于产品质量问题而产生的市场信誉损失,也应纳入质量成本。

2. 质量成本数据的收集方法

在企业实行质量成本管理的不同阶段,质量成本数据的收集方法也有所不同。

(1) 质量成本管理的第一阶段。在质量成本管理的第一阶段,企业刚开始进行质量成本管理,由于没有质量成本专有原始记录,质量成本数据的收集以综合质量管理人员的估计为主,辅之以会计资料。在第一阶段,质量成本数据的收集以准确性为主。这一阶段数据的来源主要有:

① 从现有的账目中直接收集,如检验费用、保修费用等。
② 从现有的账目中经分析收集,区分质量成本和非质量成本。
③ 从原始会计凭证中统计收集。
④ 通过估计收集。
⑤ 通过建立临时记录收集。

(2) 质量成本管理的第二阶段。在质量成本管理的第二阶段,企业的质量成本管理工作已经取得一些经验,已有一定的质量成本数据积累,其来源应以会计资料为主,质量管理人员的估计为辅。从这个阶段开始,应逐步建立质量成本数据的记录、统计和控制方法,将质量成本数据列入会计账目,以保证数据收集的准确性。

(3) 质量成本管理的第三阶段。在这一阶段,企业的质量成本管理已走上轨道,有关数据的收集就应建立在正式的会计凭证和台账上。在这一阶段,质量成本数据的收集应体现准确性、及时性、全面性和完整性。

3. 质量成本计算

在进行质量成本计算时,首先,企业必须有良好的基础管理工作,有完整而准确的统计资料,提供的数据必须准确无误,否则,就将失去计算的意义。很多企业的质量成本管理失败,主要原因之一就在于质量成本数据不准确。其次,质量成本计算一定要正确区分各种费用的界限。其中应主要区分:某项费用是否应计入质量成本费用,生产成本费用和质量成本费用,完工产品和在制品质量费用;质量费用应划归哪一产品;显见成本和隐含成本等。另外,还要对质量费用进行正确分类。

(1) 质量成本计算的一般程序。图7-5所示为某企业进行质量成本计算所采用的工作程序,它具有一定的代表性,可供参考。

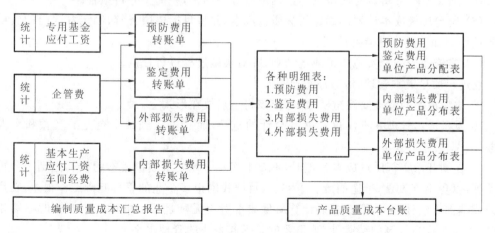

图7-5 质量成本计算程序

(2) 质量成本计算方法。质量成本的计算应从我国国情出发,按质量成本的各级科目进行,采用会计计算为主、统计计算为辅的方法。显见质量成本按会计科目,采用会计方法计算;隐含质量成本按统计项目,采用统计方法进行估算。① 在会计科目中增设"质量成本"一级科目,以便监督和反映质量成本费用的增减变动情况。下设内部损失成本、外部损失成本、鉴定成本和预防成本四个二级科目。在二级会计科目下设明细账(成本子项目),明确各个科目计算的内容,以便分门别类地对一定时期内发生的各种质量成本进行汇集和计算。② 对于已经明确的质量成本开支,可直接计入质量成本科目的有关二级科目和子项目。③ 对于不易直接划分的质量成本,可以先计入产品成本科目,然后由财务部门根据原始凭证予以区分,最后归入质量成本。④ 根据质量成本统计和财务账目归集结果,按质量报表进行最后汇总。汇总的形式可根据工厂的实际情况进行,例如,按质量成本项目进行汇总,按产品、零件或工序进行汇总。

7.2.6 推行质量成本管理的步骤

在企业推行质量成本管理,对提高产品质量、降低生产成本具有非常重要的意义。在企业推行质量成本管理的步骤如下:

(1) 宣传、教育和培训。首先应采用各种方式在企业内宣传质量成本管理,并对有关管理人员进行质量成本管理重要意义的教育,然后对企业的统计和财务人员进行质量成本基本概念和方法的培训。

(2) 对质量成本项目进行分析研究。通过对企业内外部进行调查,研究对质量成本影响较大的项目,初步确定质量成本的构成,制定各种统计报表和会计科目代号。

(3) 建立制度,确定业务流程。
①建立质量成本科目。
②确定有关部门的职责、权限和业务关系。
③确定与质量成本管理有关人员的职责和工作标准。
④规定有关记录和表格的填写方法、报送时间及传递流程。

(4) 质量成本的统计计算,按照规定的质量成本科目,收集质量成本数据,并进行统计和计算。

(5) 质量成本分析。对质量成本数据进行各种分析,并提交分析报告。

(6) 制定质量成本计划。确定目标质量成本,并将目标层层分解;制定各部门的质量成本降低计划和质量改进措施计划。

(7) 实施和控制。实施质量成本计划,并对实施过程进行控制。

在进行质量成本管理时,应注意以下几点:

① 质量成本的管理要注重实效,不应该将重点放在形式上。

② 质量成本管理并不仅仅是财务会计的范畴,而且关系到整个企业的利益和个人的利益。

③ 在刚开始实行质量成本管理时,不要不切实际地要求质量成本的核算达到十分精确的水平,以免困难重重,半途而废。事实上,目前我国很多企业的管理基础工作很差,在产品的总成本都无法计算时,要求精确计算质量成本费用无疑是不可能的。刚开始时只能粗略估计,再逐步提高计算的精确性,更重要的是提高企业的管理水平。

④ 应将质量成本分析与质量规划、质量改进和质量控制结合起来。

7.3 质量经济分析

7.3.1 质量经济分析的原则

在进行质量经济分析时,应遵循以下几项原则:

(1) 应正确处理企业经济效益、用户经济效益和社会经济效益的关系,将三者有机地结合起来。如果三者发生矛盾,则应该使企业的经济效益服从用户和社会的利益。

(2) 应正确处理当前经济效益与长远效益的关系,要更加重视长远经济效益。

(3) 应正确处理有形经济效益与无形效益的关系,在大多数情况下,无形经济效益更重要。

(4) 质量经济分析应与企业自身的条件密切结合起来。

(5) 在整体优化的前提下考虑局部优化问题。

(6) 进行质量经济分析应从产品寿命循环的角度考虑问题。

7.3.2 质量经济分析的一般方法

所谓质量经济分析,就是对不同方案的目标函数(如利润和成本)进行分析比较,以确定使目标函数达到最大或最小的最佳质量水平,由此完成对不同方案的筛选。

进行质量经济分析一般可采用下面三种方法。

1. 最小费用函数法

如对某项质量费用而言,一些质量指标与它成正比,而另一些指标与它成反比,则总费用函数为

$$C = AQ + \frac{B}{Q} + K \tag{7-2}$$

式中:C 为总费用;Q 代表质量指标值;A、B 为系数;K 为常数,亦称为不变寿命周期质量费用。

求 C 对 Q 的导数并令其等于零,则有

$$Q = \sqrt{\frac{B}{A}} \tag{7-3}$$

式中:系数 A 和 B 应根据企业的具体情况确定。

2. 表格求解法

在很多情况下,费用与质量水平之间的关系比较复杂,甚至不存在确定的函数关系,此时可采用表格求解法,即列出各种质量水平下的各种费用,汇总计算后进行比较。表 7-2 所示为某企业的质量水平与各种费用的关系表。由表 7-2 可以看出,从总费用及其变化的趋势看,都以第 4 个质量水平为最佳。当然,若将表格中的数据用图形来表示,则结果会更直观。

表 7-2 质量水平和各种费用的关系

质量水平	故障费用	保证费用	固定费用	总费用
1	765.13	172.09	5000	5937.22
2	674.36	187.98	5000	5862.34
3	592.97	215.92	5000	5808.89
4	539.21	261.67	5000	5800.88
5	518.55	287.39	5000	5805.94
6	505.66	344.93	5000	5850.59

3. 数学规划法

如果质量水平与费用的关系可以用函数关系表达且比较复杂，这时可以采用数学规划法，借助于计算机求解最佳质量水平。在采用数学规划法时，首先需要建立目标函数和约束条件，然后选择适当的优化方法求解。在需要同时对几个质量水平进行优化决策时，也可采用数学规划法。

7.3.3 产品寿命周期全过程的经济性

产品的寿命周期包括三个时期：开发设计过程、制造过程、使用过程。

1. 提高产品开发设计过程的质量经济性

在产品的开发设计中，不仅要注意技术问题，而且也要注意它的经济性，做到技术和经济的统一。要点如下：

(1) 做好市场需求的预测。由于产品的质量水平与市场需求有紧密的关系，因此从进入市场到最后退出市场，都有一个发展过程。可以分为导入期、成长期、成熟期及衰退期 4 个阶段，如图 7-6 所示。一般要进行市场调查，了解产品的目标市场，用户关心的是产品的适应性及使用性成本的费用，因此在产品的设计开发阶段就必须考虑到产品的使用费用。

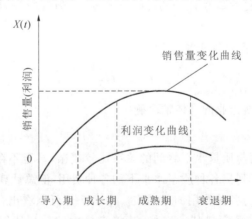

图 7-6 产品的生命周期与销售利润曲线图

(2) 考虑社会经济效益。设计中要有完善的社会经济指标，要对总体方案进行可行性的分析，做到设计上先进、经济上合理、生产上可行，综合考虑质量的社会效益。此外，还要运用可靠性工程、价值工程、正交实验设计、鲁棒性设计等先进技术，实现产品各组件质量特征参数指标的优化设计。

(3) 注意质价匹配。质量和价值有时是有矛盾的,要提高质量往往就要增加质量成本,成本的增加就会引起价格的提高。如果质量成本不恰当地增加,导致价格过高,超过社会的一般购买力,产品就会滞销。反之,产品质量低劣,即使价格再低,也没有人购买。质价匹配是一个十分重要的问题。不能盲目追求先进性,忽视经济性,否则,生产出来的产品只能成为样品、展品,而不能变为商品。这种教训在企业中并不少见。

(4) 重视功能匹配。产品的某一零部件失效又无法替换,而其他零部件尽管运行正常,最后也不得不整机丢弃或者销毁,给消费者或者用户带来经济上的损失。真正做到这一点并不容易,例如,汽车可以把一些易损失的零件设计成与汽车的寿命或修理周期成倍的关系,并尽量与汽车的大修理周期重合。

2. 提高生产制造过程的质量经济性

从质量损失函数的形式,也可以看出,制造过程严格采取措施控制质量特征值 m 的稳定性以及减小质量特征的分散程度 σ,就可以减小质量损失。可以运用前面所讲述的各种工序控制方法,对工序质量状况进行分析、诊断、控制和改善。

3. 提高产品的使用过程的质量经济性

产品寿命周期费用不仅与设计和制造成本有关,还与使用成本有关。产品使用过程的经济性,是指产品的使用寿命期间的总费用。使用过程的费用主要包括两部分内容。

(1) 在产品使用中,由于质量故障带来的损失费用。对可修复性产品,一般是指停工带来的损失,而对不可修复的产品,如宇宙飞船、卫星通信、海底线缆、火箭导弹等,则会带来重大的经济损失。

(2) 产品在使用期间的运行费用。运行费用包括使用中的人员管理费、维修服务费、运转动力费、零配件及原料使用费等。

7.3.4 设计过程的质量经济分析

设计过程的质量经济分析包括的内容很多,例如,从用户经济效益的角度决定最佳质量水平,用田口的质量损失法决定产品或零部件的最佳容差、不同质量保证方案、质量改进的经济性分析等。

1. 消费者期望的质量水平分析

在不考虑报废处理费用时,从消费者的角度看,产品的寿命周期费用由两项内容组成,即

$$寿命周期费用 = 购置费用 + 维持费用$$

一般情况下,购置费用随质量水平的提高而增大,而维持费用(运行费、维修费等)却会随着质量水平的提高而下降,两者叠加形成的寿命周期费用曲线如图 7-7 所示。寿命周期费用曲线最低点对应的质量水平就是消费者期望的最佳质量水平。

2. 制造者期望的质量水平分析

从制造者的角度看,他所关心的主要是企业的利润水平。一般情况下,产品的利润是销售收益与生产成本之差。图 7-8 表示了质量与销售收益、生产成本、利润之间的关系。从图 7-8 中可以看出,利润曲线最高点对应的就是制造者期望的最佳质量水平。

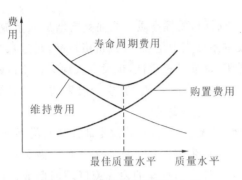

图 7-7 消费者期望的质量水平

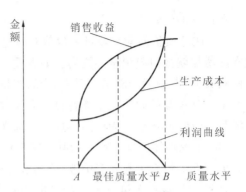

图 7-8 制造者期望的质量水平

从图 7-8 还可以看出，当质量水平小于 A 点或大于 B 点时，企业就会亏损。

3. 消费者和制造者均满意的质量水平

在实际中，仅考虑消费者的利益或仅考虑制造者的利益均是行不通的，人们希望的是这两者的利益均得到照顾。即要选出一个质量水平，使得消费者的寿命周期费用尽可能小，而制造者的利润尽可能大。可能会出现三种情况，如图 7-9 所示。

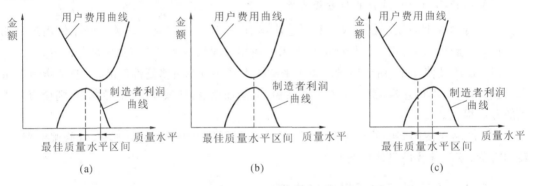

图 7-9 综合质量最佳水平

(1) 制造者的最佳质量水平低于消费者的最佳质量水平，则综合最佳质量水平应大于制造者期望的最佳质量水平，而低于消费者期望的最佳质量水平，如图 7-9(a) 所示。

(2) 制造者的最佳质量水平与消费者的最佳质量水平相重合，这是最理想的情况，综合最佳质量水平是显而易见的，如图 7-9(b) 所示。

(3) 制造者的最佳质量水平高于消费者的最佳质量水平，则综合最佳质量水平应小于制造者期望的最佳质量水平，而高于消费者期望的最佳质量水平，如图 7-9(c) 所示。

4. 不同质量保证方案的选择

在新产品开发过程中，常常需要对不同的质量保证方案进行选择，选择时主要考虑方案所需投入的资金和产品的市场占有率两个主要因素，这两个因素之间的联系纽带就是质量水平。如图 7-10 所示，市场占有率与产品质量水平之间的关系如曲线 1 所示。当质量水平很低时，市场占有率也很低；随着质量水平的提高，市场占有率提高很快，但当市场占有率达到某一水平后，即使再提高质量，市场占有率的增长也会变得很缓慢。提高产品质量可以采用不同的方法，它们所需的资金也各不相同。如图 7-10 所示，在质量水平较低时，应采取方法 A 去提高产品质量，它的花费少，但质量水平提高较快。当质量水平使得市场占有率超过 α 时，则应采用方法 B 去提高产品质量。

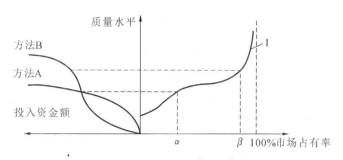

图 7-10 不同质量方案的选择

5. 质量改进分析

质量改进的经济效益分析比较简单。从图 7-7 和图 7-8 可以看出,无论是从消费者的角度还是从制造者角度看,只要质量改进使质量水平向最佳质量水平靠近,则这种改进总是有利可图的;如果质量改进使质量水平远离最佳质量水平,则这种改进是不可取的。

7.3.5 制造过程的质量经济分析

产品制造过程的质量经济分析任务是以最小的生产成本,生产出符合设计质量要求的产品。由于在产品设计过程中已经考虑了产品的经济性,因此在产品制造过程中生产出高于或低于设计质量要求的产品都是不经济的。若生产出高于设计要求的产品会导致生产成本增加;生产出低于设计要求的产品又会使产品的不合格品率增加,导致废次品损失增大。具体来说,产品制造过程的质量经济分析主要包括以下内容。

1. 不合格品率控制

产品的不合格品率与经济效益密切相关。当不合格品率提高时,所带来的废品和返修损失必然加大;当不合格品率降低时,往往使生产成本大幅度提高。因此,在制造过程中应严格控制不合格品率。事实上,不合格品率控制可用来分析工序能力改进的效果。

对于制造企业而言,其利润为

$$A = LHJ - LV$$

式中:A 为利润;L 为产量;H 为合格品率;J 为产品单价;V 为单位产品的生产成本。

(1) 在产品产量不变的条件下控制不合格品率。通常要求企业利润 A 要大于零,即

$$LHJ - LV > 0$$

$$H > \frac{V}{J}$$

由于不合格品率 $p = 1 - H$,所以有

$$p < 1 - \frac{V}{J} \tag{7-4}$$

(2) 在产品产量改变的条件下控制不合格品率。设产量由 L_1 变到 L_2,并且产量 L_1 和 L_2 相对应的合格品率和不合格品率分别为 H_1、H_2 和 p_1、p_2。在控制不合格品率时,必要的条件是利润大于零(假设产品单价和单位产品生产成本均不改变),即

$$L_2 H_2 J - L_2 V > L_1 H_1 J - L_1 V$$

$$H_2 > \frac{L_1 H_1 J - L_1 V + L_2 V}{L_2 J}$$

所以

$$p_2 < 1 - \frac{L_1 H_1 J - L_1 V + L_2 V}{L_2 J} \tag{7-5}$$

在产品改变时,如果 p_2 不满足式(7-5),则是不经济的。

2. 返修分析

在制造过程中,总会出现各种不合格品,对于可以修复的不合格品,究竟是否返修?同样存在一个经济性问题。

设返修不占用正常的生产设备和生产时间,每件不合格品的材料回收费为 D,每件产品的零售价为 J,每件返修费用为 B,则只要

$$J > B + D$$

就认为返修是值得的。

如果返修时要占用正常的生产设备和时间,是否返修将取决于生产设备的生产率。

设返修产品的个数为 F,单件返修时间为 T,生产率为 R,则返修所占用的时间为 FT,在返修时间内的产量应为 RFT。在不返修时,企业得到的利益应为 $RFTJ + DF$;在返修的情况下,收益为:$FJ - BF - DF$。显然,如果要返修,则应使下式得到满足:

$$FJ - BF - DF > RFTJ + DF$$

最后可得

$$R < \frac{J - B - 2D}{TJ} \tag{7-6}$$

即在生产率 R 满足式(7-6)时,返修是值得的。

7.3.6 质量检验的经济分析

产品的质量检验是一项花费巨大的工作,因此确定检验的方式和被检验的数量对降低成本,保证及时剔除不合格品具有很重要的意义。这里我们只简单讨论一下如何确定被检品的数量。

如果产品在生产过程中和出厂前不加任何检验,或者会给下道工序带来损失,或者会给用户带来损失,不仅影响企业的声誉,而且也会由于用户索赔而给企业带来经济损失。反过来,如果对产品进行全数检验,则检查费用对企业来说将是一笔很大的开支,可能会比不合格品出厂带给企业的损失更大。因此,究竟采用哪种方式,对企业来说是个重要的决策问题。一般情况下,对于质量保证水平很高的企业,可以考虑采取全不检验的方式,但对质量保证能力较差的企业,进行严格的全数检验可能更为有利。为此,我们可以作下面的简单分析。

设 p 为企业该种产品长期的平均不合格品率;u 为单位产品的检验成本;c 为单位产品不合格率的检验成本;k 为单位不合格品出现后带来的损失。

根据定义有

$$c = \frac{u}{p} \tag{7-7}$$

再假定 u 和 k 不变,将 c 和 k 的关系作图,如图 7-11 所示。

曲线 c 与 k 有一交点,交点的横坐标值 p^* 成为临界不合格品率。

$$p^* = \frac{u}{k} \tag{7-8}$$

从图中可以清楚地看出:当 $p < p^*$,$c > k$ 时,可以不进行任何检验;当 $p > p^*$,$c < k$ 时,应进行全数检验。

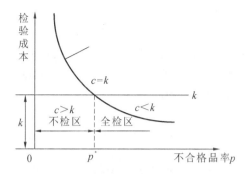

图 7-11 不合格品率与检验成本的关系

7.3.7 营销过程的质量经济分析

营销过程的质量经济分析主要是研究产品质量与产品数量和售后服务费用之间的关系,其主要内容如下。

1. 销售量分析

在产品的销售价格(且大于生产成本)已定的条件下,销售量越大,则企业的利润也越大。但实际上,企业的销售量、销售收入、利润和成本之间的关系远非这么简单。如图 7-12 所示,销售收入与销售量之间是线性关系,即销售量越大,企业的销售收入也越高。产品的成本通常包括两部分:固定成本和可变成本,其中可变成本随销售量的增加而增加。

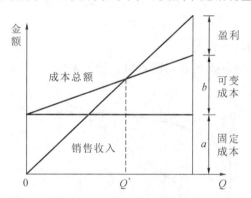

图 7-12 销售盈亏平衡分析

从图 7-12 中可以看出,只有当销售收入大于成本总额时,企业才会盈利。其条件是:
$$JQ > bQ + a$$
式中:J 为销售单价;Q 为销售量;b 为单位可变成本;a 为固定成本。

令 $JQ = bQ + a$ 可以得到

$$Q^* = \frac{a}{J-b} \qquad (7-9)$$

式中:Q^* 是企业盈亏销售量的临界点,称为保本销售量。

显然,当 $Q > Q^*$ 时,企业盈利,这时企业应想方设法增加销售量;当 $Q < Q^*$ 时,企业亏本,但有时企业为了扩大市场份额,或扩大企业影响,也常采用亏本销售策略。

上面的分析是建立在企业产品销售价不变的假定下的。有时候,企业可以采取降价销售策略,实现薄利多销。那么,降价幅度、盈利与销售量之间是什么关系呢?

在原定产量条件下,设盈利额 A 为
$$A = JQ - bQ - a$$
假如销售单价 J 降低 $x(\%)$ 后,销售量可增加 $y(\%)$,则可得降价后的盈利额为
$$A' = (1-x)J(1+y)Q - b(1+y)Q - a$$
显然,降低销售单价后能增加盈利的条件是
$$A' - A > 0$$
经整理后可以得出
$$y > \frac{Ex}{E - Ex - 1} \tag{7-10}$$
式中:$E = J/b$。

在产量不变的条件下,E 是常数。式(7-10)表明了 y 与 x 之间的关系,即在 x 一定的条件下,为了盈利,销售量应增加的百分比。

2. 服务网点设置分析

一般来说,企业每设置一个服务网点(销售网和技术服务网点的统称),就必须支付一定的费用。因此,服务网点的总费用与其总数量成正比,即
$$C = nj \tag{7-11}$$
式中:C 为服务网点总费用;n 为网点数;j 为每个网点的平均费用。

另外,网点数设置越多,企业的销售收入也越多。设销售收入 S 与服务网点数 n 之间的关系为
$$S = S' + f(n) \tag{7-12}$$
式中:S' 为不设网点时的销售收入。

网点的设置费用 C、销售收入 S 与网点数 n 的关系如图 7-13 所示。

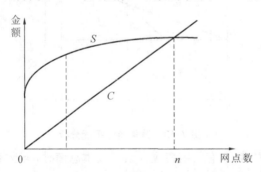

图 7-13　C、S 与 n 的关系

图中,S 与 C 的交点处 $S = C$,表明企业的效益为零,所对应的横坐标 n 为最多设置的数。

企业的效益为
$$A = S - C = S' + f(n) - nj$$
为使 A 达到最大,可求 A 对 n 的导数并令其为 0,可以得到
$$\frac{dA}{dn} = \frac{d[S' + f(n) - nj]}{dn} = 0 \tag{7-13}$$

在得到 $f(n)$ 的具体表达式后,可对式(7-13)求解,就可得到最佳服务网点数。

3.包修期分析

包修期是决定制造企业信誉的重要质量指标之一,它在很大程度上影响着产品的销售量。产品包修期越长,虽然顾客购买起来更放心,但企业却要为此支付更多的费用。因此应确定合理的包修期。

确定包修期长短的重要依据是产品的可靠性和故障率。

(1) 根据可靠性确定包修期。对于可修复的产品,可靠性的重要指标之一是平均故障间隔时间(MTBF),因此,可以根据它来确定包修期。

对于制造者而言,当然希望在包修期内尽可能不出故障。因此,可以通过下述公式来确定包修期。

$$包修期 = \frac{\text{MTBF}(平均故障间隔时间)}{每年的工作小时数}(年) \tag{7-14}$$

可以说,在这样确定的包修期内,出现故障的次数是极少的。

(2) 根据故障率确定保修期。我们知道:产品的失效规律服从"浴盆曲线"形状(有些产品并不是这样),如图 7-14 中的虚线 a' 所示;维修费用也呈"浴盆曲线"形状,如图 7-14 中的实线 a 所示。销售收入 S 与 a 相交于 A、B 两点,因此,在 A、B 两点之间两条曲线包围的面积应是盈利区。从图 7-14 中可以看出,最大盈利点应在 C 点。因此,包修期应确定在产品进入故障衰耗期的 C 点,或在 C 点稍前的时段上。

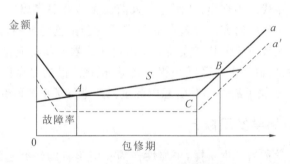

图 7-14 故障曲线及包修期

习 题

1. 什么是质量成本?它是由哪些要素构成的?它们之间有什么关系?
2. 什么是最佳质量成本?
3. 为什么要开展质量成本管理?改善产品设计可以降低哪些质量成本?为什么?
4. 质量成本特性曲线分为几个区域?各具有什么特点?采取什么措施才能使质量成本达到最佳水平?
5. 为什么要进行质量成本管理?一般应采取哪些步骤?主要方法有哪几种?

第8章 可靠性设计分析基础

8.1 可靠性产生与发展

8.1.1 可靠性的重要性

可靠性工程的诞生已有近半个世纪的历史,其发展过程主要体现为电子产品的可靠性。这是因为从 20 世纪 40 年代以来,电子技术得到了迅速发展和广泛使用,从而使武器装备的作战性能得到很大的提高,但同时也因其故障的频繁发生而严重影响作战使用和平时训练。这种情况尤以四五十年代最为突出,从而迫使人们认真地开展了以电子产品为主要对象的可靠性研究。经过几十年的研究已经基本上形成了一套比较完善的可靠性技术,使提高电子产品的可靠性有了比较系统的技术支持。随着电子元器件的集成化以及制造工艺的更加完善,使电子产品的失效概率大大降低。相比之下,机械产品的可靠性问题就日益突出。从 20 世纪 60 年代以来,机械可靠性问题引起广泛重视并进行了系统研究。

8.1.2 可靠性科学发展概况

与许多现代工程学科的产生一样,可靠性作为一门学科的研究起源于第二次世界大战中军事部门的需要,特别是空军和海军装备的需要。

第二次世界大战期间,美国海、陆、空军等部门的技术装备因经常发生故障而不能有效利用。当时,美国派往前线作战的飞机有 60% 不能正常起飞,电子仪器使用时有 50% 发生故障。轰炸机上电子装置的正常工作时间平均只有 20 h,海军舰艇上的电子装置在使用初期有 70% 发生故障。电子装置的高故障率引起了人们的高度重视,从而使可靠性研究首先在电子学领域得到了快速发展。

美国在 1945—1950 年进行了大量的关于可靠性方面的研究,德国则在改进其 V-Ⅰ 和 V-Ⅱ 型火箭性能时,就提出了可靠性的概念。

研究可靠性的最初机构有美国的电子灯具发展委员会、飞机无线电装置管理协会、飞机材料管理协会、飞机研究与发展管理协会等。

1952 年 8 月,美国的军事部门、工业部门和学术部门联合组成了可靠性咨询专家组,研究最初的可靠性标准,他们对电子产品的设计、制造、试验、储存和使用等方面的可靠性问题进行了全面深入地调查研究。

1954 年在纽约成立了第一个美国国家可靠性委员会,此后该委员会得到了不断发展。

除美国外,英国、苏联、日本、法国等一些国家,也相继从 20 世纪 50 年代末期开始了系统的可靠性研究工作。

根据有关专家的观点,可靠性研究可分为三个阶段。

第一阶段(1943—1958 年),主要描述了建立在指数分布规律上的平均寿命的概率统计特性。研究认为,产品故障的发生及其原因是随机事件,随机性是事物的内在性质,具有不可避免性。

第二阶段(1958—1968 年),可靠性研究工作的特点是,大力开展了实际可靠性的试验评价,以及可靠性信息的收集和处理工作。研究的基本成果包括:重新确定了故障原因随机性及其不可避免性的概念;对一些偶然故障找到自身的解释;确定了产品设计、结构、工艺与故障间的关系;产品的可靠性信息更加完整,对故障本质的认识更加深入。

经过这一阶段的研究,使可靠性研究工作进入了一个新的阶段。可靠性研究从电子领域扩展到了机械领域,从军事部门扩展到了民用部门。

1968 年以后是可靠性研究发展的第三个阶段。在这一阶段,可靠性数学理论得到了进一步的发展,并使其与技术学科紧密结合,形成了可靠性试验方法与数据处理方法;颁布了有关可靠性标准;建立了预防维修体系和可靠性管理机构,并使可靠性的教育更加普及。

我国自 1950 年以来,原机械工业部有关单位对可靠性进行了研究,出版了《可靠性与环境试验》和《国外电子产品可靠性与环境试验》两种刊物,之后又在广州设立了可靠性环境试验研究所,主要研究电子产品可靠性试验。自 1987 年改革开放以来,我国的可靠性研究工作得到了大力发展,许多行业相继设立了可靠性专业组织,制定了相应的可靠性标准,加强了产品可靠性考核与管理工作。

经过几十年的努力,我国工程机械领域在产品可靠性研究方向取得了较大的成绩。对批量生产的工程机械产品制定了相应的可靠性指标和可靠性试验标准,高等院校的相关专业开设了可靠性课程并招收了研究生进行专题研究,从而促进了工程机械产品质量的不断提高。

作为一门现代科学技术,可靠性理论与技术在军事、工业、农业等方面的研究和应用不断深入,在机械工程领域已渗透到产品的设计、制造、试验、使用和维护等各个环节,并产生了一些分支学科,如汽车可靠性工程、机械可靠性工程等。

根据有关资料分析,可靠性工程研究发展方向主要包括以下方面。

1. 多学科综合设计

多学科综合设计就是把用户对产品的可靠性要求转化为对于设计与制造各环节的具体要求,并在实施过程中加以控制。为了确保新产品的可靠性要求,从产品研制开始,组成多学科联合的设计团体,其中包括设计开发、制造工艺、可靠性、维修性、质量管理和使用保障等方面的专业人员,开展多学科综合设计,从而全面保障新产品的可靠性与质量。

2. 重视可靠性定性分析技术

波音、麦道等国际著名企业,非常重视故障模式及影响分析(FMEA)、试验—分析—改进(FAAF)方法等定性设计及分析技术的研究及应用,注意通过工程试验等途径广泛收集各种数据,总结工程经验,发现薄弱环节,采取纠正措施等方法,以便有效提高产品的可靠性及维修性(R&M)。例如,波音民用飞机分公司对各种机载设备不要求进行可靠性鉴定试验。而是通过性能试验、可靠性增长试验等来发现故障模式,采取纠正措施,提高设备的可靠性。

3. 广泛引用计算机分析技术

在发达国家，无论是高技术的民用飞机、航空电子设备还是一般的民用机械的 R&M 设计，都不同程度地采用了 CAD 技术，开发了各种可靠性分析软件系统。特别是在航空电子设备的设计中，从结构设计、电路设计、应力及热分析、容差分析到可靠性预计和 FMEA 等过程全部实现了 CAD 化。

4. 普遍应用可靠性增长试验和加速试验方法

可靠性增长试验在航空电子设备、汽车设备及系统的研制中得到了较普遍的应用。可靠性增长计划曲线起始点的确定、增长率的选择、试验样品及试验持续时间和模型的确定等问题，都受到足够的重视。

加速试验主要有两种方法。其一是不考虑加速因子，加大应力，不改变故障机理，通过试验来加速故障的发生，找出薄弱环节，采取纠正措施，进而提高产品的可靠性。其二是利用加速试验来确定产品的可靠性，如通过加大电压或温度应力对电子产品进行加速寿命试验，求出加速因子，再外推求出产品在正常工作条件下的可靠性。

5. 转变可靠性工程师的职责范围

在国外，可靠性工程师传统的主要职责是开展可靠性试验，评估产品的可靠性，验证产品是否达到规定的可靠性要求。现代可靠性工程师的主要职责则是制定设计准则及指南，建立可靠性数据库，提供各种分析及设计工具、方法和软件。在未来，将会进一步要求可靠性工程师成为设计组的成员，负责对设计工程师进行可靠性教育，使每个设计师都了解可靠性，从而确保产品的工作性能和寿命。

6. 注重人机可靠性的研究

随着硬件设备可靠性的不断提高，由于人为因素造成的设备故障及事故率不断上升，已成为主要的影响因素。在近 10 年来的国际民航飞机事故统计中，人为因素造成的事故占一半以上。因此，对人机系统的可靠性研究受到重视。

此外，在国外非常重视可靠性教育及其学术交流。美国在许多大学的工学院中开设有可靠性工程课程，并设立可靠性硕士和博士学位。由于可靠性工程师必须具有雄厚的工程基础，故在大学中只设定可靠性硕士及博士学位，不设学士学位。美国十分强调设计师及可靠性工程师的在职培训，经常举办各种类型的研讨班及短训班。在大学和研究机构中每年都定期和不定期地组织可靠性学术研讨会和专题讨论会，学术气氛十分浓厚。

8.2 可靠性的基本概念

8.2.1 可靠性的定义

产品的质量指标有很多种，例如，一辆摩托车的指标就有功率、耗油率、最大速度、噪声等。这类指标通常称为性能指标，即产品完成规定功能所需要的指标。除此之外，产品还有另一类质量指标，即可靠性指标。它反映产品保持其性能指标的能力，如摩托车出厂时的各项性能指标经检验都符合标准，但行驶十万公里后摩托车是否仍能保持其出厂时的各项性能指标呢？这是用户十分关心的问题。生产厂家为了说明自己产品保持其性能指标的能力,就要提出产品的可靠性指标(可靠性特征量)。如:可靠度、平均寿命、失效率等。

在我国,可靠性定义为产品在规定条件下和规定的时间区间内完成规定功能的能力。这种能力以概率(可能性)表示,故可靠性也称可靠度。定义中的"产品"是指作为单独研究和分别试验对象的任何元件、器件、零部件、组件、设备和系统;"规定条件"是指产品的使用条件、维护条件、环境条件和操作技术;"规定的时间区间"是指产品的工作期限,可以用时间单位,也可以用周期、次数、里程或其他单位表示;"规定功能"通常用产品的各种性能指标来表示。对以上四个方面的内容必须有明确的规定,研究产品可靠性才有意义。

8.2.2 可靠性常用的三大指标

可靠性有狭义和广义两种意义。狭义可靠性仅指产品在规定条件下和规定时间区间内完成规定功能的能力。本书对"可靠性"一词若不加以注明,均指狭义可靠性。广义可靠性通常包含狭义可靠性和维修性等方面的内容。我们将产品在规定的维护修理使用条件下,产品在执行任务期间某一时刻处于良好状态的能力称为广义可靠性。

维修是为了保持或恢复产品能完成规定功能而采取的技术管理措施,仅适用于可修复产品。维修性则是在规定条件下使用的产品在规定的时间内,按规定的程序和方法进行维修时,保持或恢复到能完成规定功能的能力。

狭义可靠性和维修性两方面的内容合起来称为有效性。有效性是指可维修产品在某时刻具有或维持规定功能的能力。

产品长期贮存,其材料将会老化变质。在规定的贮存条件下,产品从开始贮存到丧失其规定功能的时间称为贮存寿命。

狭义可靠性、广义可靠性、维修性、有效性和贮存寿命的相互关系,可由图8-1表示。图中的狭义可靠性、有效性和贮存寿命,称为可靠性的三大指标。

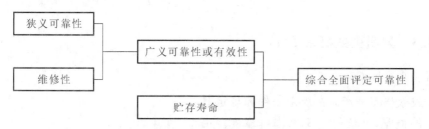

图 8-1 可靠性指标关系图

这里还需指出的是,为什么不把广义可靠性作为可靠性的一个指标而用有效性代替?这是因为当前工程界对维修性的研究和应用还暂不如狭义可靠性,特别是定量研究分析方面。本书主要研究产品的狭义可靠性问题。

8.3 可靠性特征量

可靠性的特征量主要有可靠度、失效概率、失效率、失效概率密度和平均寿命等,它们代表了产品可靠性的主要内容。

8.3.1 可靠度

可靠度是时间 t 的函数，记作 $R(t)$。设 T 为产品寿命的随机变量，则

$$R(t) = p(T > t) \tag{8-1}$$

式(8-1)表示产品的寿命 T 超过规定时间 t 的概率，即产品在规定时间 t 内完成规定功能的概率 p。根据可靠度的定义，可以得出 $R(0)=1$，$R(\infty)=0$，即开始使用时，所有产品都是好的；只要时间充分大，全部产品都会失效。可靠度与时间的关系曲线如图 8-2 所示。

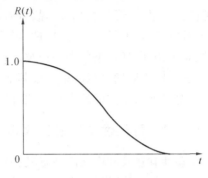

图 8-2 可靠度与时间的关系曲线

8.3.2 可靠度估计值

可靠性特征量理论上的值称为真值，它完全由产品失效的数学模型所决定。它虽然是客观存在的，但实际上是未知的，它主要应用在理论研究方面。在实际工作中，我们只能获得有限个样本的观测数据，经过一定的统计计算得到真值的估计值，称为可靠度的估计值，记为 $\hat{R}(t)$。它具有以下两个特性。

(1) 对于不可修复的产品，可靠度估计值是指在规定的时间区间 $(0,t)$ 内，能完成规定功能的产品数 $n_s(t)$ 与在该时间区间开始投入工作的产品数 n 之比。

(2) 对于可修复的产品，可靠度估计值是指一个或多个产品的无故障工作时间达到或超过规定时间 t 的次数 $n_s(t)$ 与观测时间内无故障工作总次数 n 之比。

因此，不论对可修复产品还是不可修复产品，可靠度估计值的公式相同，即

$$\hat{R}(t) = n_s(t)/n \tag{8-2}$$

8.3.3 累积失效概率 $F(t)$

1. 累积失效概率的定义

累积失效概率是产品在规定条件和规定时间内失效的概率，其值等于 1 减去可靠度。也可以说产品在规定条件和规定时间内完不成规定功能的概率，故也称为不可靠度，它同样是时间 t 的函数，记作 $F(t)$。有时也称为累积失效分布函数（简称失效分布函数）。其表示式为

$$F(t) = p(T \leqslant t) = 1 - p(T > t) = 1 - R(t) \tag{8-3}$$

从上述定义可以得出 $F(0)=0, F(\infty)=1$

由此可见，$R(t)$ 和 $F(t)$ 互为对立事件。失效分布函数 $F(t)$ 与时间关系曲线如图 8-3 所示。

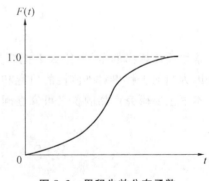

图 8-3 累积失效分布函数

2. 累积失效概率的估计值 $\hat{F}(t)$

$$\hat{F}(t) = 1 - \hat{R}(t) = n_f(t)/n \tag{8-4}$$

【例 8.1】 不可维修的红外灯管有 110 只,工作 500 h 时有 10 只失效,工作到 1000 h 时总共有 53 只失效,求该产品分别在 500 h 与 1000 h 时的累积失效概率。

【解】 $n=110, n_f(500)=10, n_f(1000)=53$,则
$\hat{F}(500)=10/110=9.09\%, \hat{F}(1000)=53/110=48.18\%$

3. 失效概率密度 $f(t)$

1) 失效概率密度的定义

失效概率密度是累积失效概率对时间的变化率,记作 $f(t)$。它表示产品寿命落在包含 t 的单位时间内的概率,即产品在单位时间内失效的概率。其表示式为

$$f(t) = \frac{\mathrm{d}F(t)}{\mathrm{d}t} = F'(t) \tag{8-5}$$

即

$$F(t) = \int_0^t f(t)\mathrm{d}t \tag{8-6}$$

2) 失效概率密度的估计值 $\hat{f}(t)$

$$\hat{f}(t) = \frac{F(t+\Delta t)-F(t)}{\Delta t} = \frac{\left[\dfrac{n_f(t+\Delta t)}{n} - \dfrac{n_f(t)}{n}\right]}{\Delta t}$$

$$= \frac{1}{n} \cdot \frac{\Delta n_f(t)}{\Delta t} \tag{8-7}$$

式中:$\Delta n_f(t)$ 为在 $(t, t+\Delta t)$ 时间间隔内失效的产品数。

当产品的失效概率密度 $f(t)$ 已确定时,由式 (8-4)、(8-7) 可知 $f(t)$、$F(t)$、$R(t)$ 之间的关系可用图 8-4 表示。

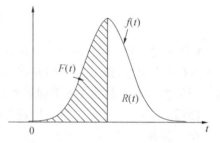

图 8-4 $f(t)$、$F(t)$、$R(t)$ 之间的关系

8.3.4 失效率 $\lambda(t)$

1. 失效率的定义

失效率是工作到某时刻尚未失效的产品,在该时刻后单位时间内发生失效的概率,记作 $\lambda(t)$,也称为失效率函数,有时又称为故障率函数。

按上述定义,失效率是在时刻 t 尚未失效的产品在 $t \sim (t+\Delta t)$ 的单位时间内发生失效的条件概率,即

$$\lambda(t) = \lim_{\Delta t \to 0} \frac{1}{\Delta t} p(t < T \leqslant t+\Delta t \mid T > t) \tag{8-8}$$

式(8-8)反映 t 时刻失效的速率,故也称为瞬时失效率。

由条件概率

$$p(t < T \leqslant t+\Delta t \mid T > t) = \frac{p(t < T < t+\Delta t)}{p(T > t)} \tag{8-9}$$

所以式(8-9)变为

$$\lambda(t) = \lim_{\Delta t \to 0} \frac{p(t < T < t+\Delta t)}{p(T > t) \cdot \Delta t} = \lim_{\Delta t \to 0} \frac{F(t+\Delta t) - F(t)}{R(t) \cdot \Delta t}$$

$$= \frac{\mathrm{d}F(t)}{\mathrm{d}t} \cdot \frac{1}{R(t)} = \frac{f(t)}{R(t)} = \frac{f(t)}{1-F(t)} \tag{8-10}$$

对于电子设备的失效率函数有 3 种基本类型,即早期失效型、偶然失效型和耗损失效型。

失效率函数与时间的关系如图 8-5(a)、(b)、(c)所示。对于系统来说,一般在工作过程中,失效率随时间的变化而分阶段属于上述三种类型。其曲线呈浴盆状,该曲线图形和失效规律,对于机械设备的失效率,如图 8-5(d)所示,它的三个失效期不明显。

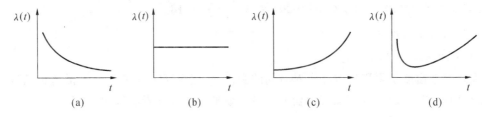

图 8-5 失效率函数与时间的关系
(a) 早期失效型　(b) 偶然失效型　(c) 耗损失效型　(d) 机械设备

2. 失效率的估计值 $\hat{\lambda}(t)$

不论产品是否可修复,产品失效率的估计值均可由式(8-11)求得。

$$\hat{\lambda}(t) = \frac{n_f(t+\Delta t) - n_f(t)}{n_s(t) \cdot \Delta t} = \frac{\Delta n_f(t)}{n_s(t) \cdot \Delta t} \tag{8-11}$$

【例 8.2】 对 100 个某种产品进行寿命试验,在 $t=100$ h 以前没有失效,而在 $100 \sim 105$ h 之间有 1 个失效,到 1000 h 前共有 51 个失效,$1000 \sim 1005$ h 失效 1 个,分别求出 $t=100$ h 和 $t=1000$ h 时,产品的失效率和失效概率密度。

【解】 (1) 求产品在 100 h 时的失效率 $\hat{\lambda}(100)$ 和失效概率密度 $\hat{f}(100)$。

据题意有 $n=100, n_s(100)=100, \Delta n_f(100)=1, \Delta t=(105-100)$ h$=5$ h。

由式(8-11)得

$$\hat{\lambda}(100) = \frac{\Delta n_f(100)}{n_s(100) \cdot \Delta t} = \frac{1}{100 \text{ h} \times 5} = 0.2 \text{ \%/h}$$

由式(8-7)得

$$\hat{f}(100) = \frac{1}{n} \cdot \frac{\Delta n_f(100)}{\Delta t} = \frac{1}{100 \text{ h}} \times \frac{1}{5} = 0.2 \text{ \%/h}$$

(2) 求产品在 1000 h 时的失效率 $\hat{\lambda}(1000)$ 和失效概率密度 $\hat{f}(1000)$。

据题意有 $n=100, n_s(1000)=100-51=49, \Delta n_f(1000)=1, \Delta t=1005-1000=5$ h。

由式(8-11)得

$$\hat{\lambda}(1000) = \frac{\Delta n_f(1000)}{n_s(1000) \cdot \Delta t} = \frac{1}{49 \text{ h} \times 5} = 0.408 \text{ \%/h}$$

由式(8-7)得

$$\hat{f}(1000) = \frac{1}{n} \cdot \frac{\Delta n_f(1000)}{\Delta t} = \frac{1}{100 \text{ h}} \times \frac{1}{5} = 0.2\text{\%/h}$$

由计算结果可见,从失效概率观点看,在 $t=100$ h 和 $t=1000$ h 处,单位时间内失效概率是相同的,而从失效率观点看,1000 h 处的失效率比 100 处的失效率增大一倍多,后者更灵敏地反映出产品失效的变化速度。

3. 平均失效率 $\bar{\lambda}$

在工程实践中,常常要用到平均失效率,其定义如下:

(1) 对不可修复的产品是指在一个规定时间内总失效产品数 $n_f(t)$ 与全体产品的累积工作时间 T 之比。

(2) 对可修复的产品是指它们在使用寿命期内的某个观测期间,所有产品的故障发生总数 $n_f(t)$ 与总累积工作时间 T 之比。

所以不论产品是否可修复,平均失效率估计值的公式为

$$\bar{\lambda} = \frac{n_f(t)}{T} = \frac{n_f(t)}{\sum_{i=1}^{n_f} t_{fi} + n_s t} \tag{8-12}$$

式中:t_{fi}——第 i 个产品失效前的工作时间;

n_s——整个试验期间未出现失效的产品数;

n_f——整个试验期间出现失效的产品数。

4. 失效率单位

失效率的常用单位有%/h,%/kh,菲特(Fit)等。其中,菲特是失效率的基本单位,1 Fit $=10^{-9}$/h,它表示 1000 个产品工作 1 Mh 后,只有一个失效。

8.3.5 产品的寿命特征

在可靠性工程中,规定了一系列与寿命有关的指标:平均寿命、可靠寿命、特征寿命和中位寿命等。这些指标总称为可靠性寿命特征,它们也都是衡量产品可靠性的尺度。

1. 平均寿命 θ

在寿命特征中最重要的是平均寿命。平均寿命就是寿命的数学期望,记作 θ,数学公式为

$$\theta = \int_0^\infty t f(t) \mathrm{d}t \tag{8-13}$$

值得注意的是,可以证明,能用可靠度 $R(t)$ 来计算平均寿命,公式为

$$\theta = \int_0^\infty R(t) \mathrm{d}t \tag{8-14}$$

由于可维修产品与不可维修产品的寿命有不同的意义,故平均寿命也有不同的意义。一般用 MTBF 表示可维修产品的平均寿命,称"平均无故障工作时间";用 MTTF 表示不可维修产品的平均寿命,称为"失效前的平均工作时间"。

不论产品是否可修复,平均寿命的估计值的表达式均为

$$\hat{\theta} = \frac{1}{n} \sum_{i=1}^n t_i \tag{8-15}$$

式中:n——对不可修复产品,它代表试验的产品数,对于可修复产品,它代表试验产品发生故障次数;

t_i——对不可修复产品,它代表第 i 件产品的寿命,对于可修复产品,它代表每次故障修复后的工作时间。

2. 可靠寿命、特征寿命

前面已经提到可靠度函数 $R(t)$ 是产品工作时间 t 的函数,在 $t=0$ 时,$R(0)=1$,当工作时间增加,$R(t)$ 逐渐减小。可靠度与工作时间有一一对应的关系。有时需要知道,可靠度等于给定值 r 时,产品的寿命是多少?

可靠寿命就是给定可靠度为 r 时对应的寿命 T_r,即

$$R(T_r) = r$$

图 8-6 所示为可靠寿命 T_r 与可靠度(可靠水平)r 的关系。

特征寿命就是当 $R(t)=\mathrm{e}^{-1}=0.37$ 时对应的寿命,对于失效规律服从指数分布的产品而言,特征寿命就是平均寿命。

中位寿命就是当 $R(t)=0.5$ 时对应的可靠寿命。

$R(t)$ 和累积失效概率 $F(t)$ 都等于 50%,如图 8-7 所示。

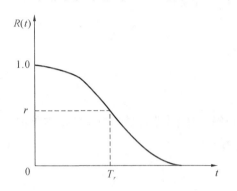

图 8-6　可靠性 T_r 与可靠水平 r 的关系

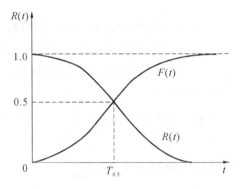

图 8-7　中位寿命与 $R(t)$ 及 $F(t)$ 的关系

上述介绍了各种可靠性特征量,我们用图 8-8 形象地描述它们之间的关系(设 $t\geqslant 0$)。

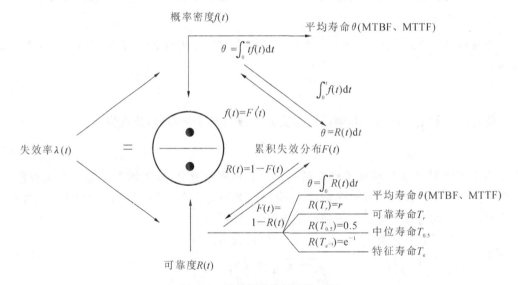

图 8-8　可靠性特征量的关系图

8.4　可靠性常用分布

产品的失效分布是指其失效概率密度函数或累积失效概率函数,它与可靠性特征量有着密切的关系。如果已知产品的失效分布函数,则可求出可靠度函数、失效率函数和寿命特征量。即使不知道具体的分布函数,但如果已知失效分布的类型,也可以通过对分布的参数估计值求得某些可靠性特征量的估计值。因此,在可靠性理论中,研究产品的失效分布类型是一个十分重要的问题。

8.4.1 指数分布

在可靠性理论中,指数分布是最基本、最常用的分布,适合于失效率 $\lambda(t)$ 为常数的情况,它不但在电子元器件偶然失效期普遍适用,而且在复杂系统和整机方面以及机械技术的可靠性领域也得到使用。

1. 失效概率密度函数 $f(t)$

$$f(t) = \lambda e^{-\lambda t} \ (t \geqslant 0) \tag{8-16}$$

式中:λ——指数分布的失效率,为一常数。

失效概率密度函数 $f(t)$ 的图形如图 8-9 所示。

2. 累积失效概率函数 $F(t)$

$$F(t) = \int_{-\infty}^{t} f(t) \mathrm{d}t = \int_{0}^{t} \lambda e^{-\lambda t} \mathrm{d}t = 1 - e^{-\lambda t} \ (t \geqslant 0) \tag{8-17}$$

累积失效概率函数 $F(t)$ 的图形如图 8-10 所示。

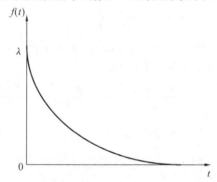

图 8-9 呈指数分布的失效概率密度函数　　图 8-10 呈指数分布的累计失效概率函数

3. 可靠度函数 $R(t)$

$$R(t) = 1 - F(t) = e^{-\lambda t} \ (t \geqslant 0) \tag{8-18}$$

可靠度函数 $R(t)$ 的图形如图 8-11 所示。

4. 失效率函数 $\lambda(t)$

$$\lambda(t) = \lambda (常数)$$

失效率函数 $\lambda(t)$ 的图形如图 8-12 所示。

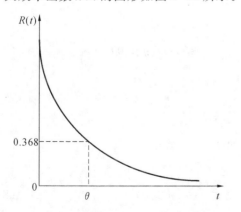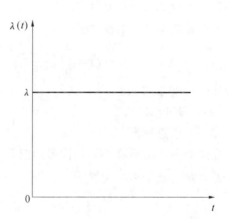

图 8-11 呈指数分布的可靠度函数　　图 8-12 呈指数分布的失效率函数

5. 平均寿命 θ

$$\theta = \int_0^\infty R(t)\mathrm{d}t = \int_0^\infty \mathrm{e}^{-\lambda t}\mathrm{d}t = \frac{1}{\lambda} \tag{8-19}$$

因此,当产品寿命服从指数分布时,其平均寿命 θ 与失效率 λ 互为倒数。

6. 可靠寿命 T_r

给定可靠度 r 时,根据式(8-18)可得

$$R(T_r) = \mathrm{e}^{-\lambda T_r} = r \tag{8-20}$$

将式(8-20)两边取自然对数,可得

$$T_r = -\frac{1}{\lambda}\ln r \tag{8-21}$$

7. 中位寿命 $T_{0.5}$

将 $r=0.5$ 代入式(8-21)可得

$$T_{0.5} = -\frac{1}{\lambda}\ln 0.5 = \frac{1}{\lambda}\ln 2 = 0.693\theta = 0.693\frac{1}{\lambda}$$

指数分布有一个重要特性,即产品工作了 t_0 时间后,它再工作 t 小时的可靠度与已工作的时间 t_0 无关,而只与时间 t 的长短有关。下面用条件概率来说明。

$$R(t_0+t) = p(T>t_0+t \mid T>t_0) = \frac{p(T>t_0+t, T>t_0)}{p(T>t_0)} = \frac{p(T>t_0+t)}{p(T>t_0)}$$

$$= \frac{R(t_0+t)}{R(t_0)} = \frac{\mathrm{e}^{-\lambda(t_0+t)}}{\mathrm{e}^{-\lambda t_0}} = \mathrm{e}^{-\lambda t} = R(t) = p(T>t) \tag{8-22}$$

由此可见,产品可靠度与产品已经使用过 t_0 时间无关,即它对用过的时间 t_0 是不作记忆的,又称为无记忆性。

8.4.2 威布尔分布

威布尔分布在可靠性理论中是适用范围较广的一种分布。它能全面地描述浴盆失效率曲线的各个阶段。当威布尔分布中的参数不同时,它可以蜕化为指数分布、瑞利分布和正态分布。大量实践说明,凡是因为某一局部失效或故障所引起的全局机能停止运行的元件、器件、设备、系统等的寿命均服从威布尔分布;特别在研究金属材料的疲劳寿命,如疲劳失效、轴承失效都服从威布尔分布。

1. 失效概率密度函数 $f(t)$

$$f(t) = \frac{m}{\eta}\left(\frac{t-\delta}{\eta}\right)^{m-1}\mathrm{e}^{-\left(\frac{t-\delta}{\eta}\right)^m} \quad (\delta \leqslant t; m, \eta > 0) \tag{8-23}$$

式中: m ——形状参数;
η ——尺度参数;
δ ——位置参数。

失效概率密度函数 $f(t)$ 的图形如图 8-13 所示。

2. 累积失效概率函数 $F(t)$

$$F(t) = 1 - \mathrm{e}^{-\left(\frac{t-\delta}{\eta}\right)^m} \quad (\delta \leqslant t; m, \eta > 0) \tag{8-24}$$

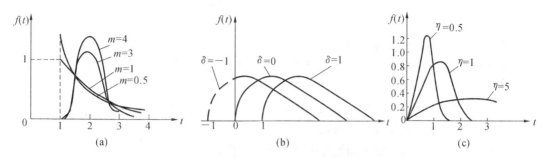

图 8-13 威布尔分布的失效概率密度函数

(a) $\eta=1$、$\delta=1$ 时不同 m 值的失效概率密度函数 (b) $m=2$、$\eta=1$ 时不同 δ 值的失效概率密度函数
(c) $m=2$、$\delta=0$ 时不同 η 值的失效概率密度函数

累积失效概率函数 $F(t)$ 的图形如图 8-14 所示。

3. 可靠度函数 $R(t)$

$$R(t) = e^{-(\frac{t-\delta}{\eta})^m} \quad (\delta \leqslant t; m, \eta > 0) \tag{8-25}$$

可靠度函数 $R(t)$ 的图形如图 8-15 所示。

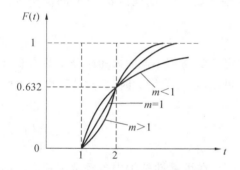

图 8-14 $\eta=1$、$\delta=1$ 时不同 m 值的累积失效概率密度函数

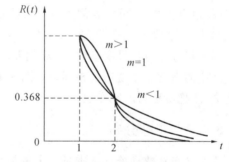

图 8-15 $\eta=1$、$\delta=1$ 时不同 m 值的可靠度函数

4. 失效率函数 $\lambda(t)$

失效率函数 $\lambda(t)$ 的图形如图 8-16 所示。

$$\lambda(t) = \frac{m}{\eta}(\frac{t-\delta}{\eta})^{m-1} \quad (\delta \leqslant t; m, \eta > 0) \tag{8-26}$$

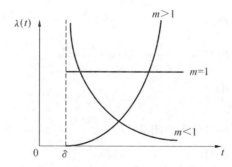

图 8-16 $\delta \neq 0$ 时不同 m 值的失效率函数

5. 三个参数 (m,η,δ) 的意义

1) 形状参数 m

威布尔分布的失效概率密度曲线、累积失效概率曲线、可靠度曲线以及失效率曲线的形状都随 m 值的不同而不同，所以把 m 称为形状参数。各分布曲线如图 8-13～图 8-16 所示。

从图 8-13～图 8-16 可以看出：

当 $m<1$ 时，$f(t)$ 曲线随时间单调下降；

当 $m=1$ 时，$f(t)$ 曲线为指数曲线；

当 $m>1$ 时，$f(t)$ 曲线随时间增加出现峰值后下降；

当 $m=3$ 时，$f(t)$ 曲线已接近正态分布。通常 $m=3\sim4$ 即可当作正态分布。

2) 位置参数 δ

位置参数 δ 决定了分布的起始点。当 m、η 相同，δ 不同时，其失效概率密度曲线是完全相同的，所不同的只是曲线的起始位置有所变动，如图 8-13(b) 所示。

从图 8-13(b) 可以看出，当 $\delta<0$ 时，产品开始工作时就已失效了，即这些元件在贮存期已失效，$f(t)$ 曲线由 $\delta=0$ 时的位置向左平移 $|\delta|$ 的距离。

当 $\delta=0$ 时，$f(t)$ 曲线为二参数威布尔分布。

当 $\delta>0$ 时，表示这些元件在起始时间 δ 内不会失效，$f(t)$ 曲线由 $\delta=0$ 时的位置向右平移 $|\delta|$ 的距离。此时，可将 δ 称为最小保证寿命。

3) 尺度参数 η

通常将 η 称为真尺度参数，当 m 值及 δ 值固定不变，η 值不同时威布尔分布的失效概率密度曲线的高度及宽度均不相同。如图 8-13(c) 可见，当 η 值增大时，$f(t)$ 的高度变小而宽度变大，故把 η 称为尺度参数。

8.4.3 正态分布

正态分布在数理统计学中是一个最基本的分布，在可靠性技术中也经常用到它。如材料强度、磨损寿命、疲劳失效，同一批晶体管放大倍数的波动或寿命波动等都可看作或近似看做正态分布。在电子元器件可靠性的计算中，正态分布主要应用于元件耗损和工作时间延长而引起的失效分布，用来预测或估计可靠度有足够的精确性。

由概率论知，只要某个随机变量是由大量相互独立、微小的随机因素的总和所构成的，而且每一个随机因素对总和的影响都均匀地微小，那么，就可断定这个随机变量必近似服从正态分布。

1. 失效概率密度函数 $f(t)$

$$f(t)=\frac{1}{\sqrt{2\pi}\sigma}\mathrm{e}^{-\frac{(t-\mu)^2}{2\mu^2}}(-\infty<t<+\infty) \tag{8-27}$$

式中：μ——随机变量的均值；

σ——随机变量的标准差。

失效概率密度函数 $f(t)$ 的图形如图 8-17 所示。

2. 累积失效概率函数 $F(t)$

$$F(t)=\frac{1}{\sqrt{2\pi}\sigma}\int_{-\infty}^{t}\mathrm{e}^{-\frac{(t-\mu)^2}{2\mu^2}}\mathrm{d}t \tag{8-28}$$

若将 $z=\dfrac{t-\mu}{\sigma}$ 代入式(8-28)，则可以得到标准化正态分布的累积失效概率函数为

$$F(z)=\phi(z)=\frac{1}{\sqrt{2\pi}}\int_{-\infty}^{z}\mathrm{e}^{-\frac{1}{2}z^{2}}\mathrm{d}z \tag{8-29}$$

累积失效概率函数 $F(t)$ 的图形如图 8-18 所示。

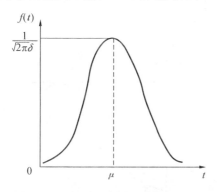
图 8-17 呈正态分布的失效概率密度函数

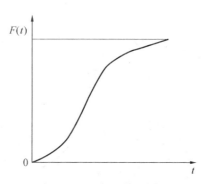
图 8-18 呈正态分布的累积失效概率函数

3. 可靠度函数 $R(t)$

$$R(t)=\frac{1}{\sqrt{2\pi}\sigma}\int_{t}^{\infty}\mathrm{e}^{-\frac{(t-\mu)^{2}}{2\mu^{2}}}\mathrm{d}t \tag{8-30}$$

可靠度函数 $R(t)$ 的图形如图 8-19 所示。

4. 失效率函数 $\lambda(t)$

$$\lambda(t)=\frac{f(t)}{R(t)}=\frac{1}{\sqrt{2\pi}\sigma}\mathrm{e}^{-\frac{(t-\mu)^{2}}{2\mu^{2}}}\Bigg/\left(\frac{1}{\sqrt{2\pi}\sigma}\int_{t}^{\infty}\mathrm{e}^{-\frac{(t-\mu)^{2}}{2\mu^{2}}}\mathrm{d}t\right) \tag{8-31}$$

失效率函数 $\lambda(t)$ 的图形如图 8-20 所示。

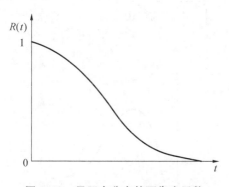
图 8-19 呈正态分布的可靠度函数

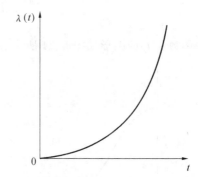
图 8-20 呈正态分布的失效率函数

8.4.4 对数正态分布

随机变量 t 的自然对数 $\ln t$ 服从均值为 μ 和标准差为 σ 的正态分布，称为对数正态分布。这里 μ 和 σ 不是随机变量 t 的均值和标准差，而是 $\ln t$ 的均值和标准差。

1. 失效概率密度函数 $f(t)$

$$f(t)=\frac{1}{\sigma t\sqrt{2\pi}}\mathrm{e}^{-\frac{(\ln t-\mu)^{2}}{2\mu^{2}}} \tag{8-32}$$

失效概率密度函数 $f(t)$ 的图形如图 8-21 所示。

2. 累积失效概率函数 $F(t)$

$$F(t)=\int_0^t \frac{1}{\sigma t\sqrt{2\pi}}e^{-\frac{(\ln t-\mu)^2}{2\mu^2}}dt \tag{8-33}$$

累积失效概率函数 $F(t)$ 的图形如图 8-22 所示。

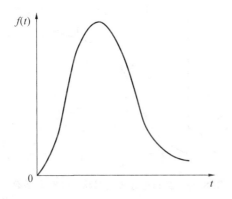
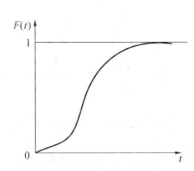

图 8-21　呈对数正态分布的失效概率密度函数　　图 8-22　呈对数正态分布的累积失效概率函数

3. 可靠度函数 $R(t)$

$$R(t)=\int_t^\infty \frac{1}{\sigma t\sqrt{2\pi}}e^{-\frac{(\ln t-\mu)^2}{2\mu^2}}dt \tag{8-34}$$

可靠度函数 $R(t)$ 的图形如图 8-23 所示。

4. 失效率函数 $\lambda(t)$

$$\lambda(t)=\frac{f(t)}{R(t)}=\frac{\frac{1}{t}e^{-\frac{(\ln t-\mu)^2}{2\mu^2}}}{\int_0^\infty \frac{1}{t}e^{-\frac{(\ln t-\mu)^2}{2\mu^2}}dt} \tag{8-35}$$

失效率函数 $\lambda(t)$ 的图形如图 8-24 所示。

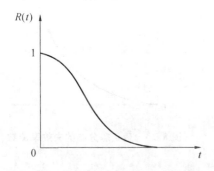
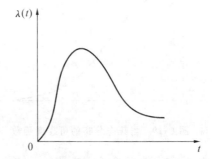

图 8-23　呈对数正态分布的可靠度函数　　图 8-24　呈对数正态分布的失效率函数

8.5　可靠性模型

系统(复杂产品)是完成特定功能的综合体,是若干协调工作单元的有机组合。系统和单元的概念是相对的,由许多电子元器件组成的电子整机可以看成一个系统,由许多电子整机和其他设备可以组成大型复杂系统。另一方面,系统也被看成产品等级当中的一个固定等级。关于产品等级,现在初步考虑有零件、部件、组合件、单机、机组、装置、分系统、系统共8个等级。系统可靠性和系统的技术性能指标一样,是衡量设计优劣、质量高低的重要指标。从系统、单元的相对意义上进行讨论,介绍各类型的系统可靠性模型。建立系统可靠性模型,把系统的可靠性特征量表示为单元可靠性特征量的函数,然后通过已知的单元可靠性特征量计算出系统的可靠性特征量,这是常用的系统可靠性的一种分析方法。

由于系统可靠性涉及面很广,为了简化研究,我们这里只讨论"不可修系统"的可靠性。所谓"不可修系统"是指当组成系统的部件发生故障时,不对故障部件做任何维修。

8.5.1 可靠性模型框图

在完全了解产品任务定义和寿命周期模型的基础上,应该通过简明扼要的直观办法表示出产品每次使用能成功地完成任务时,所有单元之间的相互依赖关系。这就是建立系统可靠性框图。框图中每一方框代表在评定系统可靠性时必须考虑的,并具有与方框相联系的可靠性值的单元或功能。所有连接方框的线没有可靠性值。所有方框就失效概率来说互相独立。在软件可靠性没有纳入可靠性框图时,是假设软件完全可靠。当人的因素没有纳入框图时,是假设人员完全可靠,而且人员与产品之间没有相互作用问题。清楚规定产品定义的实质就是建立系统可靠性物理模型,这是可靠性工程中基本的和重要的一个步骤,也是建立可靠性数学模型的前提条件。

系统可靠性模型还要表示出系统及其单元之间的可靠性逻辑关系和数量关系,这就从物理模型发展到数学模型,包括概率模型和统计模型。概率模型的中心问题是要确定系统成功(失效)概率和单元成功(失效)概率之间的关系。常用的有可靠性框图(网络)模型和故障树模型。此外,还有可修系统的马尔可夫状态转移图模型等。统计模型例如金字塔模型,是要综合各单元以及系统本身的可靠性试验数据,从而对系统可靠性作出统计推断。本章仅着重于可靠性框图模型的讨论。

在工程实践中,常用功能系统图或框图来描述系统及其单元之间的功能关系,但应注意到系统可靠性框图虽然和它的功能框图有密切联系,但也有较大区别。例如,一个电容器 C 和一个电感线圈 L 在电路上并联组成一个振荡回路,从可靠性关系来看,两个单元 L 和 C 中只要有一个失效,这个振荡器就失效,因而振荡回路的可靠性框图是 L 和 C 组成的串联系统。LC 振荡器的功能系统图和其可靠性框图见图 8-25 和图 8-26。

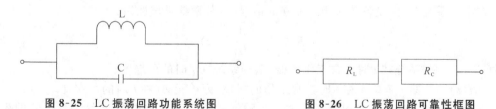

图 8-25　LC 振荡回路功能系统图　　　图 8-26　LC 振荡回路可靠性框图

又如,一个流体系统,由一个泵和两个抑制阀串联组成,两个抑制阀的作用是泵不工作且倒流压力超过顺流压力时能阻止倒流,因而其功能系统图如图 8-27 所示,而可靠性框图如图 8-28 所示。

又如，一液压系统如图 8-29 所示，图中各单元为：1—电动机，2—泵，3—滤油器，4—溢流阀，5、6—单向阀（防止泵不工作时产生倒流），7—蓄能器，8—三位四通电磁换向阀，9—工作油缸。分析保证该液压系统正常工作时各单元的工作状态，可以画出系统的可靠性框图如图 8-30 所示。

图 8-27　一个泵和两个阀串联的功能系统图

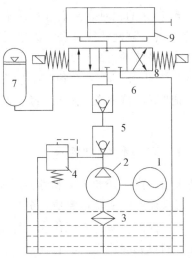

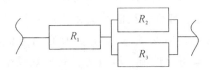

图 8-28　一个泵和两个阀串联的可靠性框图　　图 8-29　液压功能系统图

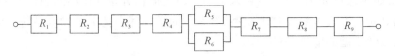

图 8-30　液压系统可靠性框图

8.5.2　串联系统可靠性模型

一个系统由 n 个单元 $A_1, A_2, \cdots, A_n$ 组成，当每个单元都正常工作时，系统才能正常工作；或者说当其中任何一个单元失效时，系统就失效。我们称这种系统为串联系统，其可靠性框图如图 8-31 所示。图中 $R_1, R_2, \cdots, R_n$ 分别为 n 个单元的可靠性。

图 8-31　串联系统的可靠性框图

串联系统是最常见的和最简单的，许多实际工程系统是可靠性串联系统。例如图 8-26 中的 LC 振荡回路可靠性框图。

在串联系统中，假设各单元相互独立的情况下，其系统可靠性为

$$R_s(t) = \prod_{i=1}^{n} R_i(t) \tag{8-36}$$

式中：$R_s(t)$——系统在 t 时正常工作的概率，即系统在 t 时的可靠度；

$R_i(t)$——第 i 个单元在 t 时正常工作的概率，即单元 A_i 在 t 时的可靠度。

如各单元的寿命分布都是指数分布，且 $R_i = e^{-\lambda_i t} (t>0)$，式中 λ_i 是第 i 个单元的失效率，于是系统的可靠度为

$$R_s(t) = \prod_{i=1}^{n} e^{-\lambda_i t} = e^{-\sum_{i=1}^{n} \lambda_i t} = e^{\lambda_i t} \tag{8-37}$$

式中：
$$\lambda_s = \lambda_1 + \lambda_2 + \cdots + \lambda_n = \sum_{i=1}^n \lambda_i$$

上式表明系统的寿命仍服从指数分布，其失效率为各单元的失效率之和，而系统的平均寿命为

$$\mathrm{MTBF} = \frac{1}{\lambda_s} = \frac{1}{\sum_{i=1}^n \lambda_i} \tag{8-38}$$

当 $\lambda_s t < 0.1$ 时，利用近似公式 $\mathrm{e}^{-\lambda_s t} \approx 1 - \lambda_s t$，则有

$$F_s(t) = 1 - R_s(t) = 1 - \mathrm{e}^{-\lambda_s t} \approx \lambda_s t = \sum_{i=1}^n \lambda_i t = \sum_{i=1}^n F_i(t) \tag{8-39}$$

式中：$F_s(t)$——系统在 t 时失效的概率，即系统的不可靠度；

$F_i(t)$——第 i 单元在 t 时失效的概率，即单元 A_i 的不可靠度。

可见，在这种情况下串联系统的不可靠度近似等于各单元的不可靠度之和，因此可以近似求得系统可靠度。

由上可得，串联系统可靠性小于或至多等于各串联单元可靠性的最小值，即

$$R_s \leqslant \min_i \{R_i\} \tag{8-40}$$

从设计角度考虑，提高串联系统可靠性的措施为

(1) 提高单元可靠性，即减小失效率；

(2) 尽量能减少串联单元数目；

(3) 等效地缩短任务时间 t。

【例 8.1】 一台电子计算机主要是由下列五类元器件组装而成的串联系统，这些元器件的寿命分布皆为指数分布，其失效率及装配在计算机上的数量如表 8-3 所示。若不考虑结构、装配及其他因素，而只考虑这些元器件是否失效，试求此计算机的可靠度，$t=10\,\mathrm{h}$ 的可靠度，失效率及平均寿命。

表 8-3 计算机的元器件

种类	1	2	3	4	5
失效率 $\lambda_i/\mathrm{h}^{-1}$	10^{-7}	5×10^{-7}	10^{-6}	2×10^{-5}	10^{-1}
元器件个数 n_i	10^2	10^3	10^2	10	2

【解】 由式(8-36)和式(8-37)可得

$$R_s(t) = \mathrm{e}^{-\sum_{i=1}^5 n_i \lambda_i t} = \mathrm{e}^{-0.002t}$$

$$R_s(10) = \mathrm{e}^{-0.002\times 10} = \mathrm{e}^{-0.02} = 0.98$$

$$\lambda_i = \sum_{i=1}^5 n_i \lambda_i = 0.002\,\mathrm{h}^{-1}$$

$$\mathrm{MTBF} = \frac{1}{\lambda_i} = \frac{1}{0.002\,\mathrm{h}^{-1}} = 500\,\mathrm{h}$$

如果单元服从指数分布，由式(8-37)及可靠度和失效率之间的关系可得

$$R_s(t) = \mathrm{e}^{-\int_0^5 \lambda_i(t)\mathrm{d}t} = \prod_{i=1}^5 \mathrm{e}^{-\int_0^5 \lambda_i(t)\mathrm{d}t} = \mathrm{e}^{-\int_0^5 (\sum_{i=1}^5 \lambda_i(t))\mathrm{d}t}$$

因此系统的失效率和单元失效率的关系仍为

$$\lambda_i(t) = \sum_{i=1}^{5} \lambda_i(t)$$

8.5.3 并联系统可靠性模型

一个系统由 n 个单元 $A_1, A_2, \cdots, A_n$ 组成,假设只要有一个单元工作,系统就能工作,或者说只有当所有单元都失效时,系统才失效,我们称这种系统为并联系统,其可靠性框图如图 8-32 所示。图中,$R_1, R_2, \cdots, R_n$ 分别为 n 个单元的可靠性。

在假设各单元相互独立的情况下,有

$$F_s(t) = \prod_{i=1}^{n} F_i(t) \tag{8-41}$$

$$R_s(t) = 1 - F_s(t) = 1 - \prod_{i=1}^{n} F_i(t) = 1 - \prod_{i=1}^{n} (1 - R_i(t)) \tag{8-42}$$

如果各单元的寿命分布都是失效率为 λ_i 的指数分布,则

$$R_s(t) = 1 - \prod_{i=1}^{n} (1 - e^{-\lambda_i t}) \tag{8-43}$$

为求系统的平均寿命,利用

$$P(A_s) = \sum_{i=1}^{n} P(A_i) - \sum_{1 \leq i < j \leq n} P(A_i A_j) + \cdots + (-1)^{n-1} P(A_1 A_2 \cdots A_n) \tag{8-44}$$

得

$$R_s(t) = \sum_{i=1}^{n} e^{-\lambda_i t} - \sum_{1 \leq i < j \leq n} e^{-(\lambda_i + \lambda_j)t} + \cdots + (-1)^{n-1} e^{-(\lambda_1 + \lambda_2 + \cdots + \lambda_n)t} \tag{8-45}$$

这表明并联系统的寿命分布已不是指数分布,这时系统的平均寿命为

$$\begin{aligned} \text{MTBF} &= \int_0^\infty t f_s(t) \mathrm{d}t = \int_0^\infty R_s(t) \mathrm{d}t = \int_0^\infty R_s(t) \mathrm{d}t \\ &= \int_0^\infty \Big[\sum_{i=1}^{n} e^{-\lambda_i t} - \sum_{1 \leq i < j \leq n} e^{-(\lambda_i + \lambda_j)t} + \cdots + (-1)^{n-1} e^{-(\lambda_1 + \lambda_2 + \cdots + \lambda_n)t} \Big] \mathrm{d}t \\ &= \sum_{i=1}^{n} \frac{1}{\lambda_i} - \sum_{1 \leq i < j \leq n} \frac{1}{\lambda_i + \lambda_j} + \cdots + (-1)^{n-1} \frac{1}{\sum_{i=1}^{n} \lambda_i} \end{aligned}$$

$$R_s(t) = e^{-\lambda_1 t} + e^{-\lambda_2 t} - e^{-(\lambda_1 + \lambda_2)t}$$

$$\text{MTBF} = \frac{1}{\lambda_1} + \frac{1}{\lambda_2} - \frac{1}{\lambda_1 + \lambda_2}$$

$$\lambda_s(t) = \frac{\lambda_1 e^{-\lambda_1 t} + \lambda_2 e^{-\lambda_2 t} - (\lambda_1 + \lambda_2) e^{-(\lambda_1 + \lambda_2)t}}{e^{-\lambda_1 t} + e^{-\lambda_2 t} - e^{-(\lambda_1 + \lambda_2)t}}$$

当 $n=3$ 时,有

$$R_s(t) = e^{-\lambda_1 t} + e^{-\lambda_2 t} + e^{-\lambda_3 t} - e^{-(\lambda_1 + \lambda_2)t} - e^{-(\lambda_1 + \lambda_3)t} - e^{-(\lambda_2 + \lambda_3)t} + e^{-(\lambda_1 + \lambda_2 + \lambda_3)t}$$

$$\text{MTBF} = \frac{1}{\lambda_1} + \frac{1}{\lambda_2} - \frac{1}{\lambda_1 + \lambda_2} - \frac{1}{\lambda_1 + \lambda_3} - \frac{1}{\lambda_2 + \lambda_3} + \frac{1}{\lambda_1 + \lambda_2 + \lambda_3}$$

值得提醒的是,当单元的寿命分布是指数分布时,即失效率为常数,串联系统的失效率仍是常数,但并联系统的失效率则不是常数,而是时间的函数。

当 n 个单元的失效率相等,都为 λ 时,相应可靠度为

$$R_s(t) = 1 - (1 - e^{-\lambda t})^n$$

$$\lambda_s(t) = \frac{n\lambda e^{-\lambda t}(1-e^{-\lambda t})^{n-1}}{1-(1-e^{-\lambda t})^n}$$

$$\text{MTBF} = \frac{1}{\lambda} + \frac{1}{2\lambda} + \cdots + \frac{1}{n\lambda}$$

当 n 较大时,有近似公式

$$\text{MTBF} = \frac{1}{\lambda}\left(1 + \frac{1}{2} + \cdots + \frac{1}{n}\right) \approx \frac{1}{\lambda}\ln n$$

这样,当 $n=2$ 时

$$R_s(t) = 1-(1-e^{-\lambda t})^2 = 2e^{-\lambda t} - e^{-2\lambda t}$$

$$\lambda_s(t) = \frac{2\lambda(1-e^{-\lambda t})}{2-e^{-\lambda t}}$$

$$\text{MTBF} = \frac{1}{\lambda} + \frac{1}{2\lambda} = \frac{3}{2\lambda} = \frac{3}{2}\theta$$

式中:θ——各单元的平均寿命。

当 $n=3$ 时,有

$$R_s(t) = 1-(1-e^{-\lambda t})^3 = 3e^{-\lambda t} - 3e^{-2\lambda t} + e^{-3\lambda t}$$

$$\lambda_s(t) = \frac{3\lambda e^{-\lambda t}(1-e^{-\lambda t})^2}{1-(1-e^{-\lambda t})^3}$$

$$\text{MTBF} = \frac{1}{\lambda} + \frac{1}{2\lambda} + \frac{1}{3\lambda} = \frac{11}{6\lambda} = \frac{11}{6}\theta$$

由上可得,并联系统可靠性大于或至少等于各并联单元可靠性的最大值,即

$$R_0 \geqslant \max_i \{R_i\}$$

从设计角度考虑,上节谈到提高串联系统可靠性的三个措施外,还应有一个办法,就是对于可靠性较低的单元采用并联系统。提高并联系统可靠性的措施,除了提高单元的可靠性和等效地缩短任务时间外,还可以增加并联系统单元的数目,但耗费将会大大增加。

【例 8.2】 某液压系统中,采用两支滤油器 1 和 2 装成结构串联系统,如图 8-33 所示。

滤油器的故障有两种模式,即滤网堵塞或滤网破损。现假设滤油器两种故障模式的失效率相同,且两支滤网的失效率分别为

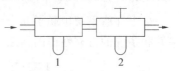

图 8-33 滤油器的结构图

$$\lambda_1 = 5 \times 10^{-5}(\text{h}^{-1}), \lambda_2 = 1 \times 10^{-5}(\text{h}^{-1})$$

工作时间 $t=10^3$ h。

试求:

(1) 在滤网堵塞失效情况下,系统的可靠度、失效率和平均寿命。

(2) 在滤网破损失效情况下,系统的可靠度、失效率和平均寿命。

【解】 (1) 由题意可知,滤网器失效率 λ 为常数,故其服从指数分布。滤网的故障模式为堵塞失效时,系统的可靠性框图如图 8-34 所示,即为串联系统。

则有

$$\lambda_s = \sum_{i=1}^n \lambda_i = 5 \times 10^{-5} + 1 \times 10^{-5} = 6 \times 10^{-5} \text{h}^{-1}$$

$$R_s(1000) = e^{-\lambda_s t} = e^{-6 \times 10^{-5} \times 1000} = e^{-0.06} = 0.94176$$

$$\text{MTBF} = \frac{1}{\lambda_s} = \frac{1}{6 \times 10^{-5}} = 16667 \text{ h}$$

（2）滤网的故障模式为破损失效时，系统的可靠性框图如图 8-35 所示，即为并联系统。

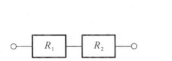
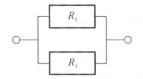

图 8-34　滤网堵塞失效时的可靠性框图　　　　图 8-35　滤网破损失效时的可靠性框图

则有

$$R_s(1000) = e^{-\lambda_1 t} + e^{-\lambda_2 t} - e^{-(\lambda_1+\lambda_2)t} = e^{-5\times 10^{-5}\times 1000} + e^{-1\times 10^{-5}\times 1000} - e^{-(5+1)\times 10^{-5}\times 1000} = 0.99925$$

$$\lambda_s(1000) = \frac{\lambda_1 e^{-\lambda_1 t} + \lambda_2 e^{-\lambda_2 t} - (\lambda_1+\lambda_2)e^{-(\lambda_1+\lambda_2)t}}{e^{-\lambda_1 t} + e^{-\lambda_2 t} - e^{-(\lambda_1+\lambda_2)t}}$$

$$= \frac{5\times 10^{-5} e^{-5\times 10^{-5}\times 1000} + 1\times 10^{-5} e^{-1\times 10^{-5}\times 1000} - (5+1)\times 10^{-5} e^{-(5+1)\times 10^{-5}\times 1000}}{e^{-5\times 10^{-5}\times 1000} + e^{-1\times 10^{-5}\times 1000} - e^{-(5+1)\times 10^{-5}\times 1000}} = 0.57\times 10^{-7} \text{ h}^{-1}$$

$$\text{MTBF} = \frac{1}{\lambda_1} + \frac{1}{\lambda_2} + \frac{1}{\lambda_1+\lambda_2} = \frac{1}{5\times 10^{-5}} + \frac{1}{1\times 10^{-5}} + \frac{1}{(5+1)\times 10^{-5}} = 10333.3 \text{ h}$$

由例 8.2 可以看出，系统功能逻辑框图不仅与单元的功能有关，还与单元的故障模式有关。所以，在分析系统可靠性时，必须弄清其功能及失效模式，绝不能只从系统结构上认定系统可靠性模型的类型。

8.5.4　混联系统可靠性模型

由串联系统和并联系统混合组成的系统称为混联系统。在解决建立串联系统和并联系统可靠性模型问题的基础上，也应该能解决建立混联系统可靠性模型的问题。

最常见的混联系统有以下两种。

1. 串并联系统（附加单元系统）

一个串并联系统串联了 n 个组成单元，而每个组成单元都由 m 个基本单元并联而成，该串并联系统的可靠性框图如图 8-36 所示。

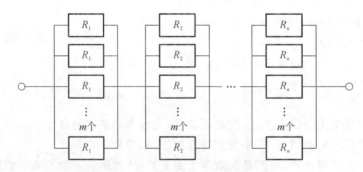

图 8-36　串并联系统的可靠性框图

设每个单元 A_i 的可靠度为 $R_i(t)$，则此系统的可靠度 $R_{s1}(t)$ 为

$$R_{s1}(t) = \prod_{i=1}^{n}(1-(1-R_i(t))^m) \tag{8-46}$$

2. 并串联系统(附加通路系统)

一个并串联系统并联了 m 个组成单元,而每个组成单元都由 n 个基本单元串联而成,该并串联系统的可靠性框图如图 8-37 所示。

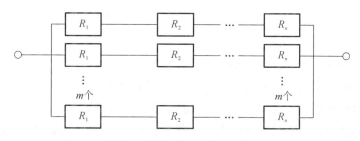

图 8-37 并串联系统的可靠性框图

设每个单元 A_j 的可靠度为 $R_i(t)$,则此系统的可靠度 $R_{s2}(t)$ 为

$$R_{s2}(t) = 1 - \left(1 - \prod_{i=1}^{n} R_i(t)\right)^m \tag{8-47}$$

对于更为复杂的混联系统,如图 8-38 所示系统,可以利用等效可靠性框图来进行系统可靠性计算。

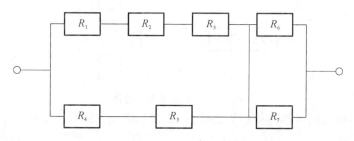

图 8-38 复杂混联系统的可靠性框图

设备单元可靠度相互独立,则其等效可靠性框图可以画为如图 8-39 所示,其可靠度计算式分别写在方框内。

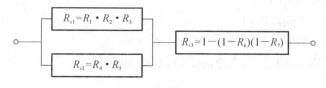

图 8-39 等效可靠性框图(一)

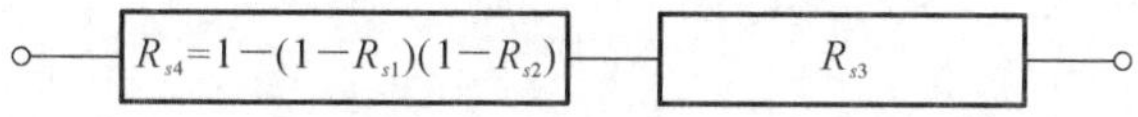

○—[$R_{s4}=1-(1-R_{s1})(1-R_{s2})$]—————[R_{s3}]—○

图 8-40 等效可靠性框图(二)

图 8-39 还可再次等效成图 8-40 所示的形式;图 8-38 的可靠性框图最后可画成如图 8-40 所示框图。

最终可求得系统的可靠度 R_s 为

$$\begin{aligned} R_s &= R_{s4} \cdot R_{s3} = (1-(1-R_{s1})(1-R_{s2})) \cdot (1-(1-R_6)(1-R_7)) \\ &= [1-(1-R_1 R_2 R_3)(1-R_4 R_5)][1-(1-R_6)(1-R_7)] \end{aligned}$$

习　题

1. 什么是质量可靠性？简述可靠性要求？
2. 简述可靠性的设计分析流程。
3. 什么是可靠性建模？可靠性建模的目的和用途是什么？
4. 可靠性建模有哪些方法？各方法都适用于什么情况？
5. 什么是可靠性预计？可靠性预计的目的和用途有哪些？
6. 设一个系统由三个相同子系统串联或并联构成，子系统的可靠性为 0.9，平均无故障时间为 10000 h，则分别求

(1) 系统可靠性。

(2) 系统平均无故障工作时间。

7. 某系统的可靠性逻辑框图如图 8-41 所示，其中部件 A、B、C 的可靠度均为 0.99，部件 D、E 的可靠度均为 0.9，求该系统的可靠度 R_s。

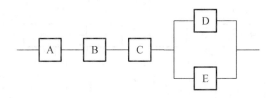

图 8-41　可靠性逻辑框图

8. 假设某一电机的可靠性分布为指数分布，MTBF 为 7500 h，计算工作一个月（30 天）不发生故障的概率。

9. 某产品连续使用了 1810 h，其间发生三次故障，第一次维修时间为 3 h，第二次为 8 h，第三次为 2 h，则计算：

(1) 产品平均修理时间？

(2) 产品平均故障间隔时间？

(3) 假定产品故障服从指数分布，求故障率。

(4) 若已知使用寿命是平均寿命的 2 倍，求可靠度。

第 9 章 可靠性分析方法

故障模式、影响及危害性分析（FMECA，failure mode effect and criticality analysis），故障树分析（FTA，failure tree analysis）和故障报告、分析与纠正措施系统（FRACAS，failure reporting analysis and corrective action system）是应用非常广泛而又较为有效的三项可靠性技术，对保证系统可靠性和安全性具有重要作用。

9.1 故障模式影响及危害性分析（FMECA）

9.1.1 故障机理和模式

(1) 故障模式（failure mode）：故障表现的形式，如短路、开路、断裂、过度耗损等。

(2) 故障影响（failure effect）：故障模式对产品或者系统的使用、功能或状态所导致的结果影响一般分为局部的、高一层次的和最终的影响共三级。

(3) 故障原因（failure causes）：直接导致故障或引起性能降低并进一步发展成故障的那些物理化学过程、设计缺陷、工艺缺陷、零件使用不当或其他过程等因素。

(4) 故障机理（failure mechanism）：引起故障产生的物理、化学、生物或其他过程。

(5) 故障分析（failure analysis）：在故障发生后，通过对产品及其结构、使用和技术分析等进行逻辑、系统的研究，以鉴别故障模式，确定故障原因和失效机理的过程。

(6) 危害性（criticality）：对某种故障模式的后果及其发生概率的综合度量。

(7) 严酷度（severity）：故障模式所产生的后果的严酷程度。严酷度应考虑到故障造成的最坏的潜在后果，并应根据最终可能出现的人员伤亡、系统损失或经济损失的程度来确认。

故障机理引起故障模式。故障模式、影响与危害性分析（FMECA）可以通过分析失效模式来决定一种事件的严酷度。这样，可靠性工程师可以通过识别失效机理来对产品的设计和生产进行控制。工程师们频繁地使用失效机理来定义和识别图纸上的重要的性能。这些重要的特性需要特别的控制和（或）监测。

表 9-1 是一个故障机理对应故障模式的实例。

表 9-1 微电路故障机理和模式

故障机理	表面异常、污染	电路连接失败	焊接点破损
故障模式	性能降低	电路断开	性能降低
加速因子	潮湿湿度	振动	冲击振动

9.1.2 风险评估

风险评估是对系统操作员、使用者或它所在的环境而言的,一个事件或失效的发生概率和事件或失效后果的综合。失效风险的分析通常使用失效的两种衡量标准。

1. 严酷度(severity)

故障模式所产生后果的严重程度叫"严酷度"。

严酷度的分类如表9-2所示。

表9-2 严酷度分类

严酷度类别	描述
Ⅰ(灾难的)	会引起人员死亡或产品(如飞机、坦克、导弹及船舶等)毁坏、重大环境损害
Ⅱ(严重的)	会引起人员的严重伤害、重大经济损失或导致任务失败、产品严重损坏及严重环境损害
Ⅲ(中等的)	会引起人员的中等程度伤害、中等程度的经济损失或导致任务延误或降级、产品中等程度的损坏及环境中等程度损害
Ⅳ(轻度的)	不足以导致人员伤害或轻度的经济损失或产品轻度的损坏及环境损害,但它会导致非计划性维护或修理

这个分类是建立在军事任务上的分类,商业公司应该更改其中的一些定义。这个概念是依据故障潜在结果定义灾难等级。

在商业领域应用这一概念,可以将严酷度划分为10个等级,见表9-3。

表9-3 严酷度等级

级 别	标 准
1	系统性能的下降微小,失效不易察觉
2~3	轻微的失效引起用户微小的不满,用户可以注意到系统性能的轻微下降
4~6	中等程度的失效导致用户不满,用户可以注意到系统性能下降
7~8	高等级的用户不满意度,系统不起作用,不涉及人身安全,或不涉及不服从政府规范
9~10	非常高的严酷度等级,与人身安全相关的失效,不符合规定和标准

2. 故障概率

故障发生的可能性称为故障概率。

通过可靠性分析人员的分析可以基于零部件和子系统的预期失效模式,对每个零部件和子系统进行危害性等级或严酷度级别划分。

失效概率同样可以划分级别,表9-4是一个通用的故障概率级别。

表9-4 通用失效概率等级

失效概率等级	描述	概率	失效概率等级	描述	概率
A	发生可能性高	$>10^{-1}$	D	发生可能性低	$10^{-3} \sim 10^{-4}$
B	可能会发生	$10^{-1} \sim 10^{-2}$	E	基本不可能发生	$<10^{-4}$
C	偶尔发生	$10^{-2} \sim 10^{-3}$			

一些系统综合使用失效概率和危害类别进行评估。相对于危害的严酷度,对这些系统的风险评估是基于可接受的发生风险的等级。

表 9-5 是风险评估矩阵示例,表 9-6 对危险水平进行了详细描述,表 9-7 对严重度进行了详细描述。

表 9-5 风险评估矩阵示例

频 率	严 重 度			
	1.灾难的	2.严重的	3.中等的	4.轻度的
A.频繁	Ⅰ	Ⅰ	Ⅰ	Ⅱ
B.很可能	Ⅰ	Ⅰ	Ⅱ	Ⅱ
C.偶然	Ⅰ	Ⅱ	Ⅱ	Ⅲ
D.不太可能	Ⅱ	Ⅲ	Ⅲ	Ⅳ
E.不可能	Ⅲ	Ⅲ	Ⅳ	Ⅳ
F.极不可能	Ⅳ	Ⅳ	Ⅳ	Ⅳ

表 9-6 危险水平说明

危险水平	说 明
Ⅰ	不能容忍的
Ⅱ	不希望的,仅在风险降低措施不可行,或费效比太大的情况下接受(需要管理者决策)
Ⅲ	如果是本身存在的状态,或者是在采取风险降低措施情况下的残余风险,在使用方评审通过后,可以接受
Ⅳ	不需评审即可接受的,可忽略的

表 9-7 严重度说明

严重度	说 明
灾难性的	人员死亡或重伤,或系统丧失安全功能,其可能导致死亡或重伤
严重的	可能导致人员死亡或重伤,设备损毁
轻度的	可能伤人,导致设备重要功能丧失但仍可工作
轻微的	不需要进行医护的人员轻伤,或者丧失不重要的设备功能

频繁的灾难性失效模式应有额外的安全措施,例如部件冗余和服务期间的频繁检测等。

9.1.3 故障模式、影响及危害性分析

故障模式与影响分析(fault modes and effects analysis)简称 FMEA,是一种重要的可靠性定性分析方法。它研究产品的每个组成部分可能存在的故障模式并确定每个故障模式对产品其他组成部分和产品要求功能的影响。

同时考虑故障发生概率和故障危害性的故障模式与影响分析(FMEA)称为故障模式、

影响及危害性分析(fault modes effects and criticality analysis),简称 FMECA。

故障模式与影响分析(FMEA)和故障模式、影响及危害性分析(FMECA)是在工程实践中总结出来的,以故障模式为基础,以故障影响或后果为中心,根据分析层次,并通过因果关系推理、归纳进行的分析活动。通过 FMECA,分析系统及其组成部分的硬件、软件的故障因素对系统的影响,可确定具有灾难性、严重性后果的故障模式,并识别设计的薄弱环节和关键项目。FMECA 结果可以向设计人员提供有关可靠性、维修性、安全性等多方面的信息。特别要指出的是,FMECA 的某些分析结果可能对系统可靠性影响较小(出现这种故障的概率不大),但是一旦出现这种故障就会对系统安全性有重大影响,因此,应从可靠性和系统安全性两个角度对所有故障模式进行全面分析,避免遗漏。同时,还应将 FMECA 与危险分析作为互补的工作,以发现设计中潜在的安全性薄弱环节,提出改进措施以消除或控制故障危险发生的可能性和影响,从而达到改进设计的目的。

FMEA 是 FMECA 的一部分。通常情况下可以只进行 FMEA,在有条件的情况下,在完成 FMEA 后,再进行 CA 工作。即 FMECA。

FMECA 利用表格列出各个独立的系统、组成部分(包括硬件、软件),分析它们可能发生的故障模式及其对系统工作的影响。

FMECA 按照被分析的对象特点,可以分为几类:

1) 设计 FMECA(design FMECA)

当设计工作已完成设计图样和元器件或零部件配套明细表、其他的工程设计资料也已经确定时,采用设计 FMECA。它适用于从下面层次(例如零件级)向上面层次进行分析,但也可以从任一层次向上或向下进行,以便对 FMECA 发现的薄弱环节采取纠正措施。

2) 功能 FMECA(functional FMECA)

功能 FMECA 也叫"黑盒子"FMECA(black FMECA),是以系统的功能块输出特性的故障模式及其影响为基础的分析方法,而不是从具体的实物设计细节出发的。功能块输出的故障模式可能是由功能块输入的故障模式或功能块本身所引起的。在研制的初期,实现诸功能块的硬、软件的设计图样、装配图等尚未完成,硬件不能确定时,可采用功能 FMECA,它适合于从上面层次向下面层次进行分析,但也可以从任一层次向上或者向下进行。这种方法比较粗糙,有可能会忽略某些故障模式。

3) 过程 FMECA(process FMECA)

过程 FMECA 是对工艺设计(及生产流程)文件,例如印刷电路设计图、布线图、工序流程图、接插件锁紧等进行分析,以识别在生产过程中是否会引入新的故障模式,因而影响设计方案的实现,影响产品的质量及可靠性,例如一般橡胶传送带比塑料传送带运行时产生更多的静电,因此会对静电敏感器件造成静电干扰,根据分析的结果,提出改进措施。

4) 接口 FMECA

接口 FMECA 是对系统各硬件的接口、对任务成功有影响的软件接口进行的分析,以识别系统的一个组成部分或中间联结件(如电路、液、气、管路等)或接插件插针等的故障模式,是否会引起系统的其他组成部分的热、电、压或机械的损坏和性能的退化。

5) 集成电路 FMECA

大规模集成电路(LSIC)、超大规模集成电路(VLSIC)、超高速集成电路(VHSIC)等本身实质上是一台设备,因此要对其进行硬件、软件 FMECA。重点对混合电路、专用电路和在类似条件下未用过的电路进行分析。

6) 服务 FMECA(service FMECA)

FMECA 是从系统到零部件的自上而下细分的分析方法。所有产品按失效模式、失效影响和失效发生的概率进行分类。零部件通过 RPN(风险优先系数)鉴定它们的严酷度。RPN 是无量级的,在不同量级的情况下去衡量 600 与 400 是没有意义的。如果产品所有的零部件都经过分析并计算出了 RPN 值,那么就要依据最高的 RPN 值来进行设计。后面将更加详细的讨论 RPN 值的计算。

9.1.4 风险评估和 RPN

以下步骤是在当前情况下,根据零部件情况、影响和原因,对风险进行评估。

(1) P 是失效模式发生的概率。P 值的定级一般是从 1 到 10,1 实际上就是没有机会发生,而 10 是差不多肯定会发生。

(2) S 是如果失效发生,失效对系统其余部分的影响的严酷度。S 值的定级通常是从 1 到 10。1 意味着使用者不太会注意到,而 10 表示会危害到使用者的人身安全。

(3) D 是在产品发放去生产之前对潜在弱点或失效的优先检测难度的定级。D 值的定级也是从 1 到 10。1 意味着一定可以检测出来,而 10 表示设计缺陷很有可能在送至最终用户之前没有被检测出来。

(4) RPN 称为风险优先系数,是上述三个定级的相乘。

$$RPN = (P)(S)(D) \tag{9-1}$$

(5) 设计必须基于最高的那些 RPN 值或(和)最主要的安全问题。

(6) 降低风险的作用:一旦根据(5)中的有关的设计做出了调整,风险将得到降低,RPN 值也要相应进行修正。

总之,为确保所有可能的失效模式都被考虑到,FMECA 为工程师团队提供了一个进行设计评估的规范化的方法。

9.1.5 FMECA 实施步骤

以下步骤是进行一个 FMECA 的前提条件和准备工作。

(1) FMECA 编号:是指可靠性设计小组为文件的跟踪而设定的记录编号。

(2) 零部件数、名称或其他相关的描述。

(3) 对设计负责的部门和团队。

(4) 负责设计的人员。

(5) FMECA 数据和必要的复核级别。

以下是进行一个 FMECA 的一般分析步骤:

(1) 定义被分析系统。整个系统定义包括其内部和接口功能、各约定层次的预期性能、系统限制及故障判据的说明。系统的功能说明则包括针对那些与每项任务、第一任务阶段及每一种工作方式相对应的功能的详细描述。所谓详细描述是对环境剖面、预定的任务时间及产品使用情况,以及每一产品的功能和输出的详尽说明。

(2) 绘制功能和可靠性方框图。这些方框图应该描绘各功能单元的工作过程、相互影响和相互依赖关系。系统的所有接口设备都应在方框图中得到表示。

(3) 确定产品及接口设备所有潜在的故障模式,并确定它们对相关功能或产品的影响,以及对系统和所需完成任务的影响。

(4) 按最坏的潜在后果评估每一故障模式,确定其严酷度类别。

(5) 为每一故障模式确定检测方法和补偿措施。

(6) 确定为排除故障或控制风险所需的设计更改或其他措施。

(7) 确定由于采用改进措施或系统其他属性所带来的影响。

(8) 将分析予以记录,对不能通过设计来改善的问题予以总结,并确定为降低故障风险所需的具体措施。

(9) 危害性分析。填写危害性分析表格和绘制危害性矩阵。

根据各系统产品的不同特点及不同的研制阶段,FMECA 可以进行适当剪裁。这种剪裁包括分析的约定层次和分析方法等。例如,某系统可能由处于不同的设计阶段的产品组成,对局部设计尚未完成的部分,可用功能法进行分析;设计完成的部分可用设计法从元件级开始分析。

应在设计过程中及早开展 FMECA 工作,并把 FMECA 作为设计工作的一部分,与设计同步进行。FMECA 应由产品设计人员负责完成,或在可靠性专业人员的协助下完成。他们应对所分析系统的操作和应用有全面了解,把通过 FMECA 获得的有效信息及早反馈到设计过程,使其能够及时有效地采取纠正措施。FMECA 的结果应随研制工作的进展加以更新。

在分析中,应按照基本程序进行工作,并填写完成相应的 FMEA 表格、CA 表格和关键项目清单,分别见表 9-8、表 9-9、表 9-10。

表 9-8 FMEA 工作表

初始约定层次_____任务_____审核_____日期_____
约定层次_____分析_____批准_____第___页 共___页

识别号	产品或功能标志	功能	故障模式	故障原因	任务阶段与工作方式	故障影响			故障检测方法	故障补偿措施	严酷度类别	备注
						局部影响	高一层次影响	最终影响				
1	2	3	4	5	6	7a	7b	7c	8	9	10	11

表 9-9 CA 工作表

初始约定层次_____任务_____审核_____日期_____
约定层次_____分析_____批准_____第___页 共___页

识别号	产品或功能标志	功能	故障模式	故障原因	任务阶段与工作方式	严酷度类别	故障概率或故障率数据源	故障影响概率	故障模式频数比	故障率	工作时间	故障模式危害度	产品危害度	备注
1	2	3	4	5	6	7	8	9	10	11	12	13	14	15

表 9-10 关键项目清单

初始约定层次_____任务_____审核_____日期_____
约定层次_____分析_____批准_____第___页 共___页

序号	图代号	产品或功能标志	功能	故障模式	任务阶段	严酷度类别	备注

一个 FMECA 分析者应该明确以下几点工作：
(1) 系统描述和说明书是否相一致；
(2) 功能框图中的各个设备是否独立；
(3) 基本操作规则表述是否清楚；
(4) 是否找出了所有的故障模式；
(5) FMECA 工作表是否可以准确描述单元与系统之间的关系；
(6) 是否提供了故障严酷度分类，结果是否总结得全面及时；
(7) 是否提供了推荐的改进措施；
(8) 分析结果是否用于改进决策支持。

9.2 故障树分析(FTA)

故障树(fault tree)是一种特殊的倒立树状的逻辑因素关系图。它用一系列符号描述各种事件之间的因果关系。在产品设计过程中，通过对造成产品故障的各种可能因素(包括：硬件、软件、环境、人为因素……)的分析，画出故障树，从而确定造成产品故障原因的各种可能组合方式，在有条件掌握故障原因发生概率的情况下，计算产品故障率，据此来采取相应的纠正措施，以提高产品的可靠性。

上述分析方法叫做故障树分析(fault tree analysis)，简称 FTA。FTA 属于演绎法，是一种自上而下、由简到繁、逐层演绎的系统的故障分析方法，它适合于分析复杂系统，能够考虑包括人的影响与环境影响对系统失效的符合作用的多重因素，并可以用图形的方法有层次地逐级描述系统在失效的进程中，各种中间事件的相互关系，从而直观地描述系统是通过什么途径而发生失效的。而 FMECA 是单因素分析，即在分析单元故障模式对于系统故障的影响时，以假定其他所有组成单元无故障作为条件。

FTA 是设计阶段一个很好的分析评估工具，有助于优化设计。当产品投入市场出现故障后，FTA 分析结果也可以作为查找问题的工具，除此之外，FTA 还具有其他优点：
(1) 对高复杂系统进行功能分析；
(2) 评估低层次事件对顶事件的影响；
(3) 可靠性、安全性评估；
(4) 潜在设计缺陷、安全性缺陷的鉴别；
(5) 改进措施的有效性评估；
(6) 有助于维修和查找问题、排查原因。

FTA 优于 FMECA 的情况：
(1) 当对管理、操作、维护人员的安全性影响非常重大时；
(2) 顶事件较少时；
(3) 功能框图的完成至关重要时；
(4) 有较大的造成人员或者软件错误的潜在可能性时；
(5) 当定量的风险评估是最关注的方面时；
(6) 当产品或者系统功能非常复杂时。

FMECA 优于 FTA 的情况：

(1) 当顶事件不好确定时；
(2) 多种功能框图可行时；
(3) 当需要明确各种可能的故障因素时；
(4) 产品或系统功能很少受人为及软件干扰时。

9.2.1 FTA 符号

以下列出故障树绘制过程中所可能用到的符号,每个符号表示不同的含义。

顶事件:最不希望发生的事件；

基本事件:不能再分的事件,代表元器件失效或者人为失误等；

未开展事件:其输入无需进一步分析或无法进一步分析的事件；

房形事件:已经发生或必定发生的事件；

事件说明:底事件(基本事件和未展开事件)以外的其他事件(包括顶事件和中间事件)的说明；

与门:全部输入存在时才输出；

或门:输入存在时就输出；

9.2.2 故障树的建立

故障树是一种倒状逻辑因果关系图,用一系列事件符号、逻辑门符号和转移符号描述产品(系统)中各种事件之间的因果关系。

1. 步骤

(1) 先写出顶事件(即系统不希望发生的故障事件)表示符号作为第一行；

(2) 在其下面并列写出导致顶事件发生的直接原因(包括软件、硬件、人及环境因素等)作为第二行,把它们用相应的符号表示出来,并用适合的逻辑门与顶事件相连。

(3) 再将导致第二行的那些故障事件(称中间事件)发生的直接原因作为第三行,用合适的逻辑门与中间事件相连。

(4) 按这个线索步步深入,一直追溯到引起系统发生故障的全部原因,直到不需要继续分析为止(称为底事件)。这样就形成了一棵以顶事件为"根"、中间事件为"节"、底事件为"叶"的倒置的故障树。

以下以图 9-1 所示的一个简单的电气系统为例,说明故障树(见图 9-2)分析过程。

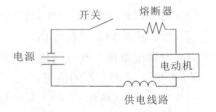

图 9-1 电器系统示意图

该系统组成部分 X_i 的状态有两种,在故障状态时 $X_i=1$,在无故障状态时 $X_i=0$,系统中有两种状态,系统出故障时 $\Phi=1$,无故障时 $\Phi=0$。求系统的结构函数。

X_3 与 X_4 通过或门得 E_2,故只要 X_3、X_4 的一个为 1 时 E_2 就为 1,即 $E_2=X_3+X_4$；E_2 与 X_2 通过与门得 E_1,故只有 E_2、X_2 全为 1 时 E_1 为 1,即 $E_1=E_2X_2=X_2(X_3+X_4)$；E_1 与

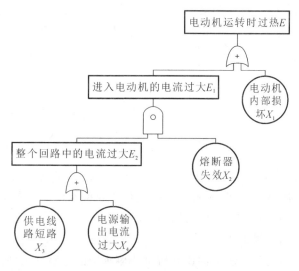

图 9-2 "电动机运转时过热"故障树

X_1 通过或门得顶事件 E，故只要 E_1 或 X_1 有一个为 1，E 为 1，即 $E = X_1 + E_1 = X_1 + X_2(X_3 + X_4)$。

2. FTA 流程

(1) 选择顶事件。
(2) 构造故障树。
(3) 定性分析识别系统故障模式。
(4) 定量分析计算顶事件发生概率 $[F(t)]$ 及单元重要度。
(5) 识别设计的薄弱环节。
(6) 采取改进措施，提高系统的可靠性。

9.2.3 故障树的定性和定量分析

1. 定性分析

故障树定性分析：就是找出导致顶事件发生的原因和原因组合，即找出全部最小割集（指底事件数不能再减少的割集的集合），它们都发生时顶事件（故障分析中所关心的最后结果时间）必须发生，而这些底事件中缺一个就不会导致顶事件发生。全部最小割集代表了导致该故障树顶事件发生的所有可能的故障模式。

割集：故障树中一些底事件的集合，当这些底事件同时发生时，顶事件必然发生。

最小割集：若将割集中所含的底事件任意去掉一个，这样的割集就是最小割集。

最小割集对降低复杂系统潜在事故风险具有重大意义，如果能使每个最小割集中至少有一个底事件恒不发生（发生概率极低），则顶事件就恒不发生（发生概率极低），系统潜在事故的发生概率降至最低，消除可靠性关键系统中的一阶最小割集，可消除单点故障。可靠性关键系统不允许有单点故障，方法之一就是在设计时进行故障树分析，找出一阶最小割集，在其所在的层次或更高的层次增加"与门"，并使"与门"尽可能接近顶事件。

最小割集可以指导系统的故障诊断和维修。如果系统某一故障模式发生了，则一定是该系统中与其对应的某一个最小割集中的全部底事件发生了。进行维修时,如果只修复某个故障部件,虽然能够使系统恢复功能,但其可靠性水平还远未恢复。根据最小割集的概念,只有修复同一最小割集中的所有部件故障,才能恢复系统可靠性、安全性设计水平。

1) 上行法

$$E_2 = X_3 + X_4$$
$$E_1 = E_2 X_2 = (X_3 + X_4) X_2 = X_2 X_3 + X_2 X_4$$
$$E = E_1 + X_1 = X_2 X_3 + X_2 X_4 + X_1$$

2) 下行法

$$E = E_1 + X_1 = E_2 X_2 + X_1 = X_2 X_3 + X_2 X_4 + X_1$$

根据最小割集含底事件数目(阶数)排序,在各个底事件发生概率比较小,且相互差别不大的条件下,可按以下原则对最小割集进行比较:

阶数越小的最小割集越重要。

在低阶最小割集中出现的底事件比高阶最小割集中的底事件重要。

在最小割集阶数相同的条件下,在不同最小割集中重复出现的次数越多的底事件越重要。

"电动机运转时过热"的故障树图中,最小割集就是:X_1、$X_2 X_3$、$X_2 X_4$。

2. 定量分析

故障树的定量分析:利用故障树作为计算模型,在确定各底事件的故障模式和分布参数或故障概率值的情况下,按故障树的逻辑结构逐步向上运算,计算出系统顶事件发生的概率,从而对系统的可靠性、安全性和风险作出评估。

在定量分析过程中,有一个重要的途径是重要度分析。

1) 重要度定义

重要度:单元的变化对顶事件的贡献大小。

重要度包括两个重要的概念。

临界状态:某一单元失效时,则系统失效的状态。

关键单元:使系统处于临界状态的单元。

2) 重要度的三种分析方法

(1) 单元概率重要度。

计算公式:

$$I_{gi}(t) = \frac{\partial F_s(t)}{\partial F_i(t)} \qquad (9\text{-}2)$$

式中:$I_{gi}(t)$——第 i 个单元的概率重要度;

　　　$F_s(t)$——系统的故障概率;

　　　$F_i(t)$——第 i 个单元的故障概率。

式(9-2)表示由第 i 个单元发生故障时引起系统故障概率的变化率。

【例 9.1】 某系统故障树如图 9-3 所示,已知:
$\lambda_1 = 0.001/\mathrm{h}, \lambda_2 = 0.002/\mathrm{h}, \lambda_3 = 0.003/\mathrm{h}, t = 100\ \mathrm{h}$ 试求各单元的概率重要度(系统服从指数分布)。

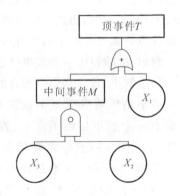

图 9-3 某系统故障树

【解】
$$F_s(t) = 1 - R_s(t) = 1 - [1 - F_1(t)][1 - F_2(t)F_3(t)]$$
$$= F_1(t) + F_2(t)F_3(t) - F_1(t)F_2(t)F_3(t)$$
$$I_{g1}(t) = \frac{\partial F_s(t)}{\partial F_1(t)} = 1 - F_2(t)F_3(t) = 1 - (1-e^{-0.2})(1-e^{-0.3}) = 0.953$$

同理可算得 $I_{g2}(t) = 0.235, I_{g3}(t) = 0.164$

显然第一个单元最重要。

(2) 单元相对概率重要度。

定义：第 i 个零部件（单元）故障率变化所引起系统故障概率的变化率。

其计算方法为

$$I_i^{CR}(t) = I_{gi}(t) \cdot \frac{F_i(t)}{F_s(t)} \tag{9-3}$$

式中：$F_s(t)$——系统不可靠度函数（系统的故障概率）；

$F_i(t)$——第 i 个零部件的故障概率；

$I_{gi}(t)$——第 i 个零部件的概率重要度。

【例 9.2】（续例 9.1） 试求各单元在 $t=100$ h 时的相对概率重要度。

【解】
$$F_s(t) = 1 - R_s(t) = 1 - [1 - F_1(t)][1 - F_2(t)F_3(t)]$$
$$= 1 - R_1(t)[1 - (1-R_2(t))(1-R_3(t))]$$
$$= 1 - e^{-\lambda_1 t}[1 - (1-e^{-\lambda_2 t})(1-e^{-\lambda_3 t})]$$
$$= 1 - e^{-0.1}[1 - (1-e^{-0.2})(1-e^{-0.3})] = 0.1377$$

同理可得
$$F_1(t) = 0.0952$$
$$F_2(t) = 0.1813$$
$$F_3(t) = 0.2592$$

将这些值代入式(9-3)得

$$I_1^{CR}(t) = I_{g_1}(t) \cdot \frac{F_1(t)}{F_s(t)} = 0.6603$$

$$I_2^{CR}(t) = I_{g_2}(t) \cdot \frac{F_2(t)}{F_s(t)} = 0.3106$$

$$I_3^{CR}(t) = I_{g_3}(t) \cdot \frac{F_3(t)}{F_s(t)} = 0.3094$$

显然第一个单元故障概率重要度的影响大。

(3) 单元结构重要度。

$$I_i^\phi = \frac{1}{2^{n-1}} n_i^\phi \tag{9-4}$$

式中：
$$n_i^\phi = \sum_{2^{n-1}} [\phi(1_i, X) - \phi(0_i, X)]$$

其中：I_i^ϕ 为单元结构重要度；n_i^ϕ 为第 i 个单位的临界状态数；n 为系统全部单元数；$[\phi(1_i, X) - \phi(0_i, X)]$ 为系统中第 i 个部件由正常状态(0)变为故障状态(1)，其他部件状态不变时，系统结构函数的变化。

【例 9.3】 仍以图 9-3 故障树为例，试求各部件的结构重要度。

【解】 该系统有三个部件，所以有 $2^3 = 8$ 种状态，可求出 8 种状态下的结构函数如下所示：

$$\phi(0,0,0) = 0, \quad \phi(1,0,0) = 1$$
$$\phi(1,0,1) = 1, \quad \phi(0,1,0) = 0$$
$$\phi(0,1,1) = 1, \quad \phi(1,1,1) = 1$$
$$\phi(0,0,1) = 0, \quad \phi(1,1,0) = 1$$
$$n_1^\phi = [\phi(1,0,1) - \phi(0,0,1)] + [\phi(1,0,0) - \phi(0,0,0)] + [\phi(1,1,0) - \phi(0,1,0)] = 3$$
$$n_2^\phi = [\phi(0,1,1) - \phi(0,0,1)] = 1$$
$$n_3^\phi = [\phi(0,1,1) - \phi(0,1,0)] = 1$$

将上述这些值代入式(9-4)得

$$I_1^\phi = \frac{1}{2^{3-1}} n_1^\phi = \frac{3}{4}, \quad I_2^\phi = I_3^\phi = \frac{1}{4}$$

单元1在结构中所占的位置比单元2、3重要。

9.2.4 可靠性过程管理

生产阶段的可靠性过程管理：一是最大限度地排除和控制各种不利因素；二是最大限度地检出不可靠因素造成的缺陷。

生产过程中产生缺陷的主要原因有：
(1) 工艺设计不良；
(2) 生产过程中附加不良应力、搬运损伤或试验工作不当等；
(3) 由生产者的技术水平、疲劳等因素造成的人为差错；
(4) 外购件的质量得不到应有的保证，进厂没有按规定检验等。

生产缺陷造成的故障模式有：接触不良；元器件定位不当；表面或材料污染；焊接不牢；装配、紧固不当；材料有发纹、弯曲、变形等。

缺陷分为两类：一类是与时间无关的质量缺陷；另一类是与应力、时间或两者均有关的可靠性缺陷。

保证可靠性的方法：
(1) 加强生产过程的质量控制。制定严格的质量控制要求，检验和测试程序，以及数据的收集、分析和纠正要求等；
(2) 根据产品的特点，制定生产过程中不同工序间必要的筛选试验程序，以便发现可靠性缺陷，加强潜在故障的暴露；
(3) 优化工艺设计及生产技术、生产设备，严格操作规程；
(4) 加强生产人员的培训，提高其技术水平，创造优良的生产条件；
(5) 选择高质量的货源，加强进厂入库前的检验工作；
(6) 建立有效的故障报告、分析和纠正措施系统。发现问题，及时报告并采取改进措施，使产品的固有设计可靠性得以保持。

9.3 故障报告、分析与纠正措施系统(FRACAS)

大型公司的管理层应负责发展和实施纠正/预防措施计划，正确实施一个纠正措施，首先要查明与质量相关的一些重要问题，目的是排除和简化问题。

许多的系统(俗称慢性病的故障源)问题不能通过简单的问题解答来解决,纠正/预防措施程序一般可有如下几个步骤:

(1) 责任签署;
(2) 潜在重要性的评估;
(3) 可能原因的调查;
(4) 预防措施(某些情况下,故障根源不能那么确切地肯定是几种可能根源的哪一种,则采取综合治理也是一种预防措施);
(5) 确保预防措施有效。

9.3.1 纠正措施的类型

为了回应每个纠正措施的要求,现在许多公司或组织至少要有两种改进活动:短期和长期。在采取长期措施之前,短期措施一直在起作用,短期措施一般包括对产品进行100%检查、到消费者家中进行维修。短期措施将有助于使管理层发现问题,以便于采取更好的长期措施。无论是短期的还是长期的计划都要明确完成期限和实施日期。采取纠正措施有三个步骤:

(1) 即时的措施(立即制止问题的扩散);
(2) 暂时的措施(把问题限制在很小的范围内);
(3) 永久的措施(使该问题永远不再发生或使发生概率低于容许的水平)。

当一个普通职员碰到问题时,一般都是采取即时的措施,而不思考更多。但质量可靠性部门的人员则应考虑得更全面。

9.3.2 纠正/预防措施计划

一个公司应该有个备有证明文件的程序来采取纠正/预防措施,这个程序对短期和应急措施明确责任,包括一个产品或过程的不一致性。对于长久的纠正措施应该找出根本原因并消除隐患。短期的、围堵政策性质的活动包括检查、隔离以及抛弃,可参考以下方针:

(1) 清楚地界定问题;
(2) 将问题向上级汇报;
(3) 研究一个及时的解决计划;
(4) 对以下几个问题作出决定:
① 如何发现? 如何修理? 如何检查?
② 需要什么工具或者关键补救件(例如重要的计算设备断电)?
③ 由谁负责分类或修理?
(5) 尽快使短期计划生效;
(6) 记录该项政策的实施情况和结果(数量和质量);
(7) 通知恰当的人员。

长期措施需要更加深入的途径,下面说明过程:

(1) 组织合适的个人或者专家;
(2) 调查核实问题,包括一些历史数据;
(3) 清楚地阐述问题;

（4）摆出所有的已知证据并明确目的；
（5）对潜在原因集体讨论并达成一致意见；
（6）委派代表开展研究、分析、解决问题的活动；
（7）进行调查（包括搜集证据和数据）；
（8）进行分析，及时给出结果；
（9）如果有必要，进行深入调查；
（10）明确可疑的根本原因；
（11）找出解决根本问题的措施；
（12）采取措施，纠正根本原因；
（13）通过数据和分析结果核实纠正措施的效果；
（14）向管理部门报告结果。

9.3.3 故障报告、分析和纠正措施系统

故障报告、分析和纠正措施系统（FRACAS，failure reporting，analysis and corrective action system）是一个闭环的故障报告系统，也是一个信息系统，其输入信息（故障报告），输出的也是信息（gq正措施）。通过一套规范化的严格管理程序，保证产品及其组成部分在各种试验中、使用中发生的，以及分散的故障信息能及时、准确、完整地收集，为分析、评价和改进产品可靠性提供科学依据。

FRACAS 关键的步骤：
（1）发现、记录、核实故障；.
（2）故障分析，查找证实的故障模式、原因、机理；
（3）收集有关资料、完成故障报告；
（4）确定纠正措施；
（5）将纠正措施实施的结果反馈于设计、生产和试验过程中。

闭环系统应该包括：
（1）纠正措施及时实施；
（2）及时跟踪核实，规定好故障报告、分析和纠正措施采取的日期；
（3）将时间延误情况反映至主管部门；
（4）确保找到了每个故障的根本原因。

FRACAS 还有一个必要部分是故障审查组织（FRB，failure review board），FRB 负责提出并审查纠正措施，确保可靠性增长，具体包括：
（1）审查重大故障的分析工作与结论，以及纠正措施建议；
（2）利用研制过程中、现场试验中、现场使用过程中的故障统计资料，分析故障趋势，提出改进的建议；
（3）对故障原因不明的疑案进行审查，提出结案的原则和补救工作。

FRB 的一切活动应该有记录，并存档，其建议经有关领导批准后实施。

FRACAS 的决策流程图如图 9-4 所示。

为了提高报告的适用性，进行故障分析以前首先要分类。

第一步要分清该故障与整个系统故障是相关的还是不相关的，相关的故障是能在使用现场发现的故障，假设该类故障在现场不可能出现，则为非相关故障。举例说明什么是非相

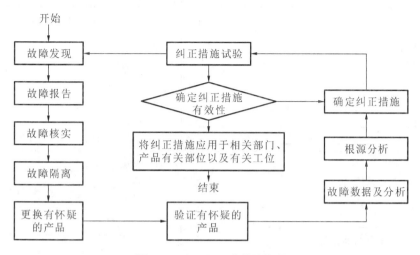

图 9-4　FRACAS 决策流程图

关故障：由于样机安装过程中与酸接触造成的封条故障其实就是一类非相关故障，因为在安装和生产过程中根本就没有接触酸的可能性。

第二步要判断故障的后果严重程度，即严酷度。致命的故障会导致系统整体失效。如果一台洗衣机不能开启运转，那么这类故障对洗衣机来说就是个致命故障；严重故障不会引起整个系统停止工作，但是会造成系统工作性能退化，比如洗衣机的临界故障是洗衣机可以运转，但某个洗涤程序时间显著缩短或者延长，或者洗涤某部位的摩擦噪声过大，属于轻度故障。当该类故障发生时，系统基本上可以正常运行，如飞机上的某个控制速度的传感器故障，但是备份件可以保证飞机正常飞行。故障分类图如图 9-5 所示。FRACAS 报告表如表 9-11 所示。

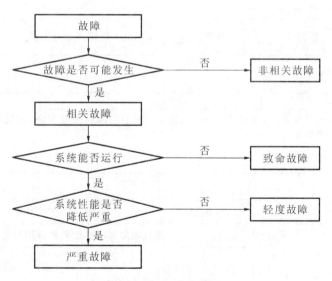

图 9-5　故障分析流程图

表 9-11　FRACAS 报告表格

	故障报告 FR
(1) 系统_____ 　　项目号_____ 　　产品、订货号_____	(2) 报告号_____ 　　日期_____
(3) 组件_____　分组件_____ 　　部件_____ 　　_____号_____号_____号	(4) 事件发生日期_____ 　　时间_____ 　　总工作时间_____小时
(5) 故障发现时机 　　□设计验证试验(说明) 　　_____ 　　_____ 　　□生产前系统部件试验 　　□可靠性增长　□可靠性验证　□研制　□其他 　　□鉴定　叙述_____ 　　□生产试验_____ 　　□验收 　　□生产过程中 　　□接受	(6) 试验程序号_____ 　　段号_____ 　　试验设备　系列号 　　_____ 　　_____ 　　_____ (7) 处置(发生故障的试验件) 　　批准者_____ 　　日期_____ 　　产品修理控制□ 　　命令号_____ 　　废品□ 　　保留供器材审查委员会审查□ 　　保留未定的故障分析或改正措施□
(8) 故障描述(这里适当描述试验与环境条件) 　　_____ 　　_____ 　　影响_____ 　　系统工作_____	
(9) 试验操作人员签名_____日期_____以下可供可靠性工程部门使用	
(10) 初步研究说明_____ 　　_____ 　　要求进一步分析　是□(要求故障分析报告)　否□(故障认为是保密的)使系统或部件恢复工作所采取的维修措施 　　_____ 　　_____ 　　更换产品_____调整_____	
纠正措施提出人：	文件编号：	实施日期：
停机时间 诊断 拆卸/更换/检查_____ 推迟 总数_____	系统或部件返回试验的日期与时间 (11) 故障分类 　　相关的□　不相关的□ 　　责任的□　非责任的□	(12) 人为故障□
(13) 可靠性工程部门签字		日期

9.3.4 根源分析方法

用户希望产品质量持续改进,并希望产品的价格不断降低(如计算机、汽车等)。在 20 世纪 80 年代,国产电视机的 MTBF 要求一万小时已算先进的了,而现在一般要求 MTBF 在五万小时以上。

若干技术上创新的重大突破会大大提高可靠性及降低成本,例如用晶体管以及集成电路代替电子管。但更普遍的情况是对产品的长时期的持续改进(在产品的可靠性增长与费用之间要取得均衡),改进过程为:

(1) 抓多发的和影响严重的失效;
(2) 鉴别失效的根本原因;
(3) 有针对性地采取纠正措施;
(4) 纠正后的过程得到要求条件下的稳定控制。

下面将介绍一种简单实用的、发现问题、定位原因的分析工具——根源分析(RCA,root cause analysis)。

1. 根源分析(RCA)简介

根源分析(以下简称 RCA)是深入分析问题、找出引发失效的机理或诱因的一个分析过程。RCA 包含一系列的逻辑过程:问题的表现形式、挖掘潜在原因并估计影响、隔离的主要原因、确认主要原因。这个过程可以看作一个找出问题"是什么(what)"、"为什么发生(why)"、"什么时候发生(when)"、"出现在什么地方(where)"和"由谁负责汇报问题(who)"的逻辑过程,即"5w"过程。可以有助于理解并挖掘出现问题背后的详细原因,以便于采取恰当的改进及预防措施。

产品的设计与生产的整个过程中的各种问题都需要引起相当的重视并应及时采取相应的纠正措施,所以 RCA 是整个过程中必不可少的工作。在产品的研发阶段就应该进行 RCA,这样可以及时鉴别失效模式并加以改进以剔除失效,其费用会远远低于到生产阶段才发现产品设计缺陷返回更改所需的花费。

RCA 可用于任何一个设计或任何产品层次(元件、分系统、系统)或任何产品等级(全新的、改良的、甚至废弃的),参与 RCA 的人员应该包括工程方面(设计、生产、服务等)的多数代表和质量、可靠性以及产品保证的人员。产品工程师指导分析人员找出可能原因,并做出结论。可靠性工程师帮助分析人员分析背景资料,并提供试验技术和分析方法的相关咨询,指导 RCA 人员完成分析工作。

2. 根源分析(RCA)程序

RCA 分析工作包括对问题的复查和评估问题的可能原因,过程的每一步都要注重效果、关注有数据支持的目标、深入分析这些"因"怎么导出故障的"果"。RCA 过程(见图 9-6)简单描述如下:

(1) 界定问题,明确与问题相关的条件,找出哪些可能和哪些不可能与特定问题有关的因素。

(2) 描述并界定特定问题的可能原因。通过背景资料和数据(可来自 FTA、FMEA 或其他工程失效分析结论、试验结果、仿真研究结论、预试验结果等)说明每个原因。为了挖掘根本原因及其影响,可能需要预先进行假设,并对假设进行定量或者定性的

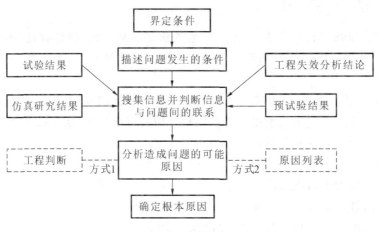

图 9-6 RCA 过程

验证。

(3) 通过统计分析工具或者工程判断将可能原因列成表，评估后判定出最有可能的根本原因。采用的评估判定方法可以是假设检验，或利用试验分析技术进行定量统计。如果数据本来就是定量的，那么运用决策技术（可有统计数据，也可无）找出主要原因，也可采取格式化的（决策树或效益矩阵）或者非格式化的（比较分析）决策技术来缩小根本原因所在的范围。

(4) 通过现场试验、实验室试验或者过程描述提供准确定位真正原因的有效信息，用有助于再现问题的手段，在不同的环境条件下多次模拟可以提高置信水平。

RCA 提供了一个分析问题的简单易行的方法，该方法通过正确的提问来引导思考，快速有效地定位问题的原因。这个分析工具可用于产品的设计和生产阶段的失效模式鉴别，做好 RCA 工作的几点好处是：

① 提供了一个鉴定和证实特定问题原因的逻辑思维方法；

② 有助于使失效模式鉴定的方式规范化，有助于证实产品设计和生产过程中的 FMEA 分析的失效模式，进而更准确地进行风险评估；

③ 提供了一个简单、恰当的决定和评估可能原因的方式；

④ 适用于产品研发过程的各个阶段，有助于许多工程领域问题的根本原因分析。

3. 根源分析（RCA）举例

下面举例说明 RCA 分析的过程。

1) 问题描述

某航天用组件焊接合格率低，仅为 17%。

2) 问题分析

什么问题（what）：焊缝强度不够。

为什么发生（why）：焊缝不连续。

问题发生在哪里（where）：某研究所由铁芯与拉杆两零件组成的组件上。

什么时间（when）：2003 年 1—2 月。

由谁负责（who）：某研究所的焊接小组。

3）可能原因分析

(1) 焊接温度过高；

(2) 焊接保温时间过长；

(3) 烘干温度过低；

(4) 烘干保温时间过短；

(5) 某一成分含量超标；

(6) 焊料装填量工艺无规定；

(7) 焊料装填无工量具保证。

4）原因评估

经过对全部原因进行逐项检查分析，前五项都符合要求，问题出在最后两个问题上。

5）证实和鉴定原因

对于第六个原因，调阅《某组件工艺规程》，经查文件中对装填量未作相应规定。

对于第七个原因，经现场检查，发现焊料无工、量具保证，焊料遗洒较多。确定影响焊缝不连续的主要原因是：

(1) 焊料装填量工艺无规定；

(2) 焊料装填无工量具保证。

6）针对性提出改进目标，采取措施

在确定主要根源后，提出改进目标为合格率达到 60%，针对性地采取措施。针对性改进方法：

(1) 不同焊料量焊接试验，确定最佳焊料装填量为 61 mg±10 mg；

(2) 通过专用工具的综合性能评估，从纸质、铁质、塑料三种材质工具中选择小塑料管作为专用焊料装填工具。

7）效果检查

某组件焊接合格率提高到 74.2%，达到目标规定值。下一个后续任务是继续提高合格率，持续改进。

9.3.5 改进措施的有效性

下面讨论如何对系统、产品和过程进行改进，并提供了一些可供参考的方法。为了对某个过程或者活动进行改进，首先要对它进行评价，否则改进很难完成。

趋势分析一节中的趋势图可以清楚地表明改进措施的有效性是提高还是降低，或是趋近于某一个值，绝对不是上升就是好，下降就是坏。比如打保龄球时分数越高越好，打高尔夫球时分数越低越好，而当控制篮球重量时是要求稳定趋于一个值。

许多公司都是在进行不断的改进，然而并不是都能获得很明显的成效。那么，在一些高新技术邻域，如何算取得突破性的成效呢？这就要求与竞争对手对比，如图 9-7 所示。

通过分析可知，公司 A 盈利正在以稳定的速度增加，顾客一直信任他们的产品，过程控制正在不断改进，假如没有竞争，该公司会一直保持这种增长趋势。然而公司 B 也在进行突破性的改进，会很快吸引原本倾向于公司 A 的客户。

在改进的过程中，要关注对造成产品故障或者性能下降的特定原因和一般原因的区别，如图 9-8 所示。

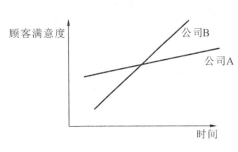

图 9-7　改进有效性比较　　　　　图 9-8　特定原因示例

当某个恶性事件(以圆圈表示)发生,公司的多数可用资源都会聚集于此来解决这个问题。此时需要的是过程改进小组应调查清楚恶性事件发生的原因,提出建议,改进某个系统或者某几个系统,这种改进如图 9-9 所示。

从图 9-9 中可以看出整个过程的有效改进,失效率稳定降低,那么改进的经验是什么呢?专家的回答是:视情况而定。解决问题的方法可能是取决于一个或者多个因素,对于简单问题的改进可以通过试验或者试错的方式完成,而对于复杂些的问题的改进可以通过优化设计的试验完成,重新来看图 9-9,这个改进过程是完全的吗?其实答案显然是完全的。

很多关于质量的范例表明,有些公司要进行突破性改进的时候会遭遇失败。如有的新进入市场的公司会碰到这个问题。

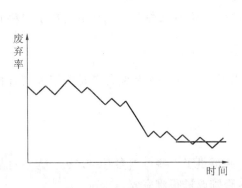 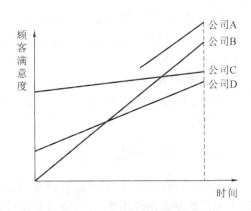

图 9-9　系统(一般原因)改进示例　　　　　图 9-10　突破性成就示例

在图 9-10 中,占有产品竞争优势的公司 D 正进入市场,对于有些公司很难突破固有的生产和管理方式进行创造性的改革,从图 9-10 中可以看出,公司 A 和 C 已经陷入快被挤出市场的困境,公司 B 也遇到很大困难,但正在奋起直追。

进一步分析,其实对于顾客来说,他们对自己的需求是清楚的,所以公司是否进行改进和这些需求直接关联。如 1900 年以前,我们有可能让马夫列举出所有的关于马或马车的坏情况,但是只有福特等个别人会想到汽车会取代马车,这是创新。又如,生产机械手表的公司在石英表出现以后受到了巨大的冲击,致使这些机械手表公司不断更新技术,坚守行业发展。有很多方法可供参考,当产品或者服务质量可以得到提高时,改进措施可以不拘一格。

习 题

1. 简述可靠性设计及其设计准则。
2. 可靠性设计方法有哪些？
3. 简述故障模式分析方法及其应用情况。
4. 结合现实中的事例简述可靠性技术的重要性。
5. 系统可靠性框图如图 9-11 所示，根据框图

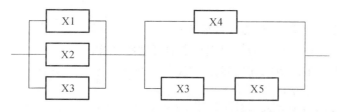

图 9-11　系统可靠性框图

(1) 画出相应的故障树，写出其结构函数原型并化为最小割集表达式；
(2) 计算各底事件的结构重要度并给出分析结论。

6. 系统如图 9-12 所示，各单元的概率为：$p_1 = p_2 = p_3 = p_4 = 0.1$

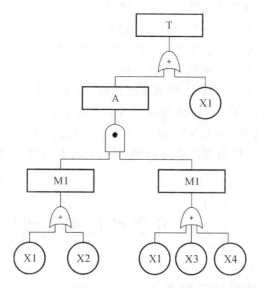

图 9-12　某系统故障树

(1) 绘出最小割集和最小径集等效树；
(2) 用最小割集法求顶上事件的概率；
(3) 计算各单元结构重要度。

7. 设事故树最小割集为 $\{X1, X3\}$、$\{X1, X5\}$、$\{X3, X4\}$、$\{X2, X4, X5\}$。各基本事件概率分别为：$q_1 = 0.01, q_2 = 0.02, q_3 = 0.03, q_4 = 0.04, q_5 = 0.05$，求各基本事件的概率重要度。

第 10 章 可靠性试验

可靠性试验是由供应商(制造商)和顾客共同完成的一项活动。开展可靠性试验有很多原因。主要原因有：
(1) 激发潜在失效模式,提出改进措施；
(2) 确定项目或系统是否满足预先指定的可靠性要求；
(3) 比较预估计的故障率和实际故障率；
(4) 监控可靠性增长；
(5) 确定设计的安全余量；
(6) 评估 MTBF 或 MTTF；
(7) 确定设计或部件的薄弱环节。

可靠性试验是综合试验方案的一部分,包括：
(1) 统计试验,用于优化产品设计和生产过程；
(2) 功能试验,用于确认设计是否满足功能要求；
(3) 环境试验,用于确保产品能够在设计的环境中顺利运行；
(4) 可靠性试验,确保产品在期望寿命内顺利工作；
(5) 安全性试验,确保产品对人、物品或财物的安全。

对每个项目或产品来说,领导或项目经理有责任和权力执行这项目标。当然,潜在的故障会延缓项目的完成,这是一个固有的矛盾。然而,为了找到设计或生产过程中的薄弱环节,还必须探索以致激发潜在故障。一个理想的试验方案能发现每一种故障模式。

10.1 可靠性试验计划

10.1.1 可靠性试验计划要素

负责该计划的项目经理(可靠性工程师或协调员)必须制定一个计划和时间表。项目经理还必须考虑以下设计因素：
(1) 产品的关注度如何？
(2) 安全性与可靠性是不是关注的对象？
(3) 客户是否对可靠性有一定的要求？
(4) 设计的成熟度如何？
(5) 是否包含新的技术或流程？

(6) 产品的复杂度如何？
(7) 所包含的极端环境条件是什么？
(8) 试验预算如何？
(9) 试验设备能否完成相应的试验？
(10) 试验中涉及的项目有多少？
(11) 现有的设计可靠性如何？

在设计过程中应尽可能早地开展试验规划。如果有试验设备可应用于最初原型的内置测试点或其他已设计的测试点，这将是非常理想的。设计分析阶段的可靠性预计、故障模式影响分析、应力分析、故障树分析等的信息对制定可靠性试验计划很有帮助。利用存在的信息可使我们将试验方案的焦点集中在发现失效模式或关注点上。预料之外的失效模式来自制造过程本身。很少有试验产品数量少于 4 个的情况，试验中比较典型的产品样本大小为 5 至 20。当然，对于像发电站、航天飞机、舰艇等比较大、复杂并且昂贵的单个样本对象来说，成本是一个主要因素。一般来说，机械装备容易受到磨损、疲劳或腐蚀，所以加速试验是一个很好的选择。

电子元器件在经过早期的测试后，将进入恒定失效状态，所以对这些产品来说长时间的试验不是明智的选择。在制定试验程序时，项目经理还需要利用附加的信息，如：

(1) 合同或用户需求；
(2) 图纸、规格说明；
(3) 试验和检查；
(4) 成本分析；
(5) 容差研究及容差漏斗；
(6) 备用零件清单；
(7) 配件清单；
(8) 外场维护试验方案；
(9) 试验设备和能力清单；
(10) 设备布局。

可以开发一个初步的试验方案，但会根据硬件设计思想、生产技术、故障反馈的变动或暴露的新的故障模式而进行调整。试验计划和进度应该以 Gantt 图（见图 10-1）或 PERT 形式制作表格（见表 10-1）。试验计划包括：

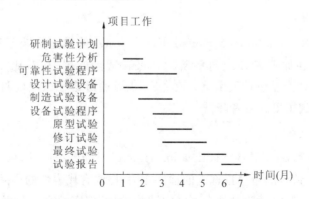

图 10-1　可靠性试验计划进度 Gantt 图

表 10-1　提供了一个试验计划概要

主　题	描　述
目的和范围	试验目标、试验范围
参考资料	适用的参考文献清单
试验项目资源	系统布局图、识别被试对象、试验场所、安全情况
试验必要条件	试验时间周期、试验产品数量、允许故障数、接收准则描述
试验日程	开始日期、结束日期、每天试验时间、每周试验天数
试验条件	热循环次数、振动检测、试验装配方法、试验箱能力、试验单位校准描述、测试周期内容
试验检测	测试软件和验证方法,检测各单元,测试设备参数
试验参与	描述试验管理架构、参与者职责
故障定义	需求遗漏、设计缺陷、制造缺陷、间歇性故障、过应力失效等
试验基本规则	基本规则、瞬态故障、故障分类、试验累计时间、设备设计改变
试验文档	设备数据表、试验日志、故障概要记录、故障报告

(1) 涉及各个项目的试验计划(待测特性、规格需求、试验数量、环境需求、方案和程序的文档数量);

(2) 指导试验开展的参数电子数据表和参数文档(待测参数(即材料、尺寸、颜色、功率水平、阻抗、灵敏度等)、输入振动应力循环数、冲击、加速度、温度等)。

参数文档包括零件或装备的信息、试验特性信息,如振动、功率、温度和规定的误差范围。

参数电子数据表描述产品在不同级别下的参数性能需求(即名义上的、可接受的、装备、生产、制造厂、供应商等)。

每个特定试验的附件项目可添加到试验方案中。不同的清单可以在试验中制定和采用。这些清单可能会包括:设备操作、开机/关机周期、操作方式、训练方法、性能验证程序、故障处理程序、设备调整和预防性维修。

10.1.2　可靠性试验的类型和应用

1. 可靠性演示试验

可靠性演示试验(reliability demonstration testing)的类型取决于产品的阶段和成熟度。这些试验可以在原型阶段或研制阶段开展。试验过程中,对比需求获得 MTTF 或 MTBF 的估计值。在产品设计发生重大改变后,也可通过这种试验说明产品的可靠性是否由于设计的改变得到了提高或者降低。

2. 可靠性鉴定试验

可靠性鉴定试验(reliability qualification testing)是为验证产品设计是否达到规定的可靠性要求,由订购方认可的单位按选定的抽样方案,提取有代表性的产品在规定的条件下所进行的试验。可靠性鉴定试验是一个严格的试验,用于判定一个设计对于预定功能来说是不是可接受的,涉及产品在使用过程中遇到的振动、湿度、冲击、温度循环和其他环境条件。

3. 可靠性验收试验

可靠性验收试验(reliability acceptance testing)是为验证批生产产品是否达到规定的可靠性要求,在规定条件下所进行的试验。验收试验从统计上做出一个产品是否达到使用要求的判定。这种试验方法不提供 MTBF、MTTF 的评估,也不能用来决策合格率或任何其他同类量值是否可接受。

【注】 无故障试验(failure free testing)是指在对一次性使用装置进行验收试验,或者检验装置是否工作在某一给定的应用情况中,零失效试验可以提供信息,说明产品在给定的置信水平上的可靠性。可用于确定适当的样本大小来满足可靠性和置信水平需求。当对产品满足需求有较高的信心时,无故障试验是非常适用的。

4. 性能试验

性能试验(performance testing)是在预生产阶段通过完成设计和正常的制造项目来检验可靠性预计值和试验结果。这种试验提供了一个基准,用于比较前期的活动,用它们再引入某些设计来满足可靠性需求方面的有效性。

5. 筛选

通过检验剔除不合格或有可能早期失效产品的方法叫"筛选"(screening)。筛选试验是为了剔除早期失效而对 100% 的产品开展的试验。通过剔除产品早期失效,可以改善成品的收益,提高生产能力,获得较高可靠性的产品。

MIL-STD-883 规定几乎所有的元器件都要做筛选试验。应用经过筛选试验产品的系统,其可靠性的预计值都能得到改善。随着器件组装成更复杂的结构,筛选试验也变得更为复杂。对部件级产品来说,通过对其施加温度循环来测量其输出特性。对于较大的系统,采用试车、调试和现场应用模拟。对较大的系统来说,其目标就是使系统在出售给顾客前就工作在稳定状态。

6. 可靠性研制试验

可靠性研制试验(reliability development testing)是对样机施加一定的环境应力和(或)工作应力,以暴露样机设计和工艺缺陷的试验、分析和改进过程。设计不可能是完美无缺的,并且工程师很难预测到由新的产品工艺等带来的每一个失效模式,因此为了研发过程控制,会在不同时期开展新产品的设计试验。这种试验是研究和设计过程中必不可少的一部分。

7. 容差设计

容差设计(setting of tolerances)很重要。从组装到最终阶段开展不同水平的试验。由于存在特性测试度量的漂移,所以允许的边际值应逐级适当放大。"容差漏斗"的概念用于不同级别及生产阶段的容差控制。一种民品常用的容差设计的漏斗原则为每降低一级或一个水平,范围大体上缩小 5%。最小范围的容差用于最低水平或组装的初始阶段。

【例 10.1】 对一个电源,目标能力为 5A。如果组装过程有 3 个阶段,在 $5(1\pm5.8\%)$A 的范围内对电源进行试验。初始阶段应该在 $5(1\pm5.25\%)$A 范围内试验。第二阶段应该在 $5(1\pm5.5\%)$A 范围内试验。最终阶段应该在 $5(1\pm5.8\%)$A 范围内试验。

属性确定试验需要考核的产品属性(attributes)时,需要综合考虑以下因素:

(1) 功能示范能力的需求;

(2) 可靠性示范需求；

(3) 试验费用；

(4) 时间因素；

(5) 试验设备和人员的适用性；

(6) 满足顾客需求；

(7) 互换性需求；

(8) 优化措施和质量控制需求；

(9) 期望可靠性的获取需求；

(10) 试验和产品更换之间的费用权衡。

8. 特性分类

可将功能属性进行特性分类(classification of characteristics)并建立相应的目录,以可协调性(coordination)、寿命(life)、互换性(interchangeability)、功能(function)以及安全性(safety),即 CLIFS 为基础,可将产品特性分为致命、重要和次要三个层次。

致命(critical):缺陷单元会对安全性造成负面影响。

重要(major):缺陷单元会造成显著的系统功能降级。

次要(minor):其他类型影响。

9. 抽样检验与全数检验

产品评定试验可采用抽样检验(sampling testing)的方法,但有的验收试验非破坏性地对所有产品进行全数检验(100% Testing)(例如,产品某项关键功能参数的测试)。属性参数的抽样可采用 GB/T 2828.1—2012 中的方法,变量数据的抽样可采用 ISO 3951—2:2013 中的方法。如果本量很小,抽样就不是很有效,这需要在费用和抽样的有效性方面进行权衡。对于样本量小的情况,抽样要考虑以下因素:

(1) 可接收的风险；

(2) 抽样过程的一致性；

(3) 失败的潜在责任；

(4) 所需试验件的生产过程和能力；

(5) 试验及其试验品费用。

10. 试验程序

为了更好地执行试验方案应制定试验程序(test procedures)。项目的可靠性越重要,试验程序就越重要。试验程序中需要一定数量的细节和控制,有三个方面必须考虑。

(1) 校准:试验设备必须校准,有三类校准内容。

(a) 单个试验工具校准,在试验室校准。

(b) 复杂试验设备和环境设备的校准,通常在原地校准。

(c) 标准校准,将每一个标准与相同等级或更高等级的试验室的精度标准比较。每级水平的精度的校准比例通常为 1/10。

(2) 试验设备检验:证明试验设备可以执行预期的功能。设备检验是为新的设备与新产品进行首次联合工作的关键项目。

(3) 试验程序:试验工具、零件、调整、安装、数据表和所需材料的详细描述。

11. 可靠性试验中的人因问题

很多可靠性方面的书都涉及可靠性试验中的人因问题(human factors during reliability testing)。在可靠性试验中,人因问题是存在的,应该给予考虑。首先应该考虑如下五点。

1) 视觉

什么是正常的视线？关键的功能和指示应该在视线的 15°范围内,同样也应考虑色彩和色的盲点。

2) 触觉

触觉和肌肉运动知觉在试验中是重要的。指示板中"开/关"的安排应该一致。"开"通常是向上。按钮的大小和"开"功能的控制方式的一致性是很必要的。如果用颜色作为标记,则整个系统都应该一致。同样也必须保持标签一致。

3) 听觉

视听信息应该简洁。如果信息很关键,可能需要重复或附加信息。

4) 人的承受能力

热:20 ℃(68°F)的温度是最合适的。

通风:最小值为 0.85 m/min。

空调:29.5 ℃(85°F)以下。

湿度:21 ℃(70°F)时,相对湿度大约为 45%。

5) 振动

可能来自设备或建筑物的振动,也可能是运行不正常。

试验分为两类:研制试验和验收试验。研制试验检验设计的有效性。验收试验由购买方开展,检验设计的缺陷。设计试验的样品应该尽量与产品状态保持一致,否则多余的信息会误导试验结果。试验应该早在项目的研制阶段进行。产品的全比例模型和比例模型可用于检验设计是否恰当。这些试验有四个目标：

① 确定产品是否与人因设计准则一致；

② 确定产品是否满足性能要求；

③ 获得人-机特性数据；

④ 确定设计中是否引入了其他的变量。

试验参数包括：

① 环境条件；

② 所用资源；

③ 装置；

④ 试验设备、仪器、工具；

⑤ 试验时间；

⑥ 试验人员；

⑦ 试验条件；

⑧ 试验材料；

⑨ 数据分析；

⑩ 试验报告。

10.1.3 试验环境事项

1. 环境条件

对试验而言,环境条件(environmental conditions)至少要达到正常的或典型的现场条件的严酷度。试验安排中要确定上限和下限。振动环境在实际中是常用的,因为它是最经济有效的检验手段之一。可检验出的项目有:间歇故障、松弛和有裂缝的零件、不充分的防护措施、焊点失效、工艺缺陷等。冲击、温度和湿度也是常用的环境试验的条件。可以综合这些环境条件以获得交互影响。

2. 可靠性试验的综合环境

开展产品的可靠性试验时,可以施加大量的条件变量:时间、振动、冲击、湿度、功率、灰尘、人因、电磁、电压、静电、辐射、气压、脉冲、光、噪声等。大部分的试验是单项环境试验。当在试验中施加多项环境条件时,这种试验称为综合环境可靠性试验(CERT,combined environmental reliability testing)。

在综合环境可靠性试验中可以使用可提供多项环境条件的综合试验箱。这些试验箱提供温度循环、振动和电输入拉偏。试验环境由以下各项衡量:

(1) 试验条件变化率(例如:高温变率可以引起断裂);
(2) 环境条件极值范围;
(3) 工作条件和休眠条件(性能退化可能是由于外界环境引起的休眠造成的);
(4) 综合环境的交互影响可能比每一项单项环境的影响更恶劣;
(5) 振动和冲击的模式和方向(例如多轴向的振动);
(6) 适合试验装置的具体环境条件。

【例 10.2】 将某种电子产品放入试验箱中开展试验,有两种环境条件:温度和振动。温度采用温度循环的方式,振动为随机振动,如图 10-2 和图 10-3 所示。

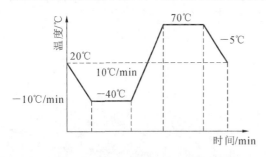

图 10-2 温度应力示意图(一个循环周期)   图 10-3 随机振动频谱图

1) 振动试验

振动试验(vibration testing)的主要原则有:

(1) 如果可能,应同时开展多轴试验;
(2) 覆盖所有可能的频率和强度;
(3) 振动输入为随机的,而不是有序变频,尽可能不用固定频率(效率低);
(4) 试验夹具不应该给试验单元引入噪声。

正弦波振动的峰值加速度公式为

$$A = 0.002 f^2 D \tag{10-1}$$

式中：A——峰值加速度，g；
f——频率，Hz；
D——峰值位移，mm。

2) 温度试验

可靠性温度试验(temperature testing)参数包含温度极值和温变率。温度试验对电子和电气产品很重要。应对试验进行连续监测以检测间歇失效。

3) 电磁兼容试验

电磁兼容试验(electromagnetic compatibility testing)对电子设备、计算机等很重要，因为瞬时电压、电磁干扰和谐波会损坏数据。使测试单元受到一定范围和不同等级的电磁干扰以验证其有无失效。

4) 试验设备校准

试验设备应该进行维护和校准以保证试验数据的一致性，误差应在预定的试验设备误差范围内。试验箱通常都有校准设备。

10.2 可靠性研制试验

可靠性研制试验(reliability development test)是对样机施加一定的环境应力和(或)工作应力，以暴露样机设计和工艺缺陷的试验、分析和改进过程。

10.2.1 加速寿命试验

加速寿命试验(accelerated life test，ALT)是为缩短试验时间，在不改变故障模式和故障机理的条件下，用加大应力的方法进行的寿命试验，它是在超过使用环境条件的应力水平下对样品进行的寿命试验。这种试验的特点是：选择一些比正常使用环境恶劣的应力水平，在这些应力水平下进行寿命试验。由于产品的试验环境变得恶劣，从而加速了产品失效，缩短了试验时间。ALT 有以下优点：

(1) 节省时间和经费；

(2) 使应力水平和产品性能之间的关系定量化；

(3) 可发现潜在的设计和生产缺陷。

但是 ALT 也存在一些问题：

(1) ALT 试验结果与正常条件下的情况不相符；

(2) 过高应力可能造成产品损坏；

(3) 应力过高时可能会引入新的失效模式。

新产品的设计阶段是 ALT 的最佳应用时机，因为设计阶段是比较容易对产品进行改进的。在进行 ALT 时，必须遵循以下假设：

(1) 产品在高应力水平下的失效机理必须与正常工作条件下的失效机理保持一致，否则，破坏了外推的基础，因此 ALT 只有可能对部件进行；

(2) 施加的应力应能加速产品的失效，并且应力水平可控；

(3) 高应力水平下和正常应力水平下的失效模型必须相同、正确。在 ALT 中，通过收集不同应力水平下的数据可以计算出相关的加速因子，当然我们希望这些数据是具有相关性的。这些数据可以是服从各种分布的,如指数分布、威布尔分布、正态分布、瑞利分布或对数正态分布。

图 10-4 是产品故障率服从 Weibull 分布的温度应力试验结果示意图。在 Weibull 坐标纸上,一定应力相应的故障点基本在一条直线尚且不同应力的试验结果的拟合直线的斜率都为形状参数 m,因此相互平行。

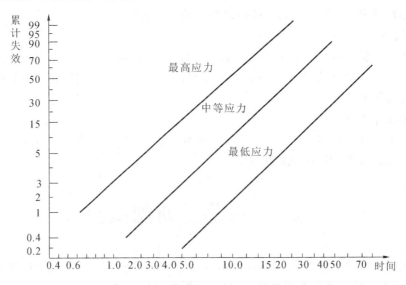

图 10-4　ALT 假设示意图(Weibull 坐标纸)

每一种应力对应的试验结果的拟合直线都对应于一个相应的特征寿命 η,例如,最低应力小,相应的特征寿命为 $\eta_{低}$,于是可外推出正常应力条件下的 η 如图 10-5 所示。

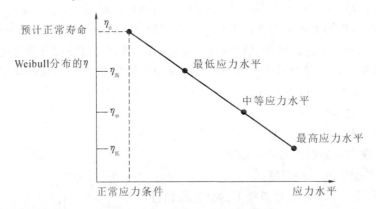

图 10-5　ALT 正常寿命外推示意图

ALT 还应遵循以下几个原则:
(1) 最终产品的试验项目必须相同;
(2) 每次试验选择一个应力水平;
(3) 高应力水平下的失效模式和正常情况下的失效模式必须一致;
(4) 加速应力水平不能超过组件设计的最高应力水平。

供参考的 ALT 设计要求:
(1) 确定最极端情况下的高应力,在这种状态下,该模型仍然是正确的;
(2) 选择 2 个以上的应力水平个数,每个应力水平下的失效数是该应力下投入试验的产品数的 20% 以上；

(3) 低应力水平应该尽可能接近正常应力水平,并确保出现一些失效(至少 5 个以上)。ALT 有几项计划,其中包括不同的应力水平下的测试单元的分配。也就是说,假定有 100 个测试单元,3 个应力水平,最好的测试方法不是在每个应力水平都检测 33 个单元,而是在最低应力水平多检测一些,这样可以提高试验结果外推的精度。选择受试产品时,应考虑经济费用、生产状况以及其他因素的影响。一般地,如果有 20 个产品可供试验,那么在最高应力水平下应最少试验 3 个。如果仅有 10 个或者更少的产品可供试验,那么只能确定 2 个应力水平。

一般有三种分析 ALT 的模型,分述如下。

(1) 统计模型(参数模型和非参数模型)。每个应力水平的故障次数都要合适于分布模型的确定,假设分布模型在各个应力水平下都是相同的。当故障时间的概率分布未知时,要选用非参数模型。

① 参数模型有:
- 指数分布模型；
- Weibull 分布模型；
- 瑞利分布模型；
- 对数正态分布模型。

② 非参数模型有:
- 线性模型,多元回归模型；
- 比例危险率模型(危险率正比于应力水平)。

(2) 物理统计模型。采取的应力水平直接影响受试产品的状态,例如,温度对受试产品的物理和化学性能的影响。这种模型包括:
- 阿仑尼乌斯(Arrhenius)模型；
- 艾林(Eyring)模型；
- 逆幂律模型；
- 混合模型(阿仑尼乌斯-逆幂律模型)。

(3) 物理试验模型。通过理论分析或试验可以预计失效时间。这种模型包括:
- 电流模型；
- 湿度依赖性失效模型；
- 疲劳失效模型；
- 退化模型(电阻器,激光,热载体)。

10.2.2 步进应力加速试验和高加速寿命试验

1. 步进应力加速试验

前面的加速寿命试验就是在一个固定的高应力水平下进行的试验,即恒定应力加速试验。步进应力加速试验(step-stress accelerated testing),简称步加试验,是选定一组高于正常应力水平的加速应力水平,试验开始时样品都在最低应力水平下进行寿命试验,经过一段时间,把应力提高到一个等级,未失效的样品在该应力下继续试验,如此继续下去,直到有一定数量的样品发生失效为止。与恒定应力加速寿命试验相比,步加试验可使样品失效得更快一些,并且它可以把其他的很多设计之外的特性指标考核列入试验,使得统计分析更有意义。设计阶段应该提供一个高于设计承受应力时候的失效树,这样试验可以证实设计是否正确合理。除此之外,试验不能引入新的、不可能出现在正常工作条件下的失效模式。主要应力的联合作用可能会产生相互影响,而当各个应力水平下的单独测试不会出现此种影响时,应该重新进行试验设计来证实这种交互影响。

2. 高加速寿命试验

高加速寿命试验(highly accelerated life test,HALT)是在产品研制阶段,通过步进的方法向产品施加高于技术条件规定的应力,不断找出设计和工艺缺陷并加以改进,逐步提高产品的耐环境能力,并找出产品承受环境应力的工作极限和破坏极限的过程。HALT是利用阶梯应力方式施加在受试品上,在早期发现产品薄弱环节缺陷的方法。施加在受试品上的应力有振动、高低温、湿度、温度循环、电应力开关循环、极限电压及极限频率等,一般多选择温度循环和随机振动应力。HALT是一个提高系统顽健性和可靠性的系统开发工具,主要目的是增加产品的设计极限值,迅速找出产品设计及制造缺陷,并改善设计缺陷,增加产品可靠度并缩短研发时间和减少研发费用。

HALT步进试验在给定的时间内只能测试唯一一种应力,如温度或者振动。假如,要在振动应力情况下增加其他的应力,那么必须等到所有受试单元都失效。当对试验做出改进后,其他的测试单元可能会对过高或者过低温度非常敏感。

HALT混合试验也是一种步加试验,是温度和振动应力或者其他的应力一起施加的加速试验,HALT的样本量步进试验至少3个,混合试验至少1到2个。

HALT的失效类型一般有两种。

(1) 操作性失效:非破坏性的失效,不影响试验情况下的性能或运行。

(2) 破坏性失效:造成试验中的受试品失效,如不进行维修不能恢复功能。

10.2.3 可靠性增长试验

传统的可靠性增长试验(reliability growth test,RGT)是为暴露产品的薄弱环节,有计划、有目标地对产品施加模拟实际环境的综合环境应力和工作应力,以激发故障,分析故障、改进设计和工艺,并验证改进措施有效性而进行的试验。可靠性增长可通过多种方法实现,如工程分析、可靠性增长试验、HALT以及综合利用其他有关的研制试验的可靠性增长管理等,其中HALT是最有效的方法。本节讨论的可靠性增长试验主要是传统的可靠性增长试验。

可靠性改进中的试验、分析与纠正试验(test analyze and fix method,TAAF)是用于工程研制中普遍采用的有效方法,目的是及时发现缺陷并纠正。TAAF是可靠性增长试验计划的核心基础,RGT/TAAF可发现产品的薄弱环节并予以改进,有效控制有缺陷的产品出厂,它不是验证试验。TAAF计划必须做到如下两点:

(1) 在试验中暴露缺陷及故障,分析设计和生产中的所有故障根源并及时采取措施;

(2) 尽快地采取纠正措施,必要时应更改设计图纸,虽然可能导致进度延迟,但纠正措施的有效性会有很大提高。可靠性增长管理是尽可能地利用产品研制过程中各项试验和过程活动的信息,把非可靠性试验与可靠性试验(如可靠性测定试验、可靠性增长试验)结合起来,都纳入以可靠性增长为目的的综合管理下,经济地、高效地促使产品达到预定的可靠性目标。其内容主要包括:确定可靠性增长目标;制定可靠性增长计划;对产品的增长过程进行监控和控制。

可靠性增长控制的基本模式包括工程监督模式和定量控制模式两种。工程监督模式是通过评审等方式来监督各项可靠性增长活动,以实现对增长过程进行控制的一种模式。工程监督的目的是保证可靠性增长计划规定的各项活动在规定的进度内完成。在增长过程的初期阶段,由于缺少可供定量控制的数据,增长过程的控制尤其要依靠工程监督。工程监督模式的框图如图10-6所示。

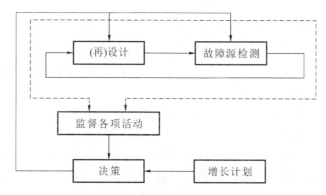

图10-6 工程监督模式框图

可靠性增长定量控制主要有两个特征:一是有一个审慎制定的计划增长曲线作为定量控制的基础;二是可用选定的评估方法对增长过程中产品的可靠性水平作出比较精确的评估。可靠性增长试验是典型的定量控制模式。

增长模型是承制方可靠性增长试验的经验总结,常用的可靠性增长模型有 Duane 模型和 AMSAA(army material system analysis activity)模型。

1. Duane 模型

Duane 模型是 1962 年提出的,最初是飞机发动机和液压机机械装置等复杂可修产品可靠性改进过程的经验总结。模型未涉及随机现象,所以 Duane 模型是确定性模型,即工程模型,而不是数理统计模型。

Duane 模型的前提是:产品在可靠性增长过程中逐步纠正故障,因而产品可靠性是逐步提高的,不允许有多个故障集中改进而使产品可靠性有突然地较大幅度提高。该模型引入了累积故障率概念,该模型的理论公式为

$$\theta_c = \theta_0 \left(\frac{T}{T_0}\right)^\alpha \tag{10-2}$$

式中:θ_c——在给定时间内的累计 MTBF(无故障工作时间);

θ_0——试验开始的累计 MTBF;

α——MTBF 增长的斜率;

T——既定的试验时间;

T_0——试验开始时间。

公式(10-2)可变为

$$\ln\theta_c = \ln\theta_0 + \alpha(\ln T - \ln T_0)$$

该公式可变换如下:

$$y = mx + b$$

式中:m——斜率;

b——截距。

由于当前可修产品的可靠性参数常用 MTBF，故定义：
① 累积 MTBF 为 θ_c，所有的试验时间除以故障数；
② 瞬时 MTBF 为 θ_i，通过某个时间点可得

$$\theta_i = \frac{\theta_c}{1-\alpha} \tag{10-3}$$

α 值一般小于 0.6，如何确定 α，可以参考以下原则：
① 0.4~0.6，有很好的排除故障的措施计划，对所有的故障进行预防管理；
② 0.3~0.4，有较好的排除故障的措施计划，对重要的故障进行预防管理；
③ 0.2~0.3，对可靠性改进活动有日常的检查，只对重要故障采取措施；
④ 0~0.2，不太重视可靠性改进活动。

作为一个总工程师，要有新产品的可靠性改进计划。例 10.3 就是可靠性增长试验在制定增长计划方案中的应用。

【例 10.3】 最近的电子设备的可靠性试验中，在 800 h 的累积试验时间内，出现了 4 个故障，在正常使用时要求的 MTBF 为 500 h，如 $\alpha=0.3$，需要多少试验时间？

【解】 按题意有，$\theta_0=800/4=200$，$\theta_i=500$，$T_0=800$，$\alpha=0.3$。

于是，累积 MTBF 和瞬时 MTBF 为

$$\theta_i = \frac{\theta_c}{1-\alpha}$$

$$500 = \frac{\theta_c}{1-0.3} = \frac{\theta_c}{1-0.3}$$

$$\theta_c = 350$$

然后利用 $\theta_c=350$ 可得

$$\theta_c = \theta_0 \left(\frac{T}{T_0}\right)^\alpha$$

$$350 = 200 \left(\frac{T}{800}\right)^{0.3}$$

$$1.75 = \left(\frac{T}{800}\right)^{0.3}$$

$$\ln 1.75 = 0.3\ln T - 0.3\ln 800$$

$$0.3\ln T = 2.2498$$

$$T = 5166$$

由此可知，为满足题意要求，必须进行 5166 h 试验。

可靠性增长跟踪贯穿整个试验过程。不断地将验证值（观测值）与计划的增长值比较，确定增长是否按计划进行。可靠性增长跟踪与评估分为试验段内的跟踪与试验段结束时的评估两部分。试验段内的跟踪通常用图估法，试验段结束时的评估亦可用图估法。图估法的思路是将观测的累积 MTBF 点估计值画在双对数坐标纸上，作出拟合曲线并与计划曲线比较。只要画出的观测值位于或高于计划曲线，或者最佳拟合线与计划曲线吻合，或者虽然拟合线前段低于计划曲线，但其从技术曲线和要求的 MTBF 水平线的交点左侧穿过要求的 MTBF 水平线，就可认为增长有效。可通过图表对这个例子进行分析。样本数据如表 10-2。

表 10-2 样本数据表

累积试验时间	累积故障数	累积 MTBF	x 轴（累积试验时间的对数）	y 轴（累积 MTBF 的对数）
800	4	200	6.68	5.30
2000	8	248	7.60	5.51
3000	11	273	8.01	5.61
4000	14	285	8.29	5.65
5000	16	313	8.52	5.75
5166	16	323	8.55	5.78

直线的斜率 $\beta=0.257$，可以找出两点来进行计算：

$$\beta = m = \frac{y_1 - y_0}{x_1 - x_0} = \frac{5.78 - 5.30}{8.55 - 6.68} = \frac{0.48}{1.87} = 0.257$$

那么 y 轴的截距可以计算出为 3.58，也就是 $x=0$ 时为 36 个循环。由图 10-7 可以看出，该增长方案是有效的。

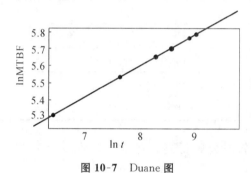

图 10-7 Duane 图

2. AMSAA 模型

AMSAA 模型是指军队物资系统分析活动模型。这是一个用于模拟可靠性增长的威布尔方法。它适用于测量连续数值，如以小时计量的时间或以英里计算的距离。这个模型还可应用于单点系统。这个模型追踪一个试验阶段的可靠性，而不是贯穿整个试验过程。这个模型假定研制阶段的系统失效服从非齐次 Possion 过程。这意味着失效率或强度函数可能会随时间改变。

瞬态平均失效前的时间为

$$\theta_i(t) = \frac{\alpha}{\beta} \left(\frac{t}{\alpha}\right)^\beta \tag{10-4}$$

式中：β——形状参数；

α——尺度参数；

T——时间。

测试周期 0 到 T 内的失效数，或者从 0 到 T 内的累计失效数为

$$N = \left(\frac{t}{\alpha}\right)^\beta \tag{10-5}$$

N 为在时间 t 时的累积失效数。

利用对数变换可以将该方程式转化为一个线性方程式：

$$\ln N = \beta \ln t - \beta \ln \alpha \quad (10\text{-}6)$$

图形以 $\ln N$ 为 y 轴，以 $\ln t$ 为 x 轴。直线的斜率可用于估算形状参数 β。尺度参数可利用 y 的截距确定。

$$\alpha = e^{-y_{\text{截距}}/\beta} \quad (10\text{-}7)$$

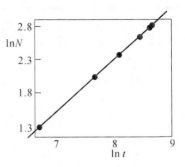

图 10-8　AMSAA 图

【例 10.4】对例 10.3 进行图例分析（见表 10-3 和图 10-8），说明 AMSAA 方法和 Duane 方法的相似程度。

【解】绘图表示累积失效时间的对数值与累积失效数的对数值的关系。从下面可以看出，样本数据与前面的问题类似（有轻微的变化）：

表 10-3　样本数据修正表

累积试验时间 t	累积故障数 N	x 轴($\ln t$)	y 轴($\ln N$)
800	4	6.68	1.39
2000	8	7.60	2.08
3000	11	8.01	0.40
4000	14	8.29	2.64
5000	16	8.52	2.77
5166	16	8.55	2.77

线的斜率可以通过斜率公式得到。在 800 h 处，$x=6.38, y=1.39$，在 5166 h 处，$x=8.55, y=2.77$。

$$\beta = m = \frac{y_1 - y_0}{x_1 - x_0} = \frac{2.77 - 1.39}{8.55 - 6.38} = \frac{1.38}{2.17} = 0.636$$

计算 y 的截距可得到 -2.67。

尺度参数为

$$\alpha = e^{-y_{\text{截距}}/\beta} = e^{\frac{-2.67}{0.636}} = e^{4.198} = 6.66$$

满足 MTBF 为 500 所需的时间数可由以下步骤确定：

$$\theta_i(t) = \frac{\alpha}{\beta}\left(\frac{t}{\alpha}\right)^{1-\beta}$$

$$500 = \frac{66.6}{0.636}\left(\frac{t}{66.6}\right)^{1-0.636}$$

$$4.775 = \left(\frac{t}{66.6}\right)^{0.364}$$

$$\ln 4.775 = 0.364 \ln t - 0.364 \ln 66.6$$

$$1.563 = 0.364 \ln t - 1.528$$

$$3.091 = 0.364 \ln t$$

$$\ln t = 8.4918$$

$$t = 4874$$

从累积试验时间可以看出，AMSAA 模型的计算结果与 Duane 模型的增长图形非常接近。

3. 故障分类和纠正方式

可靠性增长中可将所暴露的故障分为 A 类故障和 B 类故障。A 类故障是指受技术水平或其他因素的限制不能经济地消除的故障。B 类故障是能经济地消除的故障。通常是靠消除 B 类故障来实现可靠性增长。对某一产品来讲，A 类故障越少越好。

可靠性增长中主要有三种故障纠正方式：一是及时纠正，即一旦出现故障，试验就立即停下来，待纠正了故障后继续试验；二是延缓纠正，即试验中发现故障后，不立即停止试验进行纠正，而是到某一时刻才停下来对该试验段所发生的故障进行集中纠正，在增长曲线上，该点的可靠性将有一个"跳跃"；三是利用上述两种方法的结合进行纠正，即既有及时纠正，又有延缓纠正。可靠性增长试验只能采用第一、第三种纠正方式。第二种纠正方式仅用于可靠性增长管理，采用这种改进的试验不能用 Duane 和 AMSAA 模型进行评估，而只能用工程分析进行评估。可靠性增长是在使用条件下找缺陷，故必须进一步通过强化试验找故障。

10.3 产品测试

10.3.1 鉴定/演示试验

鉴定试验和演示试验一般包括：抽样检验（包括定时截尾试验和定数截尾试验）和序贯试验。

1. 抽样检验

抽样检验分为计数检验（inspection by attributes）及计量检验（inspection by variables），计数检验是对检验批次或取自该批的样本中的每个个体记录有无某种属性，计算共有多少个体有（或无）这种属性的检验方法。计量检验是对检验批或取自该批的样本中的每个个体，测量其某个定量特性的检查方法。

抽样检验有多种抽样方式。根据从批中一次抽取的样本的检验结果，决定最应接收该批"一次抽样检验"（single sampling inspection）。如果首先从批中抽取样本量为 n_1 的某一样本，根据检验结果来决定是接收还是拒收该批产品，或决定再抽取样本量为 n_2 的第二样本，再根据全部样本的检验结果来决定是接收还是拒收该批产品叫"二次抽样检验"（double sampling inspection），更进一步有多次抽样检验。

多次抽样检验的特例为序贯抽样检验（sequential sampling inspection），即每次从批中抽取一个（或一组）产品，检验后找某一确定规则做出接收该批或拒收该批或再检验另一个（或一组）产品的决定。

为确定产品与设计要求的一致性，由订购方用有代表性的产品在规定条件下所作的试验叫"鉴定试验"（qualification test），并以此作为检验的依据。

"验收试验"（acceptance test）是用已交付或可交付的产品在规定条件下所做的试验，其目的是确定产品是否符合规定要求，从而接收或拒收这批产品。

2. 序贯试验

序贯抽样(sequential sampling)是一种抽样方案。逐个地(或者成组地)抽取个体,但事先不固定它们的个数,根据事先规定的规则,直到可以做出接收或拒收批的决定为止,如图 10-9 所示。

设批产品的寿命为指数分布,质量特性为平均寿命 θ。

对可接收的 MTBF 记为 θ_0 而言,应有高接收概率 $1-\alpha$,风险为 α;对不可接收的 MTBF 记为 θ_1 而言,应有低接收概率 β,风险为 β。

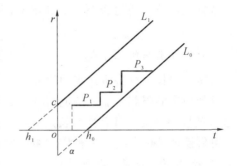

图 10-9 序贯抽样的接收区、拒收区及继续试验区

在批产品中随机抽取产品,逐个进行试验,出了故障,容许修复后再投入试验,观测第 r 个故障出现时刻累积试验时间 $t(r)=t_r$。

根据 Wald 的理论,在 (t,r) 平面上,有两条直线,如图 10-9 所示。

接收线 $L_0: t=h_0+sr$ 或 $r=a+bt$,L_0 之下叫接收区。

拒收线 $L_1: t=-h_1+sr$ 或 $r=c+bt$,L_1 之上叫拒收区。

L_0、L_1 之间的区域为继续试验区。

如图 10-9 所示,将 $P_1(t_1,1),P_2(t_2,1),P_3(t_3,1),\cdots$,构成一条折线 C。

序贯试验的验收法则为:

如折线 C 穿出 L_0 进入接收区,即有 $P_r(t_r,r)$ 进入接收区,亦即 $r \leqslant c+bt$ 停止试验,并进行验收。

如折线 C 穿出 L_1 进入拒收区,即有 $P_r(t_r,r)$ 进入拒收区,亦即 $r \geqslant c+bt$ 停止试验,并进行拒收。

如折线在接收线与拒收线之间,则继续试验。

令 $\theta_1/\theta_2=d$,则

$$A=\frac{(d+1)(1-\beta)}{2d\alpha}, B=\frac{\beta}{1-\alpha}$$

$$a=\ln B/\ln b, b=\left(\frac{1}{\theta_1}-\frac{1}{\theta_2}\right)/\ln d, c=\ln A/\ln d$$

【注】 Wald 的最早公式为 $A \approx \frac{1-\beta}{\alpha}, B=\frac{\beta}{1-\alpha}$

OC 函数的近似参数方程为 $\theta=\frac{(\theta_0/\theta_1)^t-1}{t(1/\theta_1-1/\theta_0)}, L(\theta)=\frac{A'-1}{A'-B'}$

美国《可靠性工程师资格考试手册》中对 A 加了修正因子 $(d+1)/2d$。

Wald 的公式从概率的理论导出,所以也叫概率比序贯试验抽样方案(probability ratio sequential test,PRST)。

【例 10.5】 设 $\theta_0=3000$ h,$\alpha=0.05$,$\theta_1=1000$ h,$\beta=0.10$,求 PRST 方案。

【解】

$$d=\theta_0/\theta_1=\frac{3000}{1000}=3$$

$$A=\frac{(d+1)(1-\beta)}{2d\alpha}=\frac{(3+1)(1-0.10)}{(2)(3)(0.05)}=\frac{3.6}{0.3}=12$$

$$B=\frac{\beta}{1-\alpha}=\frac{0.10}{0.95}=0.105263$$

$$a=\frac{\ln B}{\ln d}=\frac{\ln 0.105263}{\ln 3}=2.049$$

$$b=\frac{\frac{1}{\theta_1}-\frac{1}{\theta_0}}{\ln d}=\frac{\frac{1}{1000}-\frac{1}{3000}}{\ln 3}=0.0006068$$

$$c=\frac{\ln A}{\ln d}=\frac{\ln 12}{\ln 3}=2.26186$$

接收线 L_0 为:$r=-2.049+0.0006068t$

拒收线 L_1 为:$r=2.26186+0.0006068t$

为了防止 $P(t,r)$ 总是停滞在继续试验区,采用到一定时间 t_c 强制停止试验的规定。用满足下面公式的最小的正整数 r 来确定终止试验的故障数 r_c:

$$\frac{\chi^2_{\alpha=2r}}{\chi^2_{(1-\beta),2r}} \geqslant \theta_1/\theta_0$$

本例中 $\theta_1/\theta_0=1/3$,做计算

令 $r=7,\dfrac{\chi^2_{0.05}(14)}{\chi^2_{0.90}(14)}=\dfrac{6.57063}{21.06414}=0.3119$

令 $r=8,\dfrac{\chi^2_{0.05}(16)}{\chi^2_{0.90}(16)}=\dfrac{7.962}{23.542}=0.3382$

$r=8$ 是满足要求的最小正整数。

截止点时间用下面公式计算:

$$T=\frac{\theta_0 \chi^2_{\alpha=2r}}{2} \qquad (10\text{-}8)$$

$$T_c=\frac{3000 \times 7.96165}{2}=11942$$

因此,截止点时间为 11942 h。

以 $r=r_c, t=t_c$ 为截止,接收及拒收序贯试验图如图 10-10。

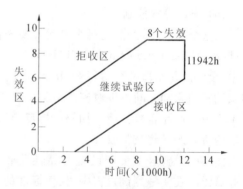

图 10-10 序贯试验示意图

3. 试验计划比较

1) 序贯试验计划

序贯试验的优点具有最低的期望整体试验成本,一般来说该计划作出结论的期望故障数较其他试验计划少,可用最少的期望试验时间(平均起来)来判断。

序贯试验的不利之处包括试验成本是随机的。与定时截尾试验相比,序贯试验故障数及由此引起的试验时间最大可能是截尾试验时间的三倍。

2) 定时截尾试验

定时截尾试验的优点是知道试验完成时间以及试验所需的最大样本数量。相对于序贯试验来说,定时截尾试验的缺点为:达到某一固定值失效数是随机的,更多的失效数和等待时间。虽然所需最大时间较短,但平均时间较长。

3) 定数截尾试验

这类试验的优点是即使试验更改,也知道试验所需样本的最大数量。这类试验必须要

发生失效,并可对失效进行失效模式和失效机理分析。这类试验的不足是相对序贯试验而言,平均等待时间较长并且预期失效数量较多。

4) 试验总结

一般来说,PRST 做出判断所需的综合成本和时间较少。当试验对象的大多数相对需求较好或较坏时,这一特点尤其突出。

10.3.2 产品可靠性验收试验

可靠性验收试验(reliability acceptance test)即验证批生产产品是否达到规定的可靠性要求,在规定条件下所进行的试验。产品可靠性验收试验(product reliability acceptance testing,PRAT)发生在设备或系统的生产阶段,用来监测原始设计中的可靠性。PRAT 可以在整个生产阶段定期地或持续地进行,并且可以针对所有设备或个别样本。PRAT 的使用可以为一些矫正和预防性措施提供必要的数据和反馈。在生产模式中,至少有 5 种验收试验的方法,包括:

(1) 序贯试验(概率比序贯测试);
(2) 全设备产品可靠性验收试验;
(3) 贝叶斯可靠性试验;
(4) 最小 MTBF 确信测试;
(5) 统计过程控制。

在这个试验中,产品的每个单元都要进行可靠性测试。序贯测试计划可以用来进行这种试验。Krishnamoorthi 在 MIL-HDBK-781 中列出了测试计划 XVIII-D。在这个测试计划中,设备的每个单元会运行 20 h 至 50 h。测试在正常环境条件下进行,故障数的累加和测试试验的累加之间可以对应画出关系曲线。如果某个点进入拒绝区域,那么测试停止,这一生产段的产品将被拒绝。如果在规定测试时间完成后没有点接触到拒绝线,那么这一生产段的所有产品将被接收。

图 10-11 显示了生产设备可靠性验收试验简图。在实施测试过程中,任何标准的 PRST 计划都可以进行修正(由于误差)。但全设备计划是一个不可更改的顺序计划。可以注意设备测试是一个全测试时间的函数,可以影响到接收概率和拒绝概率。不高的 MTBF 值可以大大提高缩短测试周期的机会,但对于较长时间的测试,即使是高 MTBF 值也有可能被拒绝。

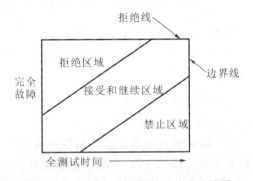

图 10-11 生产设备可靠性验收试验简图

1) 贝叶斯可靠性试验

贝叶斯可靠性试验使用以往的数据、主观判断和经验对可接收性进行评估。短时间内任何先前的测试信息都是可用的。贝叶斯方法可以应用在序贯试验中。

2) 最小 MTBF 确信测试

该测试可以确保得出设备的最小 MTBF 值。如果设备已经通过了先前的质量测试和环境应力筛选试验,那么就可以进行此试验了。这个方法的理念是排除早期的或轻微的故障,然后对设备进行测试看是否可以满足最小 MTBF 值。测试要求在一个时间范围内设备保证无故障运行一个固定时间（例如，在 200 h 间隔内，设备应无故障运行 100h）。MIL-HDBK-781(1996)提供了测试时间和相应参数。

3) 统计过程控制

统计过程控制(statistical process control, SPC)可以作为产品可靠性度量的一种方法。当实施 SPC 得到非常低的故障率（非常高的 MTBF 值）时要引起注意。因为用足够大的样本可能是不实际的。当故障率非常小时可使用某类修正的 SPC 图。

10.3.3 应力筛选

1. 环境应力筛选

另一个确保设备符合使用（产品是否满足外形、安装、功能或其他需求）的试验是环境应力筛选(environmental stress screening, ESS)试验, ESS 是为了减少早期故障，对产品施加规定的环境应力，以发现和剔除制造过程中的不良零件、元器件和工艺缺陷的一种工序和方法。使用一些预防性的方法，例如故障报告、故障分析、纠正措施系统、试验设计以及统计过程控制，以排除故障的根本原因。

环境应力筛选可以在引入设备或从次级承包商处接收到产品时进行。此测试可以确保在最终装配之前防止有缺陷的零部件和设计上的错误出现。生产过程中的每一步都有可能引入缺陷：如虚焊、容差过紧、容差过松、线条弯曲等。因此，环境应力筛选在生产过程的每个阶段都是有必要的。系统和设备开发与生产可靠性大纲认为 ESS 是一种或是一系列为发现缺陷零部件和纠正操作工艺缺陷的试验。它可以在测试的较初级阶段就排除缺陷（费效比较低），而不用进行更高级别的测试（费效比较高）。试验条件模拟典型的早期故障，而不是整个寿命剖面。与 PRAT 比较，ESS 的实施不需要太过昂贵的测试设备，而 PRAT 则更要真实地模拟寿命剖面，并往往需要昂贵得多的试验设备。ESS 应进行 100% 的取样，PRAT 可能是抽样。ESS 由供货商（生产商）进行，而 PRAT 应该由独立于供货商的单位进行。

常用环境应力包括如下类型。

(1) 温度：热循环。
(2) 湿度。
(3) 振动：随机。
(4) 潮气。
(5) 电应力。
(6) 负载循环。
(7) 气压。
(8) 高冲击负载。
(9) 过载。
(10) 时间。

GJB 450A, MIL-HDBK-781(1996)要求除非是用户特别要求，ESS 试验实施中一般包括随机振动和温度循环。实践证明早期的正弦及扫描正弦振动筛选能力很低，因此应该以给定功率谱（例如美军标及国军标推荐的功率谱）进行随机振动筛选。ESS 用规定的应力顺序或规定的应力组合实施。

环境应力筛选在电子装配工业领域称为产品老化试验。电子装配通常依据 MIL-

HDBK-781(1996)或 MIL-HDBK-2164(1996)进行老化试验。有迹象表明,50 h～150 h 的老化试验可以揭露出 80%～90% 的工艺缺陷。然而,由于老化试验的温度通常在 70℃ 以下,因此有缺陷的 IC 板有可能未能筛出。

美国 Rome 可靠性中心的可靠性工具包(reliability toolkit)(1993)描述环境科学研究所(IES)的"环境应力筛选指南"的程序如下：

(1) 准备环境应力筛选计划；

(2) 确定环境应力筛选的装配级别；

(3) 确定随机变量和热循环基线(对某些军品,加上低气压)；

(4) 实施产品筛选。

① 如通过,设备接着进行其他筛选运作及最终的验收试验；

② 如发生故障,实施故障检测、分析和纠正措施,必要的基于成本-利益分析和评估生产进程对筛选进行修正,并最终重复产品的筛选。

以下是三个有用的环境应力筛选图表。

(1) 环境应力筛选风险/结果概要：电压,操作输入/输出,状态监控,风险/效果。

(2) 对于缺乏环境应力筛选经验的组织的温度循环基线规范：温度范围,变化率,温度稳定时间,浸渍时间,循环次数,电压状态。

(3) 对于缺乏环境应力筛选经验的组织的随机变量规范：加速度级,频率极限,振动轴向,电压状态和监控。

所有环境应力筛选中发现的故障都要找到其根本原因,并采取措施进行纠正。如果所有的缺陷都被排除了,那么可以停止环境应力筛选试验。要小心 ESS"无缺陷"只意味着环境应力筛选试验的应力对于设备或系统中某些特定类型的缺陷是无效的。必要时可以改变施加的某种应力。最终的理想目的是排除所有产生缺陷的原因。

可以用以下三种方法确定环境应力筛选的持续时间。

(1) 计算 ESS 时间区间的方法：此方法提供一个 ESS 时间,可以确保得到未覆盖的缺陷的百分比。它要求知道总体缺陷的总数,每个缺陷元件的缺陷概率和故障率。

(2) 测试要求在测试终止前在应力条件下进行无缺陷测试。要在无故障测试前和无故障测试持续时间内提供热和振动应力。

(3) 图示法：作出在应力环境下可观察的故障率(故障数/运作小时)对应时间的曲线。随着曲线趋向平缓,说明故障已经达到一个稳定的故障率。对于新的设备和系统可以使用近似的设备曲线,在更多的试验后,再加以适当修正。

2. 老化试验

一般而言,许多设备和产品都假设浴盆曲线为它们的初始故障曲线。必须收集一定数量真实的数据来确定真正的故障曲线。产品寿命的初始阶段通常由于薄弱环节或低于标准的零部件,工艺问题,设计,设计局限,零部件操作、挠度和切割,以及安装失误等原因会造成高故障率。这个阶段被认为是类似于幼儿死亡率、早期生命阶段和筛选调试阶段。

对于特定大量消费或生产的产品,有些产品就会受到上述问题的困扰。在这些案例中,产品初始阶段的可靠性不高。应力环境下的"老化"试验(某时间下的加速条件)可以排除掉这些不好的产品。试验不必对其余好的零部件施加显著的过应力。最佳的老化试验(burn-in testing)成本应该在生产者成本和用户成本曲线的最低点。这里有两个成本元素应该考虑：

(1) 生产者每单元时间成本；

(2) 由于不合适的试验时间(或次数)次数导致的早期故障的成本。

在用户使用的早期阶段，由于过早故障带来的成本和因为维修影响公司担保的成本。通常用威布尔分布在故障率降低区域模拟这些故障时间(或次数)。Jensen 认为在老化阶段排除所有的有问题零部件是不可能的，但是公司可以有一个选择来确定老化试验后有百分之多少的问题零部件还存在。老化试验的成本和分类如下：

(1) 对于"老化常值成本"(burn-in constant-costs，BICC)的每台设备相关的成本，试验设备操作、包装和运输等；

(2) 老化试验阶段设备故障的相关成本(burn-in failure costs，BIFC)，搬运、操作和延误等的成本；

(3) 老化试验场地相关成本(burn-in time dependent costs，BITC)，测试导致生产延误的测试成本；

(4) 用户使用过程故障的成本。用户维修成本(customer repair costs，CRC)和满意感降低损失(loss of goodwill，LG)。

(5) 成本方程中包含的其他因素：老化试验阶段的故障数，FDBI(failures during burn-in)(已知数量)；老化试验后的故障数，FABI(failures after burn-in)(已知数量)；用户阶段的故障数，没有进行老化试验的故障数，FWBI(failures without burn-in)(可能是最后一个测试日)；老化试验天数 K。

假设：薄弱零部件符合指数分布。

老化试验的全部成本(total costs burn-in，TCBI)合计：

$$\text{TCBI} = \text{BICC} + \text{FDBI}(\text{BIFC}) + K(\text{BITC}) + \text{FABI}(\text{CRC} + \text{LG}) \quad (10\text{-}9)$$

如果省略了老化试验，总成本为

$$\text{TC} = \text{FWBI} + (\text{CRC} + \text{LG}) \quad (10\text{-}10)$$

部件的可靠性为

$$R(t) = \exp(-(\sum \lambda)t) \quad (10\text{-}11)$$

其中 λ 是薄弱零部件的风险率，且 $R(t) = (1 - F(t))$，在时刻 t 的故障数为

$$-\ln R(t) = -\ln(1 - F(t)) = (\sum \lambda)t$$

因此

$$\sum \text{失效数} / \text{系统} = -\ln(1 - F(t)) \quad (10\text{-}12)$$

【例 10.6】 如果考虑老化试验的成本，并且用户希望优化它的结果，确定实施老化试验的天数。超过四天的累积故障 $F(t)$ 是：0.05，0.13，0.17 和 0.19。早期故障阶段使用指数率，老化试验持续成本为 \$130，老化试验故障成本为 \$220，老化时间依赖成本为 \$80，用户维修成本为 \$1100，好感度降低成本为 \$900，用户进行老化试验的天数应该是多少？

【解】 表 10-4 显示出最低成本的老化试验是三天，并且老化后的故障数 FABI 将从 16% 降至 2%。如果公司的目标值是 1%，那么应进行四天的老化试验。

下面列出关于老化的三种试验方法：

(1) 在周围环境条件下，给设备施加能量或者使设备在一定运动范围或周期内运转。

(2) 通过振动加速机械故障。典型振动量最好在期望水平的 75%。这将有利于发现机械的问题，包括工艺、虚的焊接结合处、薄弱的结构部件等。

(3) 对各种电子元器件采用温度循环。

表 10-4 计算结果

天数	$F(t)$	$-\ln(1-F(t))$	老化后的故障数	TCBI	TC
		FDBI	FABI=FWBI−FDBI		
1	0.05	0.05	0.16	541	420
2	0.13	0.14	0.07	460.8	420
3	0.17	0.19	0.02	451.8	420
4	0.19	0.21	0.00	496.2	420
BICC	130				
BIFC	220				
BITC	80				
CRC	1100				
LG	900				

一般而言,标准微电路试验方法作为老化试验的文档被列出。在有关资料中,温度应力是 125 ℃,持续时间 168 h。其他有关电气试验条件是被规定的。对于近来微电子设备的质量趋势,老化试验可以弱化。大多数厂商已将器件老化纳入产品的工艺过程,而再施加额外的老化会导致损害。国外有人长期对具有双峰分布的产品进行研究表明:以期望值为中心的主体和一个以非期望值为中心的次体,这是由于生产工艺过程的变化,产品性能数据下降造成的。具有较低性能数据值的次体,当然会更早出现故障。对于具有主次双峰分布的产品,其早期故障归因于处理、应用和制造工艺(碎片、裸露的结合部、屏蔽缺陷、错误的包装方法、焊接不良等)。次峰分布的次体的故障模式和主峰分布的主体一样,只不过故障速度更快。因此,老化试验将分两步进行:

(1) 在加速环境中,通过更多的老化次数或更长的老化时间(100 h~1000 h),筛选出有缺陷的产品;

(2) 在正常工作条件下,通过短的老化时间(10 h~30 h),筛选出早期故障产品。

针对不维修的部件或系统的老化程序,分述如下。

(1) 连续老化:老化过程被持续直到一个确定的时间(等待时间)介于达到故障时间之间。

(2) 多层老化:部件必须通过使用前的几个老化阶段。

【注】 Barlow 的方法:一种计算通过老化风险率的非参数方法。这种方法确定通过老化风险率的上置信限。

针对有维修的部件或系统的老化程序,分述如下。

(1) 马尔可夫链的老化:系统进行老化直到它达到一个预定的无故障周期 t。试验期间,系统持续监控故障,一旦发生故障,就进行维修。任何时间发生故障,都进行维修。如果当系统到达无故障周期 t,试验就结束。系统为了发货而被检查和准备。

(2) 更新方法:当系统经历老化时,它被用一个来自同样母体中的新部件进行维修。修理后系统的功能密度将发生变化,计算变得非常复杂。

国外研究人员提出了一个寻找早期的故障分布的老化策略。

(1) 鉴别关键部件标号问题；

(2) 使用一个真实的老化环境；

(3) 找出故障参数的时间(曲线是什么?)；

(4) 对于设计中的所有其他部件,采用一个常值的风险率；

(5) 计算累积分布函数；

(6) 用 Weibull 分布来确定薄弱部件的百分率、特征寿命和形状参数。

3. 高加速应力筛选

在产品研制阶段,通过步进的方法向产品施加高于技术条件规定的应力,不断找出设计和工艺缺陷并加以改进,逐步提高产品的耐环境能力,并找出产品承受环境应力的工作极限和破坏极限的过程。这种试验也称为高加速寿命试验,但不能确定产品寿命。为了加速筛选进度并降低成本,参照高加速应力试验得到的应力极限值,以既能充分激发产品的缺陷又不过量消耗其使用寿命为前提,对批量产品进行筛选。

高加速应力筛选(highly accelerated stress screening, HASS)用于研制阶段经过 HALT 试验的产品,某些产品有早期故障的薄弱环节,用通常的环境应力筛选应力 S_t 要筛选 t_0 时间,则提高筛选应力 $S_* > S_t$,需要的筛选时间 t' 就短得多,HASS 不能抽样,产品 100% 均需进行高加速应力筛选。

由于已得到 HALT 的最高应力 S_H,则选 $S_* < S_H$。

令 $S_* = kS_H$,S_* 为 HASS 的筛选应力,k 为降额系数。

一般来说:对高低温应力,k 降额 20%～30%；对振动应力,k 降额 50% 左右。

此取值范围仅供参考,实际的 k 值选定还是以此为参考作多次试验来验证为宜,这称为筛选应力确定(proof of screen, POS)。根据 HALT、HASS 的思想,批生产抽检也可用 s' 应力,以节省时间,这称为高加速应力审计(highly accelerated stress audit, HASA)。必须指出,HASS 振动试验的振动能量主要集中在 500 Hz～10 kHz 这一高频频带。而很多产品的实际使用包括运输的振动频段都小于 500 Hz,能量很多集中在 5 Hz 至 200 Hz 之间,所以 HASS 试验不能作为验收试验。

10.3.4 性能试验

对于一些产品,可靠性的度量是以一个样本中出现的零部件故障数来描述的(每个零部件不是成功的,就是失败的)。例如,合格品率、成功率等。

如果在随机取样的 n 个样品中有 m 个成功,则成功率 q 的点估计值 $\hat{q} = m/n$。例如,某型号火箭至今发射 104 次,其中 98 次成功。成功率 q 的点估计值 $\hat{q} = \dfrac{98}{104} = 94.2\%$。当零部件因为故障被替换或故障零部件数小于零部件的整体数量时,故障率为二项分布。当故障零部件不用替换时的故障率为超几何分布。

置信区间的比例,分大样本和小样本两种情况进行分析。

1) 大样本量

设 p 为不合格率,在大样本情况下,当 $n\hat{p}$ 和 $n(1-\hat{p})$ 大于或等于 4 或 5 时,可以用正态分布近似计算比率的置信区间,置信区间为 $[p_L, p_U]$,可用式(10-13)表示。

$$\hat{p} \pm Z_{1-\frac{\alpha}{2}} \sqrt{\frac{\hat{p}(1-\hat{p})}{n}} \qquad (10\text{-}13)$$

式中:$\hat{p}$——比率的点估计值;

n——样本量;

$Z_{1-\frac{\alpha}{2}}$——标准正态分布的 $1-\frac{\alpha}{2}$ 分位数(注:美军标符号不同,常为 $Z_{\frac{\alpha}{2}}$)。

【例 10.7】 如果在一个 104 个元件的样本量中发现有 6 个有缺陷的元件,计算置信度 90% 的置信区间。

【解】 令样本量 $n=104$,不合格率 p 的点估计为 $\hat{p}=\frac{6}{104}=5.77\%$。由于 $n\hat{p}$ 为 6,大于 5,故不用正态分布估计 p 的置信区间。

令 $\hat{p}=0.0577$, $1-\hat{p}=0.9423$, $Z_{1-\frac{\alpha}{2}}=Z_{95\%}=1.645$

$$\hat{p} \pm Z_{1-\frac{\alpha}{2}} \sqrt{\frac{\hat{p}(1-\hat{p})}{n}} = 0.0577 \pm 1.645 \sqrt{\frac{0.0577 \times 0.9423}{104}} = 0.0577 \pm 0.03761$$

因此有 $0.020 \leqslant \hat{p} \leqslant 0.095$

置信区间是近似的,且是基于二项分布的正常近似值。如果 N 足够大,这个值较正确。如果数量不大,且是没有替换的抽样(超几何),那么应在前面的方程中加一个矫正因子。

$$\hat{p} \pm Z_{1-\frac{\alpha}{2}} \sqrt{\frac{\hat{p}(1-\hat{p})}{n}} \sqrt{\frac{N-n}{N-1}} \qquad (10\text{-}14)$$

式中:N——总体大小。

2) 小样本量

对于小样本量 n,基于正态分布的置信区间可能是不够精确的。通过使用以下公式可以得到一个二项式分布的"精确的"双侧置信区间。

$$\sum_{k=0}^{r} \binom{n}{k} p_U^k (1-p_U)^{n-k} = \frac{\alpha}{2}$$

$$\sum_{k=0}^{r-1} \binom{n}{k} p_L^k (1-p_L)^{n-k} = 1-\frac{\alpha}{2} \qquad (10\text{-}15)$$

式中:p_U——比率的置信上限;

p_L——比率的置信下限;

n——样本量;

r——在样本量 n 中发现的缺陷数;

α——显著水平或 $(1-\alpha)$ 置信水平。

【注】 本节的分析方法与 Locks 用验前分布 $B(1,0)$ 的 Bayes 方法分析结果不一致,有小的差异。

3) 加速寿命试验分析

假设应力水平之间是线性相关的。这意味着加速因子 A_F 是不变的,但是在试验阶段是大于 1 的。

设基准状态(符号下角标 0)的平均故障前时间(MTTF)为 t_0,在高应力状态(符号下角标 s)的平均故障时间(MTTF)为 t_s,加速因子为 A_F(它与状态间的差异大小有关),则 $t_0 = A_F t_s$。

基准状态下的故障密度函数为 $f_0(t)$,高应力状态下故障密度函数为 $f_s(t)$。由于加速因子为 A_F,故

$$f_0(t) = \left(\frac{1}{A_F}\right) f_s\left(\frac{t}{A_F}\right)$$

相应的可靠性函数为

$$R_0(t) = R_s\left(\frac{t}{A_F}\right)$$

危险(hazard)函数为

$$h_0(t) = \left(\frac{1}{A_F}\right) h_s\left(\frac{t}{A_F}\right)$$

4) ALT 的图形分析

可以用加速寿命试验的图形曲线将处理过程简化。Rome 可靠性中心的工具包(reliability toolkit)指出:

(1) 不需要用统计数学方法处理标号问题;
(2) 将高应力数据转换至正常级别;
(3) 便于解释;
(4) 在不同应力范围内提供可见的估计;
(5) 检验可能的关系。

ALT 的图形分析也包括一些不足:

(1) 不是完全客观的;
(2) 不能提供统计上的准确性;
(3) 使用了模型之间有假设的关系。

【例 10.8】 投入 21 个单元于加速寿命试验,应力等级为 150℃、180℃,在接近正常应力(120℃)的水平多投入试验样品,因此决定在 150℃ 时投 9 个,在 180℃ 时投 5 个,总共试验 100h,试验结果如表 10-5 所示,故障时间为对数正态分布。

表 10-5 试验结果

150℃水平	绘图点 F_1/(%)	200℃水平	绘图点 F_2/(%)	250℃水平	绘图点 F_3/(%)
50	7.4	30	9.5	15	
60	18.1	35	23.0	20	13.0
65	28.7	40	36.5	22	31.5
68	39.4	45	50	25	50
72	50	50	63.5	28	68.5
82	60.6	52	77.0		87.0
86	71.3	59	90.5		
89	81.9				
96	92.6				

以 150℃ 的试验结果为例,样本 $n=9$,于 50 h,60 h,65 h……出现故障,于是第 i 个故障出现的累加故障率 F_i 应为:50℃ 时 $F_1=1/9$,60℃ 时 $F_2=2/9$,65℃ 时 $F_3=3/9$,…。因

为 n 较小,这样估计 F_i 较粗糙,因此用统计学中的中位秩公式予以调整

$$F_2 = \frac{2-0.3}{9+0.4} = \frac{1.7}{9.4} = 18.1\%$$

于是按 $F_i = \dfrac{i-0.3}{n+0.4}$ 可得

50 ℃时,$F_1 = \dfrac{1-0.3}{9+0.4} = \dfrac{0.7}{9.4} = 7.4\%$

60 ℃时,$F_2 = \dfrac{2-0.3}{9+0.4} = \dfrac{1.7}{9.4} = 18.1\%$

……

对于故障时间为对数正态分布的故障数据,在对数正态分布概率纸上以故障时间为横坐标,以 F_i 为纵坐标,诸试验点应基本在一直线上。由图 10-12 可见故障时间基本服从对数正态分布。

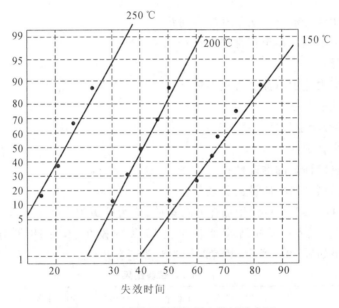

图 10-12 对数正态坐标纸上的试验点图

三条应力曲线基本平行,这表示不同应力之间是线性相关的,可以从图上推出 10% 寿命点或 90% 寿命点。我们绘制 90% 寿命点得出额定的或 120℃寿命。90% 寿命 ($T_{90\%}$) 数据点如表 10-6 所示。

表 10-6 90% 寿命数据点

	150℃	$\ln T_{(90\%)}$	200℃	$\ln T_{(90\%)}$	250℃	$\ln T_{(90\%)}$
$T_{(90\%)}$	85	4.44	51	3.93	29	3.37

时间和温度值的对应关系如图 10-13 所示。

以 $\ln T_{90\%}$ 为横坐标,以温度(应力)为纵坐标,在对数坐标纸上点出上述寿命数据后,可见数据点基本上在一条直线上。

现相当于 120 ℃时的 $T_{90\%}$ 约为 110 h,即在 120 ℃下 90% 的单元将在工作 110 h 后出现故障。

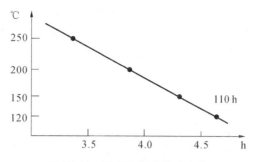

图 10-13 时间和温度值对应点

5) ALT 的定量分析

(1) 指数分布。

加速应力中的 MTTF(故障前时间)如果服从指数分布，则可靠性函数为

$$R_0(t) = \exp\left(-\frac{\lambda_s t}{A_F}\right) \tag{10-16}$$

基准条件下的累积分布函数为

$$F_0(t) = F_s\left(\frac{t}{A_F}\right) = 1 - \exp\left(-\frac{\lambda_s t}{A_F}\right) \tag{10-17}$$

故障率为

$$\lambda_0 = \frac{\lambda_s}{A_F} \tag{10-18}$$

【例 10.9】 根据例 10.8，假设在 150 ℃条件下对 9 个元件施加 ALT。如果应力下的 MTTF 是 655.2 h，正常操作温度是 120 ℃，加速因子是 1.3。确定在正常条件下，150 h 时的故障率、MTTF 和可靠性。

【解】

$$\lambda_s = \frac{1}{\text{MTTF}} = \frac{1}{655.2} = 0.0015262 \text{(失效数/h)}$$

$$\lambda_0 = \frac{\lambda_s}{A_F} = \frac{0.0015262}{1.3} = 0.001174 \text{(失效数/h)}$$

150 h 下的可靠性为

$$R(150) = \exp(-(\lambda T)) = \exp(-(0.001174 \times 150)) = 0.564$$

(2) 威布尔(Weibull)分布。

在威布尔分布条件下的 ALT，应力条件下的可靠性函数为

$$R_0(t) = \exp\left(-\left(\frac{t}{A_F \eta_0}\right)^m\right) \tag{10-19}$$

正常条件下的累积分布函数为

$$F_0(t) = 1 - \exp\left(-\left(\frac{t}{A_F \eta_0}\right)^m\right) = 1 - \exp\left(-\left(\frac{t}{\eta_0}\right)^m\right) \tag{10-20}$$

注意基准条件下的 $A_F = 1$。有趣的是，在加速和正常条件下，形状参数 m 应基本不变。如果不同应力的形状参数 m 值明显不同，则故障时间不服从 Weibull 分布。

10.3.5 退化实验

产品在使用(贮存也算是一种使用)中，产品的特性参数 Y 变换到超出允许值 y_0 时称

为故障。产品从出厂起($t=0$)到特性参数值超过允许值的这一段时间称为使用寿命。

一批产品的特性参数 Y 一般是均值为 $\mu(t)$,标准偏差为 $\sigma(t)$ 的正态分布,即 Y 为 $N(\mu(t),\sigma(t))$。一种典型的情况是 $\mu(t)$ 随时间 t 的增加而单调下降,当 $t=0$ 时,$\mu(t)=y_0$,如图 10-14 所示。

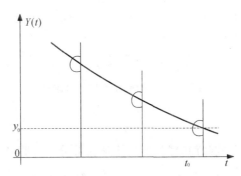

图 10-14　产品特性参数退化曲线示意图

我们不能认为 t_0 为产品的使用寿命。因为到 $t=t_0$ 时,Y 的均值 $\mu(t_0)=y_0$,则大体上批产品的一半的特性参数值已低于 y_0,亦即在 t_0 以前已经发生故障。因此,需要寻求比 t_0 小的某个 t^*,具有给定的置信度 γ,即

$$P(Y(t^*) \geqslant y_0) = \gamma$$

式中:γ 一般取 90%、80%,也有取 95%、99% 的;t^* 为产品寿命的置信下限。

另一种典型情况是:$\mu(t)$ 随时间 t 的增加而单调上升,研究的方法是相似的。

为了确定产品 P 的使用寿命,需要得到产品特性参数 Y 的蜕化规律 $Y(t)$。

确定 k 个测试时刻 $t_i(i=1,2,\cdots,k)$,得到产品特性参数 Y 的蜕化规律 $Y(t)$,$i=1$,$2,\cdots,k;j=1,2,\cdots,n_i$。把 $P_i(t_i,y_{ij})$ 诸点标在 t-y 坐标纸或半对数、双对数坐标纸上。较多情况下,特性参数的蜕化规律在直角、半对数或双对数坐标纸上基本上是线性的,以在 t-y 坐标纸上的诸 P_i 点基本上在一直线上为例,可以认为

$$\mu(t) = \alpha + \beta t$$
$$Y(t) = \alpha + \beta t + \delta$$

δ 在等精度假设下为 $N(0,\sigma)$,σ 是产品数据的标准偏差,这里假设 σ 为常数(如果蜕化规则不是线性的,数据散布程度有随时间变化的趋势,则数学处理上要复杂一些。但这只是一个统计数学问题,不难解决,这里不展开讨论)。

在测试数据相互独立及散布程度相同的前提下,可以用最小二乘法估出 α、β 的估计值 $\hat{\alpha}$、$\hat{\beta}$。

$$\hat{\beta} = \frac{\sum ty - n\bar{t}\bar{y}}{\sum t^2 - n\bar{t}^2}$$

$$\hat{\alpha} = \bar{y} - \bar{t}$$

其中:

$$\bar{t} = \frac{1}{n}\sum_{i=1}^{k} n_i t_i$$

$$n = \sum_{i=1}^{k} n_i$$

$$\bar{y} = \frac{1}{n}\sum_{i=1}^{k}\sum_{j=1}^{n_i} y_{ij}$$

$$\sum ty = \sum_{i=1}^{k} t_i \sum_{j=1}^{n_i} y_{ij}$$

$$\sum t^2 = \sum_{i=1}^{k} n_i t_i^2$$

$$\sum y^2 = \sum_{i=1}^{k}\sum_{j=1}^{n_i} y_{ij}^2$$

$$\sigma^2 = \frac{1}{n-2}\left[\sum y^2 - n\bar{y}^2 - b\left(\sum ty - n\bar{t}\bar{y}\right)\right]$$

对给定的置信度 γ 而言,产品寿命的置信下限满足下列方程

$$\hat{\alpha} + \hat{\beta} t^* + t_{1-\gamma}(n-2)\sqrt{\frac{n+1}{n} + \frac{(t^* - \bar{t})^2}{\sum t^2 - n\bar{t}^2}} \cdot \hat{\sigma}$$

可用几种非参数模型描述性能退化试验。在多数情况下,可以使用线性模型来描述。

当故障数据的概率分布复杂,样本量很小,或者是难以做试验,那么可以采用下述两种非参数模型进行分析。

1. 线性模型

线性模型参见 4.3.1。

2. 比例风险模型

这是一个"无分布"模型,不需要对故障时间的分布有什么统计假设。比例风险模型是指数模型的扩展。

基本的比例风险模型为

$$\lambda(t, Z_1, Z_2, \cdots, Z_k) = \lambda_0(t)\exp(\beta_1 Z_1 + \cdots + \beta_2 Z_2)$$

式中:$\lambda(t, Z_1, Z_2, \cdots, Z_k)$——受试设备在 t 时间的风险率;

$Z_1, Z_2, \cdots, Z_k$——回归变量,施加的压力;

$\beta_1, \beta_2, \cdots, \beta_k$——回归系数;

$\lambda_0(t)$——特定的基线风险率函数。

1) 阿仑尼乌斯模型

此模型表示施加的温度应力对被测元件的故障率的影响效果。对于电子设备的 ALT,温度是最常见的环境应力。当热应力的影响为显著因素时,阿仑尼乌斯(Arrhenius)模型是较精确的:

$$r = A\exp\left(-\frac{E_s}{KT}\right)$$

式中:r——反应速度;

A——与温度应力无关的系数;

E_s——激活的能量(eV),使分子能开始活动的能量;

K——玻尔兹曼常数(8.623×10^{-5}eV/K);

T——开氏温度。

假设设备的寿命对于过程的逆反应率是成比例的。设 L 为温度 T 时的寿命,则

$$L = r^{-1} = A\exp\left(+\frac{E_s}{KT}\right)$$

正常操作温度 L_0 和加速温度 L_s 之间的寿命关系为

$$L_0 = L_s \exp\left(\frac{E_s}{K}\left[\frac{1}{T_0} - \frac{1}{T_s}\right]\right)$$

如果寿命分布是指数分布的,那么基准运作条件下和温度 T_0 下的故障率为

$$\lambda_0 = \frac{1}{L_0}$$

温度加速因子为

$$A_T = \frac{L_0}{L_s} = \exp\left(\frac{E_s}{K}\left[\frac{1}{T_0} - \frac{1}{T_s}\right]\right)$$

例如:微电路 CMOS 的加速因子为

$$A_T = \frac{L_0}{L_s} = \exp\left(\frac{E_k}{K}\left[\frac{1}{T_0} - \frac{1}{T_s}\right]\right)$$

设 $T_0 = 80\ ℃, T_s = 90\ ℃, E_s = 0.35(\text{Ev})$

$$A_T = \exp\left(\frac{0.35}{8.623 \times 10^{-5}}\left[\frac{1}{353} - \frac{1}{363}\right]\right) = \exp 0.3168 = 1.37$$

说明对 CMOS 电路而言,环境温度如果从 80 ℃ 增高到 90 ℃,则故障率增加 37%,不同微电路的激活能 E_s 不同。例如砷化镓 GaAs 器件的 E_s 可达 1.4~1.5,而存储器则为 0.6,故不同器件的温度加速系数不尽相同。

2) Eyring 模型

Eyring 模型是由量子力学导出的,它比阿仑尼乌斯模型更为复杂。它可以处理超过一个的环境应力因素。这个模型为

$$t = a(T^\alpha)\exp\left(\frac{b}{T}\right)\exp\left(c + \frac{d}{T}\right)S_1$$

式中:t——元件设备的故障前时间(MTTF)或寿命;

T——开氏温度;

a, α, b, c, d——系数;

S_1——第二应力水平。

一般建议给出五个系数和两个应力因素,在至少五个不同的测试条件下进行测试,增加更多的应力则需要在方程中插入更多的指数和因子,如

$$t = a(T^\alpha)\exp\left(\frac{b}{T}\right)\exp\left(c + \frac{d}{T}\right)S_1\exp\left(e + \frac{f}{T}\right)$$

习 题

1. 在可靠性试验过程中有哪些重要的影响因素?
2. 简述 ALT 试验的优越性。
3. 简述产品测试中所涉及的几个试验,并比较其特性。

第 11 章 可靠性分配与预计

11.1 可靠性分配

1. 可靠性分配概念

系统可靠性分配就是将使用方提出的,在系统设计任务书(或合同)中规定的可靠性指标,从上到下,由大到小,从整体到局部,逐步分解,分配到各分系统、设备和元器件。

2. 可靠性分配目的与用途

可靠性分配的目的是使各级设计人员明确其可靠性设计要求,根据要求估计所需的人力、时间和资源,并研究实现这个要求的可能性及办法。如同性能指标一样,可靠性分配也是设计人员在可靠性方面的一个设计目标。

3. 可靠性分配的种类

可靠性分配包括:基本可靠性分配,任务可靠性分配。这两者有时是相互矛盾的,提高产品的任务可靠性,可能会降低基本可靠性,反之亦然。在可靠性分配时,要两者之间进行权衡,或采取其他不相互影响的措施。

可靠性分配结果是可靠性预计的依据和目标,可靠性预计相对结果是可靠性分配与指标调整的基础,如图 11-1 所示。

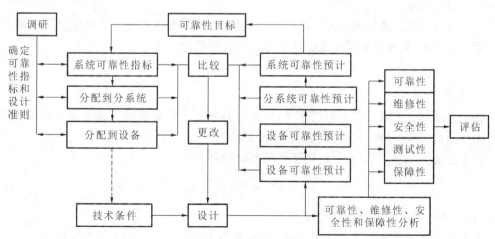

图 11-1 可靠性分配流程图

4.产品特性参数退化曲线示意图可靠性分配程序

(1)明确系统可靠性参数指标要求。
(2)分析系统特点。
(3)选取分配方法(同一系统可选多种方法)。
(4)准备输入数据。
(5)进行可靠性分配。
(6)验算可靠性指标要求。

5.分配准则

可靠性分配的要求值应是成熟期的规定值。为了减少分配的反复次数,并考虑到分配中存在忽略不计的其他因素项目,因此可靠性分配时应该留出15%~20%的余量。某些非电子组件故障率很低时,可以不直接参加可靠性分配,而归并在其他因素项目中一并考虑。进行可靠性指标分配时,应保证基本可靠性指标分配值与任务可靠性指标分配值的协调,使系统的基本可靠性和任务可靠性指标同时得到满足。可靠性分配应在研制阶段早期即开始进行。根据不同研制阶段,选定分配方法进行分配。

对于复杂度高的分系统、设备等,应分配较低的可靠性指标,因为产品越复杂,其组成单元就越多,要达到高可靠性就越困难并且更为费钱。

对于技术上不成熟的产品,分配较低的可靠性指标。对于这种产品提出高可靠性要求会延长研制时间,增加研制费用。

对于在恶劣环境条件下工作的产品,应分配较低的可靠性指标,因为恶劣的环境会增加产品的故障率。

当把可靠度作为分配参数时,对于需要长期工作的产品,分配较低的可靠性指标,因为产品的可靠性随着工作时间的增加而降低。

对于重要度高的产品,应分配较高的可靠性指标,因为重要度高的产品的故障会影响人身安全或任务的完成。

分配时还应结合维修性、保障性,例如可达性差的产品,分配较高的可靠性指标,以实现较好的综合效能等。

对于已有可靠性指标的货架产品或使用成熟的成品,不再进行可靠性分配。同时,在进行可靠性分配时,要从总指标中剔除这些单元的可靠性值。

6.无约束分配法

1)等分配法

为了使系统达到规定的可靠度水平,不考虑各单元的重要程度等因素而给所有的单元分配相等的可靠度,这种分配方法称为"等分配法"。

设系统由 n 个单元串联而成,则系统的预计可靠度为

$$R_s = \prod_{i=1}^{n} R_i \tag{11-1}$$

式中:R_i 为第 i 单元原预计的可靠度。

若系统要求的可靠度已知为 $R_i = R_s$,则按等分配法分配给各单元的可靠度为

$$R_i^* = \sqrt[n]{R_s^*} \tag{11-2}$$

这种分配方法很简单,但不甚合理,因为它没有考虑各单元的重要度,没考虑各单元的

复杂程度,也没有考虑各单元现有的工艺水平和可靠性水平。因此,在各单元可靠度大致相同、复杂程度也差不多时才用这种分配方法。

2) 评分分配法

在可靠性数据非常缺乏的情况下,通过有经验的设计人员或专家对影响可靠性的几种因素进行评分,对评分进行综合分析而获得各单元产品之间的可靠性相对比值,根据评分情况给每个分系统或设备分配可靠性指标。

评分因素为:复杂度,技术水平,工作时间,环境条件。

评分原则为:复杂度,最复杂的评 10 分,最简单的评 1 分;技术水平(成熟程度),水平最低的评 10 分,水平最高的评 1 分;工作时间,单元工作时间最长的评 10 分,最短的评 1 分;环境条件,单元工作过程中会经受极其恶劣且严酷的环境条件的评 10 分,环境条件最好的评 1 分。

评分分配法原理为

$$\omega_i = \prod_{j=1}^{4} r_{ij} \tag{11-3}$$

式中:r_{ij}——评分的数值;

i——评分的人数;

j——四个不同的评分项;

ω_i——各单元评分数。

$$C_i = \omega_i/\omega \tag{11-4}$$

式中:ω_i——各单元评分数;

ω——各评分数之和,$\omega = \sum_{i}^{n} \omega_i$;

C_i——各单元评分系数。

$$R_i^* = C_i \cdot R_s^* \tag{11-5}$$

式中:C_i——各单元评分系数;

R_i^*——第 i 单元原预计的可靠度;

R_s^*——系统原预计的可靠度。

分配步骤

(1) 确定系统的基本可靠性指标,对系统进行分析,确定评分因素。

(2) 确定该系统中的"货架"产品或已单独给定可靠性指标的产品。

(3) 聘请评分专家,专家人数不宜过少(至少 5 人)。

(4) 产品设计人员向评分专家介绍产品及其组成部分的构成、工作原理、功能流程、任务时间、工作环境条件、研制生产水平等情况;或专家通过查阅相关技术文件获得相关信息。

(5) 评分。首先由专家按照评分原则给各单元打分,填写评分表格。再由负责可靠性分配的人员,将各专家对产品的各项评分进行总和,取各项评分的平均值作为专家的评分,填写表格。

(6) 按公式分配各单元的可靠性指标。

【例 11.1】 某飞机共由 18 个分系统组成,其中 5 个分系统是已使用过的成件并已知其可靠性指标,如表 11-1 所示。规定飞机的平均故障间隔飞行小时 MFHBF=2.9(飞行小时)。试用评分分配法对其余 13 个分系统进行可靠性分配。

表 11-1 飞机系统可靠性指标

分系统名称	已知的可靠性指标
发动机	50
前缘襟翼	80
应急系统	500
飞控系统	142
弹射救生系统	280
总　　计	22.166

由表 11-1 与表 11-2 中的数据,根据式(11-3)至式(11-5)可求出各单元分配的可靠性指标。各指标如表 11-2 所示。

表 11-2 可靠性分配表

分系统名称	复杂度	技术水平	工作时间	环境条件	各单元评分数	各单元评分系数	分配给各单元的可靠性指标
结构	8	4	10	4	1280	0.1276	26.15
动力装置	8	1	10	8	640	0.0638	52.30
发动机接口	3	2	8	4	192	0.0191	174.71
燃油系统	5	2	10	8	800	0.0797	41.87
液压系统	5	2	8	7	560	0.0558	59.80
前轮结构	4	5	8	3	480	0.0478	69.81
…	…	…	…	…	…	…	…
航空电子	9	7	8	7	3528	0.3516	9.49
其他	2	5	5	5	250	0.0249	134.02
总计					10034	1.0	3.337

$$\text{MFHBF}^* = \frac{1}{\left(\frac{1}{2.9} - \frac{1}{22.166}\right)} = 3.337$$

可靠性分配应在研制阶段早期就开始进行,使设计人员尽早明确其设计要求,研究实现这个要求的可能性,为外购件及外协件的可靠性指标提供初步依据,从而根据所分配的可靠性要求估算所需的人力和资源等管理信息。下面介绍如何把比例组合法应用于含有串、并、旁联等混合模型的方法。

可靠性分配应反复多次进行。在方案论证和初步设计工作中,分配是较粗略的,经粗略分配后,应与经验数据进行比较、权衡。与不依赖于最初分配的可靠性预测结果相比较,确定分配的合理性,并根据需要重新进行分配。随着设计工作的不断深入,可靠性模型逐步细化,可靠性分配亦须随之反复进行。为了尽量减少可靠性分配的重要次数,在规定的可靠性指标的基础上,可考虑留出一定的余量。这种做法为在设计过程中增加新的功能单元留下余地,因而可以避免为适应附加的设计而必须进行的反复分配。

(1) 选择依据。要进行分配,首先必须明确设计目标、限制条件、系统下属各级定义的清晰程度及有关类似产品的可靠性数据等信息。随着研制阶段的进展,产品将定义得越清晰,因此可靠性分配就有所不同。

(2) 方案论证阶段。等分配法。

(3) 初步设计阶段。评分分配法、比例组合法。

(4) 详细设计阶段。评分分配法、考虑重要度和复杂度分配法、可靠度再分配法。

11.2　可靠性预计

1. 可靠性预计的定义

可靠性预计实际上是一种动态的逐步求精的预计过程,当系统的设计方案还处在初期阶段时,由于此时系统尚未建立,只能根据系统初步拟定的结构和功能方案,选择相似的产品或其他有关资料来粗略估计未来系统的可靠性。随着系统设计方案逐步转入详细设计阶段后,系统的结构设计和功能已基本确立,此时,可对未来系统的可靠性作进一步详细估计。

2. 可靠性预计的目的与用途

评估系统可靠性,审查是否能达到要求的可靠性指标。在方案论证阶段,通过可靠性预计,比较不同方案的可靠性水平,为最优方案的选择及方案优化提供依据。在设计中,通过可靠性预计,发现影响系统可靠性的主要因素,找出薄弱环节,采取设计措施,提高系统可靠性。为可靠性分配奠定基础。

可靠性预计根据不同特点也可分为几类。

根据可靠性的定量要求分为基本可靠性预计、任务可靠性预计(任务剖面、工作时间及功能特性等),后者还可详细分成不可修产品和可修产品。

从产品构成角度分析可分为单元可靠性预计和系统可靠性预计。

3. 可靠性预计与可靠性分配

可靠性预计遵循自下而上的过程,即从元器件、部件直到整机或系统;而可靠性分配则遵循自上而下的过程,从系统、部件直到元器件。可靠性预计与分配是一种反复迭代、逐步求精的过程。图2-23所示是可靠性工作流程图。可靠性预计和分配在系统方案阶段和设计阶段中占有极其重要的地位,它实际上体现了如何把设计、生产水平的客观现实和对所研制系统的可靠性要求两者之间有机结合起来的过程,可靠性预计与分配可使可靠性成为设计过程的一个组成部分,是将可靠性设计到产品中去的一个重要环节。

4. 可靠性预计的局限性

可靠性预计的基础是元器件(或零部件)的失效率数据。但是,从以前的产品现场使用获得的失效率数据是否适用于以后的设计,要看硬件设计和预期的环境条件两方面所具有的相似程度。从一种环境中使用的产品所获得的数据,不一定能适用于在其他环境中使用的产品。同时,对于型号规格相同而生产厂家不同,或由同一家生产而批次不同的元器件,由于其参数的离散性而存在偏差,也会给可靠性预计的准确性带来影响。

因此,可靠性预计的关键是能不能积累对新用途有效的数据,而可靠性工作者必须注意可靠性数据的积累。另一个困难是预计技术的复杂性。

5.可靠性预计的方法

可靠性预计一般按以下三个步骤进行：

① 按照系统的功能框图画出系统的可靠性框图。

② 按照可靠性框图建立精确或半精确的数学模型，首先把可靠性框图中的串联部分、并联部分和混联部分分别求出其数学表达式，然后求出整个系统的数学表达式。

③ 根据各分系统的基本失效率，算出各分系统的工作失效率，并将其代入系统的数学表达式。求出系统的可靠度。

$$工作失效率 = 基本失效率 \times 环境因子$$

其中，基本失效率和环境因子可查表得到。环境因子表示不同工作环境对工作失效率的影响。

6.可靠性预计的程序

(1) 明确系统定义。

(2) 明确系统的故障判据。

(3) 明确系统的工作条件。

(4) 绘制系统的可靠性框图。

(5) 建立系统可靠性数学模型。

(6) 预计各单元的可靠性。

(7) 根据系统可靠性模型预计基本可靠性或任务可靠性。

7.单元可靠性预计

系统可靠性是各单元可靠性的概率综合，单元可靠性预计是系统可靠性预计的基础，能够直接预计系统各单元的故障率或可靠度。

常用的单元可靠性预计方法如下所述。

1) 元件计数法

元件计数法是一种按元件类型（电阻器、电容器、集成电路、分立半导体器件等）预计可靠性的方法，这种方法适用于方案论证和早期设计阶段，计算中假定产品所使用的元器件处于偶然失效期工作阶段。系统失效率的计算公式为

$$\lambda_s = \sum_{i=1}^{n} N_i (\lambda_G \pi_Q) \tag{11-6}$$

式中：λ_s——系统的失效率；

λ_G——第 i 种通用元器件的通用失效率；

π_Q——第 i 种通用元器件的质量系数；

N_i——第 i 种通用元器件的数量；

n——通用元器件的种类数。

式(11-6)适用于处在同一种环境中的系统。如果系统所包含的各单元在不同环境中工作（如温度变送器中有的单元装在条件较好的仪表室，有的单元则安装在环境条件恶劣的测温现场），则应该分别按不同环境用式(11-6)算出各单元的失效率，然后将这些失效率相加，即可求得系统的失效率。

这种方法的优点是可以快速地进行可靠性预计，以判断某设计方案是否能满足可靠性要求，因此，元器件计数可靠性预计法适用于方案论证和早期设计阶段；缺点是准确度

较差。

2) 相似产品法

相似产品法就是利用与该产品相似的现有成熟产品的可靠性数据来估计该产品的可靠性。成熟产品的可靠性数据主要来源于现场统计和实验室的试验结果。

相似产品法考虑的相似因素一般包括：

(1) 产品结构、性能的相似性。

(2) 设计的相似性。

(3) 材料和制造工艺的相似性。

(4) 使用剖面(保障、使用和环境条件)的相似性。

预计过程是首先确定相似产品，然后分析相似因素对可靠性的影响，根据结果确定相似系数，从而得到新产品可靠性预计。

3) 评分预计法

在可靠性数据非常缺乏的情况下(可以得到个别产品的可靠性数据)，通过有经验的设计人员或专家对影响可靠性的几种因素进行评分，对评分进行综合分析而获得各单元产品之间的可靠性相对比值，再以某一个已知可靠性数据的产品为基准，预计其他产品的可靠性。

方法原理：

$$\begin{cases} \omega_i = \prod_{j=1}^{4} r_{ij} \\ C_i = \omega_i / \omega^* \\ \lambda_i = \lambda^* \cdot C_i \end{cases} \tag{11-7}$$

式中：r_{ij}——评分的数值；

i——评分的人数；

j——四个不同的评分项；

ω_i——各单元评分数；

ω^*——各评分数之和；

C_i——各单元评分系数；

λ_i——第 i 个零件的可靠性预计指标；

λ^*——总可靠性预计指标；

以产品故障率为预计参数，各种因素的评分值范围为 1~10，评分越高说明可靠性越差。

① 复杂度——它是根据组成单元的元部件数量以及它们组装的难易程度来评定的。

② 技术水平——根据单元目前技术水平的成熟程度来评定。

③ 工作时间——根据单元工作的时间来评定(前提是以系统的工作时间为时间基准)。

④ 环境条件——根据单元所处的环境来评定。

【例 11.2】 某飞行器由动力装置、武器等六个分系统组成。已知制导装置的故障率为 284.5×10^{-6}/h，试用评分法求得其他分系统的故障率。

根据表 11-3 中的数据，代入式(11-7)可计算出表 11-3 中"各单元评分数、各单元评分系数、单元的故障率"所对应的数据。

表 11-3 飞机可靠性分配表

序号	单元名称	复杂度	技术水平	工作时间	环境条件	各单元评分数	各单元评分系数	单元的故障率/($\times 10^{-6}$/h)
1	动力装置	5	6	5	5	750	0.3	85.4
2	武器	7	6	10	2	840	0.336	95.6
3	制导装置	10	10	5	5	2500	1.0	284.5
4	飞行控制装置	8	8	5	7	2240	0.896	254.9
5	机体	4	2	10	8	640	0.256	72.8
6	辅助动力装置	6	5	5	5	750	0.3	85.4

【**例 11.3**】 某系统由 A、B、C、D、E 共 5 个单元组成,由相似系统可得各单元故障率如图 11-2 所示,若要求的系统可靠度为 0.9(在任务时间内),试将此指标分配给各单元。

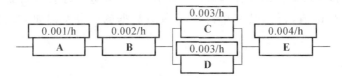

图 11-2 某系统可靠性分配框图

【**解**】 利用式(11-2)到式(11-5)来计算结果,可得

$$R_s(t) = f[R_A(t), R_B(t), \cdots, R_E(t)] = e^{-\lambda_1 t} e^{-\lambda_2 t} [1-(1-e^{-\lambda_3 t})^2] e^{-\lambda_4 t}$$

$$e^{-\lambda_1 Kt} e^{-\lambda_2 Kt} [1-(1-e^{-\lambda_3 Kt})^2] e^{-\lambda_4 Kt} = R_s^* = 0.9$$

$$R_A^* = e^{-\lambda_1 Kt} = e^{-0.001 \times 14.78} = 0.9853$$

$$R_B^* = e^{-\lambda_2 Kt} = 0.9709$$

$$R_C^* = R_D^* = e^{-\lambda_3 Kt} = 0.9566$$

$$R_E^* = e^{-\lambda_4 Kt} = 0.9426$$

4) 应力分析法

用于产品详细设计阶段的电子元器件失效率预计。

对某种电子元器件在实验室的标准应力与环境条件下,通过大量的试验,并对其结果统计而得出该种元器件的"基本失效率"。

在预计电子元器件的工作失效率时,应根据元器件的质量等级、应力水平、环境条件等因素对基本失效率进行修正。

5) 故障率预计法

主要用于非电子产品的可靠性预计,其原理与电子元器件的应力分析法基本相同。

对于非电子产品可考虑降额因子 D 和环境因子 K 对失效率的影响。

非电子产品的工作失效率为 $\lambda = \lambda_b \cdot K \cdot D$

6) 机械产品可靠性预计法

对机械类产品而言,它具有一些不同于电子类产品的特点,诸如:许多机械产品是为特定用途单独设计的,通用性不强,标准化程度不高;机械产品的故障率通常不是常值,其设备的故障往往是由于耗损、疲劳和其他与应力有关的故障机理造成的;机械产品的可靠性与电子产品的可靠性相比对载荷、使用方式和利用率更加敏感。看起来很相似的机械部件,其故障率往往是非常分散的。用数据库中已有的统计数据进行预计,其精度是无法保证的。

目前预计机械产品的可靠性尚没有相对于电子产品那样通用、可接受的方法。

8. 系统可靠性预计

系统可靠性预计是以组成系统的各单元产品的预计值为基础,根据系统可靠性模型,对系统基本/任务可靠性进行预计。

系统可靠性预计必须注意时间基准的问题。

系统可靠性预计可分为基本可靠性预计、任务可靠性预计。后者又可分为两种,任务期间不可修系统的任务可靠性预计和任务期间可修系统的任务可靠性预计。

任务可靠性预计是对系统完成某项规定任务成功概率的估计。

任务可靠性预计是针对某一任务剖面进行的。

在进行任务可靠性预计时,单元的可靠性数据应当是对影响系统安全和任务完成的故障统计而得出的数据。当缺乏单元任务可靠性数据时,也可用基本可靠性的预计值来代替,但系统预计结果偏保守。

习　　题

1. 某型抗荷服是由衣面、胶囊、拉链三个部分串联组成的。若要求该抗荷服的可靠度指标为 0.9987,试用等分配法确定衣面、胶囊、拉链的可靠度指标。

2. 某机载电子设备要求工作 12 h 的可靠度为 0.923,这台设备的各分系统(设备)的有关数据见表 11-4,试对各分系统(设备)进行可靠度分配。

表 11-4　某电子设备各分系统数据表

序号	分系统(设备)名称	分系统构成部件数	工作时间	重要度
1	发动机	102	12.0	1.0
2	接收机	91	12.0	1.0
3	起飞用自动装置	95	3.0	0.3
4	控制设备	242	12.0	1.0
5	电源	40	12.0	1.0
共计		570		

参 考 文 献

[1] 吴永平.工程机械可靠性[M].北京:人民交通出版社,2009.
[2] 苏秦.质量管理与可靠性[M].2版.北京:机械工业出版社,2013.
[3] 张根宝,何桢,刘英.质量管理与可靠性[M].合肥:中国科学技术出版社,2009.
[4] 韩之俊,许前,钟晓芳.质量管理[M].3版.武汉:科学出版社,2016.
[5] 于晓霖,陈仕华.质量管理[M].上海:上海交通大学版社,2011.
[6] 洪生伟.质量管理[M].6版.北京:中国质检出版社,2012.
[7] 威廉·爱德华兹·戴明,乔伊斯·尼尔森·奥尔西尼.戴明管理思想精要[M].裴咏铭,译.北京:西苑出版社,2014.
[8] 郭彬.创造价值的质量管理[M].北京:机械工业出版社,2014.
[9] 赛义德.可靠性工程[M].杨舟,译.2版.北京:电子工业出版社,2013.
[10] 胡湘洪.可靠性试验[M].2版.北京:电子工业出版社,2015.
[11] 宋太亮.可靠性试验[M].北京:国防工业出版社,2015.
[12] 姜同敏.可靠性试验技术[M].北京:北京航空航天大学出版社,2012.
[13] Hamada M S,MILSON A G,REESE C S,MARTZ H F.贝叶斯可靠性[M].曾志国,主译.北京:国防工业出版社,2014.
[14] 凯耶斯.加速可靠性和耐久性试验技术.宋太亮,等译.北京:国防工业出版社,2015.
[15] 周友苏.质量管理统计技术[M].北京:北京大学出版社,2010.
[16] 陈宝江.质量管理与工程[M].北京:北京大学出版社,2009.